中央高校基本科研业务费专项资金资助项目
Fundamental Research Funds for the Central Universities

王伟 罗海元 著

城市管理绩效评价理论与实践

Theory and Practice of
Urban Management Performance Evaluation

中国财经出版传媒集团
经济科学出版社
Economic Science Press

图书在版编目（CIP）数据

城市管理绩效评价理论与实践/王伟，罗海元著
. －－北京：经济科学出版社，2022.6
ISBN 978 － 7 － 5218 － 3795 － 7

Ⅰ.①城…　Ⅱ.①王…②罗…　Ⅲ.①城市管理－经
济绩效－评价－中国　Ⅳ.①F299.23

中国版本图书馆 CIP 数据核字（2022）第 114550 号

责任编辑：王　娟　李艳红
责任校对：王苗苗
责任印制：张佳裕

城市管理绩效评价理论与实践

王　伟　罗海元　著

经济科学出版社出版、发行　新华书店经销
社址：北京市海淀区阜成路甲 28 号　邮编：100142
总编部电话：010 － 88191217　发行部电话：010 － 88191522
网址：www. esp. com. cn
电子邮箱：esp@ esp. com. cn
天猫网店：经济科学出版社旗舰店
网址：http：//jjkxcbs. tmall. com
北京季蜂印刷有限公司印装
710 × 1000　16 开　13.25 印张　250000 字
2023 年 6 月第 1 版　2023 年 6 月第 1 次印刷
ISBN 978 － 7 － 5218 － 3795 － 7　定价：68.00 元
（图书出现印装问题，本社负责调换。电话：010 － 88191545）
（版权所有　侵权必究　打击盗版　举报热线：010 － 88191661
QQ：2242791300　营销中心电话：010 － 88191537
电子邮箱：dbts@ esp. com. cn）

前　言

时代是思想之母，实践是理论之源。当今，最为鲜明的特色就是中华民族伟大复兴战略全局和世界百年未有之大变局的历史交汇。对此，习近平指出，要坚持用全面、辩证、长远的眼光分析形势，努力在危机中育新机、于变局中开新局。2015 年中央城市工作会议指出，我国城市发展已经进入新的发展时期。改革开放以来，我国经历了世界历史上规模最大、速度最快的城镇化进程，城市发展波澜壮阔，取得了举世瞩目的成就。城市是我国经济、政治、文化、社会等方面活动的中心，在党和国家工作全局中具有举足轻重的地位。我们要深刻认识城市在我国经济社会发展、民生改善中的重要作用。全面建成小康社会、加快实现现代化，必须抓好城市这个"火车头"。面对"两个大局"中育新机、开新局的时代命题，中国城市管理工作处在回答与响应"高质量发展、高品质生活、高效能治理"的前沿，需要不断解放思想，深化改革，创新治理模式。

在"形"与"势"的审视中把握"变局"，城市管理者需要以新的战略思维来贯穿于从总体布局到微观着力的缜密策划之中，贯穿于从思想认知到战略布局的转化当中，落地于实践。

在"危"与"机"的转化中谋划"大局"，城市管理者需要树立正确的历史观、大局观、角色观，认清未来趋势，找准历史坐标，把握战略机遇，做出正确抉择。

在"供"与"需"的重构中开创"新局"，城市管理者需要贯彻新的发展理念，促使思想与能力得到全面的转型与升级，让城市管理工作更具系统性、预见性、创造性，走出新路、好路。

古语云："不谋全局者，不足以谋一域；不谋万世者，不足以谋一时"。《中共中央国务院关于深入推进城市执法体制改革改进城市管理工作的指导意见》明确要求"健全考核制度。将城市管理执法工作纳入经济社会发展绩效评价体系和领导干部政绩考核体系，推动地方党委、政府履职尽责"。[1] 开展城市管理工作

---

[1] 中共中央，国务院. 关于深入推进城市执法体制改革改进城市管理工作的指导意见 [EB/OL].（2019 - 05 - 23）. http：//www. gov. cn/zhengce/2015 - 12/30/content_5029663. htm.

绩效评价，既是促进各级政府和城市管理部门规范行政行为、提高行政效能的重要手段，也是衡量与提升城市管理水平的重要标尺，是未来国家城市治理体系的关键组成，关系着塑造中国城市管理的制度优势。

为此，本书围绕城市管理绩效评价，聚焦城市管理绩效评价工作"为什么""是什么""怎么走"三个基本问题，提出城市管理绩效评价的整体思路，科学把握城市管理绩效评价基本规律，提出城市管理绩效评价工作的方向目标、工作思路、组织架构、指标体系和工作机制，提升城市管理绩效评价思想认识的"天花板"，找准工作开展的"坐标系"，打开创新探索的"总开关"，为谱写出我国城市管理新篇章提供更充分的思想、理论和方法准备，为建设中国特色城市治理体系与治理能力现代化添砖加瓦！

目　　录

第一章

城市管理绩效评价的时代价值

　　进入新时代，我国城市管理工作面临着一系列新形势与新机遇。有效开展新时期城市管理绩效评价工作成为立足新发展阶段、贯彻新发展理念、践行新发展要求的重要体现，成为实现城市高质量发展、高品质生活和高效能治理的关键抓手，迫切需要我们从实践到认识，又由认识到实践，达到知行合一，不断完善丰富中国式城市治理现代化理论与方法，助力以人民为中心的美好城市的实现。

第一节　立足新发展阶段，为城市高质量 发展提供新保障

　　改革开放以来，我国快速推动城镇化进程（见图 1 -1），城市发展巨变，取得了举世瞩目的成就。城市发展带动了整个经济社会发展，城市建设成为现代化建设的重要引擎。城市是我国经济、政治、文化、社会等方面活动的中心，在党和国家工作全局中具有举足轻重的地位。① 然而，正所谓"快而难控，失控则乱也"。随着时间推移，城市的快速繁荣让人们疏忽了潜在的隐患，"七分建设"压倒"三分管理"的问题开始不断显现，存在整体性缺乏、系统性不足、宜居性不高、包容性不够等问题，大量建设、大量消耗、大量排放的建设方式尚未根本扭转。管理意识的松懈、管理理念的陈旧以及管理水平的落后，使得快速发展的中国城市患上了诸多严重的"城市病"，如基础设施承载力不足、交通拥堵、环境污染治理和城市污水垃圾处理不到位等，这些问题成为影响城市可持续发展的关键因素。而这些"城市病"，如若不通过科学的管理及时评估并治理解决，就会像癌细胞一样从一个点扩散到城市建设的方方面面，引发一系列民生问题，造成社会的不稳定。②

---

① 王蒙徽. 实施城市更新行动 [J]. 中国房地产，2020 (34)：4 - 9.
② 王伟. 补城市管理短板，建人本共享城市 [N]. 中国城市报，2018 - 12 - 10 (017).

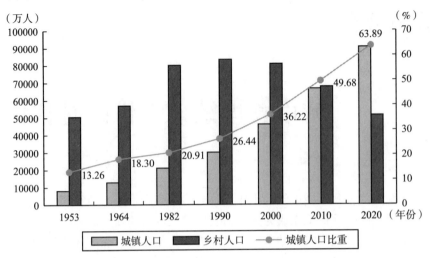

图1-1 历次人口普查城镇化率及城乡人口数

资料来源：国家统计局网站。

当前，中国特色社会主义进入新时代，我国社会主要矛盾已经转化为人民日益增长的美好生活需要和不平衡不充分的发展之间的矛盾。2021年，在全面建成小康社会、实现第一个百年奋斗目标之后，我们开启全面建设社会主义现代化国家新征程、向第二个百年奋斗目标进军，这标志着我国进入了一个新的发展阶段。未来，随着现代社会的发展，在经济体制改革不断推进、城镇化不断发展、人口大规模流动的背景下，我国城市面临的问题将会越来越复杂。加强城市治理、避免城市病已经刻不容缓，制定高水平的城市管理顶层设计，做出高质量的城市管理统筹规划和布局迫在眉睫。

第二节　贯彻新发展理念，为城市高品质生活赋予新内涵

做好城市管理工作，要顺应城市工作新形势、改革发展新要求以及人民群众新期待。党的十八大以来，以习近平同志为核心的党中央，紧紧围绕"人民对美好生活的向往"这根主线，坚持人民城市为人民，提出了一系列治国理政新理念新战略。"高品质生活"是美好生活的高层次和新形态，是党的执政话语的与时俱进，是新发展阶段党对人民许下的一个更加美好可期的未来。城市管理正在成为满足人民生活新期待的重要领域，城市基础设施和公共服务设施的安全运行、

公共空间的有序利用以及个性化服务产品的提供是满足城市人民生活新期待的必要先决条件（见图 1 - 2）。然而我国城市管理中存在的各种疑难杂症和短板漏项成为人民群众面临的急难愁盼问题，补齐城市管理"短板"是一切工作的重中之重、当务之急。

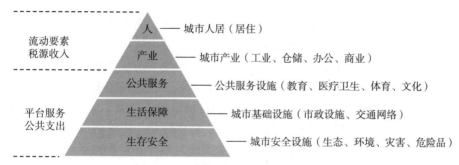

图 1 - 2　城市发展资源要素等级金字塔

当前，我国城市管理的"短板"，集中表现为管理理念落后、决策定位狭隘、理论政策制约、法治水平较低、问责机制不畅等，从而导致一系列具体问题出现：我国正处在快速城市化阶段，人口大量涌入城市在给城市发展带来巨大活力的同时，也带来了层出不穷的城市问题，加大了城市管理的难度，应如何应对层出不穷的城市问题？我国城市管理实践中普遍存在重罚轻管、重实体轻程序、重执法轻服务等问题。城市管理手段比较简单，主要依靠行政措施对管理对象施加影响，"以罚代管"现象时有发生，应如何改进城市管理手段和方法？我国普遍存在城市管理部门与其他部门职责边界模糊，存在多头管理造成重复执法的现象与相互推诿导致难以问责的问题，应如何界定城市管理部门职责边界？现阶段我国城市管理比较强调职能部门的强制性管制作用，市民和社会组织参与城市管理的途径十分有限，导致市民对城市管理工作不理解，应如何推动公众积极参与城市管理？

以人为核心的新型城镇化的核心引力来自高水平的城市管理。城市管理作为政府履行职能的系统工具，对于营造良好的人居环境和投资环境，为百姓造福具有重要意义。高质量的工作环境和宜居的生活环境直接影响了城市吸纳外来人口和其他要素的活性及持续能力。城市管理绩效评价应积极贯彻新发展理念，补齐城市管理短板，提升民生服务水平，擘画人民美好生活的崭新图景。

第三节 践行新发展要求，为城市高效能治理强化新抓手

党的十八大以来，以习近平同志为核心的党中央，高瞻远瞩，深入调研，科学研究，积极应对，在多次重要视察中阐明了中国城市建设发展的理念原则，在系列会议特别是中央城市工作会议中集中研究了解决当前城市建设中诸多棘手问题并做好今后城市规划与管理战略布局的重大议题，在诸多相关的政策文件中布局了中国城市规划与管理的战略举措，从而将城市工作提到了国家的最高层面。2015 年 12 月，中央城市工作会议提出，各级党委要充分认识城市工作的重要地位和作用，主要领导要亲自抓，建立健全党委统一领导、党政齐抓共管的城市工作格局（见图 1-3）。要推进城市管理机构改革，创新城市工作体制机制。要加快培养一批懂城市、会管理的干部，用科学态度、先进理念、专业知识去规划、建设、管理城市。

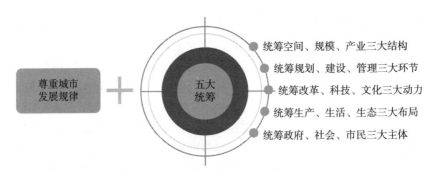

图 1-3　2015 年中央城市工作会议"一尊重五统筹"

以往，我们习惯于主观随意的人治思维和运动式、游击式、突击式的管理常态以及各自为政的管理行为，使城市管理空间划分不细致，对象不明确，责任不落实，考核不科学，奖罚不分明[①]，导致了"四个没人管"：一是发现问题多少没人管；二是发现问题快慢没人管；三是处理问题是否及时没人管；四是问题处置到什么程度没人管。城市管理出现了"保大街不保小巷，保检查不保平时，保

---

① 郑伟. 精细化管理：提升城市品质的重要手段——以上海市徐汇区为例 ［J］. 上海城市管理, 2019, 28（6）：33-38.

领导不保群众"的问题,① 传统的城市管理体制与方式不能适应当前社会所需要的机制与方式。而绩效评价正是破解这些矛盾和问题的最有效方法和途径。先进的城市管理评价对城市管理创新起着引领作用。

2015 年 12 月,中央城市工作会议为深入推进城市管理和执法体制改革提出了具体要求,标志着我国进一步提升了城市管理和行政执法工作的重要性。随后《中共中央 国务院关于深入推进城市执法体制改革改进城市管理工作的指导意见》和《中共中央 国务院关于进一步加强城市规划建设管理工作的若干意见》出台并指出,要健全考核制度,将城市管理执法工作纳入经济社会发展绩效评价体系和领导干部政绩考核体系;要推广绩效管理和服务承诺制度,加快建立城市管理行政问责制度,健全社会公众满意度评价及第三方评价机制,形成公开、公平、公正的城市管理和综合执法工作考核奖惩制度体系;要加强城市管理效能考核,将考核结果作为城市党政领导班子和领导干部综合考核评价的重要参考。对城市规划、建设、管理、执法等工作作出了重要部署。2016 年 9 月,住房和城乡建设部设立城市管理监督局,解决了长期以来我国城市管理执法系统在国家层面没有主管部门的问题,标志着城市管理执法工作正逐步走向规范公正。2021 年 3 月,《中华人民共和国国民经济和社会发展第十四个五年规划和 2035 年远景目标纲要》公布,在"提高城市治理水平"一节中明确提出"改革完善城市管理体制。"2021 年 10 月,中共中央办公厅、国务院办公厅印发《关于推动城乡建设绿色发展的意见》,其中的"创新工作方法"中进一步提出"深化城市管理和执法体制改革,加强队伍建设,推进严格规范公正文明执法,提高城市管理和执法能力水平。"

总体来看,我国城市管理工作面临着一系列新形势与新机遇:(1)城市工作正在走向国民经济社会发展的前台,抓好城市这个"火车头",把握发展规律,推动以人为核心的新型城镇化,有效化解各种"城市病",已经成为党中央、国务院的重要方略。(2)城市管理逐步占据城市工作的核心位置,"重建轻管"向"建管并重"转变已然出现。(3)城市管理正在成为满足人民美好生活新期待的重要领域。城市基础设施和公共服务设施的安全运行、公共空间的有序利用以及个性化服务产品的提供是满足城市人民生活新期待的必要先决条件。(4)城市运行安全成为经济社会发展的基本需求。传统的城市管理方式,特别是突击性、运动式的管理方式难以适应当前城市经济社会发展需要。(5)以人为核心的新型城镇化的核心引力来自高水平的城市管理。城市管理作为政府履行职能的系统工具,对于营造良好的人居环境和投资环境,造福市民百姓具有重要意义。高质量

---

① 徐文营,韩叙,纪哲,等. 北京东城:创建城市管理新模式 [N]. 经济日报,2005 – 07 – 19 (13).

的工作环境和宜居的生活环境直接影响了城市吸纳外来人口和其他要素的活性及持续能力。（6）各项政策为改善城市管理创造了机会。

为此，本书认为新时期开展城市管理绩效评价工作有以下八大需求驱动。

第一，最高领导的指示需求驱动：落实习近平总书记城市"精治、法治、共治"管理思想、贯彻落实《中共中央 国务院关于深入推进城市执法体制改革改进城市管理工作的指导意见》的有力推手。提高城市管理部门与队伍政治站位，服务支持党中央中心工作。科学可行的城市管理绩效评价有利于尽早达到习近平在党的十九大报告中提出的，以最广大人民的根本利益作为党的一切工作的最高标准，从人民群众关心的事情做起，努力营造一个更加美好的城市；城市管理绩效评价的优化，有利于完善公共服务体系，保障群众基本生活，不断满足其对日益增长的美好生活的需要，不断促进社会公平正义，形成有效的社会治理、良好的社会秩序，使人民获得感、幸福感、安全感更加充实、更有保障、更可持续。一方面，绩效评价能将党中央对城市管理最高精神要求更好地下沉落实到基层，另一方面考核评价体系的反馈机制又能及时反映公众对政府的建议和意见，通过广泛搜集意见并加以改正有助于加强公众和政府之间的联系，提高政府的公信力，打造政府的亲民形象。

第二，最新精神的落实需求驱动：落实最新要求，统筹规范城市管理领域各类考核的先行旗手。城市管理绩效评价不仅能够促进政府职能的转变，还能有效处理各部门、各环节的关系，有助于维持政府和公众的和谐。目前，我国城市管理领域各类考核仍然存在权限不明、权威缺席等乱状，这就要求我们应该加快制度建设步伐，改进当前城市管理考核手段。化被动为主动、以我为主、敢为人先，以统筹规划，以考核制度的建设为抓手，落实、带动、推进整体统筹规范工作。

第三，系统构建的战略需求驱动：弥补我国长期以来城市管理"顶层设计"的缺失，是建设中国特色现代化城市治理体系与治理能力的重要组成。城市管理体制，作为城市管理各项内容的基础和框架，是奠定我国国家、省、市、县区各个层面开展城市管理相关工作的基石，而绩效评价工作能起到牵一发动全身的作用，推动中国特色城市管理"四梁八柱"体系的形成建设与理论方法的原发创新。城市管理绩效评价能够对工作业绩做出及时、全面的分析，找出有益于工作效率的优势之处和城市管理部门工作过程中各环节出现的不足、漏洞，从而发现实际工作结果和既定目标之间的差距。加强优势之处、改进和弥补问题以及漏洞，构筑"闭环"流程机制，有助于提升城市管理工作能效。

第四，新设部门的职能需求驱动：为城市管理监督局统筹推动大城管工作格局形成提供抓手，成为指导和督察全国城市管理工作职能的重要承载。城市管理工作绩效评价的优化涉及城市管理部门的方方面面，包括多个部门，多个管理层级，是推动城市管理部门制度化、规范化的重要抓手。建立一套科学可行的绩效评价制度是完善城管执法队伍建设的要求，有助于结果溯源过程发展，促使城市管理部门工作的制度化、严格化、规范化。

第五，实际工作的推进需求驱动：夯实基础条件，推动体制改革，破解城市管理工作共性难题的引线，为基层改革工作提供高位可循指导依据，提升城市管理工作重视度、积极性与成就感，提升城市管理工作效能。北京市城市管理执法工作涵盖的范围包括十二个方面三百余项职权，其任务繁重程度和难度都远远超过其他执法系统。比如，城管执法建设过程中，不仅要提升基础建设等城市硬实力，还要以人为本，增强城市舒适性、和谐性等各方面的软实力。如何对城市管理部门绩效进行评价考核，是加强城市管理执法的重要环节，也是多年来在政策层面、理论层面、实践层面讨论最多、争论最多、难度最大的问题。

第六，顺应趋势的未来需求驱动：导入先进理念与制定科学标准，引领规范行业发展。对城市管理绩效进行考核是现代城市管理的必然要求。但从全国执法部门绩效考核工作来看，仍然表现出绩效考核指标体系构建不科学、绩效考核操作程序不规范、实际绩效考核目标偏离城市发展目标、强调考核结果而忽略考核过程、奖惩机制不完善、回馈制度不健全等各种各样的问题。城市管理绩效评价作为发现当前执法部门执法问题，是提出改善措施的前提。虽然发展面临坎坷，但不能放弃，而应该将其作为工作重点，加大实施力度。

第七，激励创新的动力需求驱动：激励地方创新，固化推广地方成功经验，形成百舸争流的工作态势。我国很多地区和城市在城市管理绩效考核工作中都得出了自己的经验，基层创新进而推广是中国改革的重要路径，积极总结和固化这些经验，形成良好的系统内学习机制，将有助于推动城市管理工作又好又快发展。

第八，人民满意的根本需求驱动：保障城市高质量运行，提升人民满意度获得感。从微观角度来看，随着人民生活水平的提高，公众对美好生活的追求越发强烈，城市是公众生活的家园，直接决定人民获得感、幸福感、安全感的水准，这就对城市管理工作提出了更高要求。一方面，城市管理质量是物质层面的直接反映，另一方面，城市建设效果又体现了该城市的精神面貌。也就是说，城市管理质量决定城市建设效果，在满足人们日益增长的物质、精神需求中扮演着重要角色。美好的城市管理效果既是公众的愿望，也可以打造人民政府办实事的亲民形象，增强政府公信力、促进社会和谐发展。不可否认的是，在城市管理部门执法过程中仍然存在很多问题，导致城市管理部门无法保障城市管理工作的效率，人民美好生活的向往仍和现实之间有很大差距。而城市管理部门绩效评价考核能够发现城市管理部门工作过程中存在的各种问题，只有不断优化城市管理部门绩

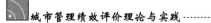

效评价考核机制才能推动城市管理工作更好的发展。

　　时代是出卷人，我们是答卷人，人民是阅卷人。努力构建与完善中国城市管理现代化能力与体系，以绩效评价为抓手，实现"中央放心、人民满意、部门有力"的城市管理战略目标，促进城市整体性、系统性、生长性不断增强，为打造宜居、韧性、智慧城市保驾护航，助力迈向全面建设社会主义现代化国家的奋斗目标。

第二章

城市管理绩效评价理论与实践

城市管理是一个复杂多元的系统，其绩效水平关系着所在地区经济、社会、人文、环境等方面的发展水平与发展潜力。城市管理是政府的治理方式之一，也是满足人民群众美好生活需求的重要途径。在政府实施城市管理的工作中，对于城市管理工作开展绩效评价是重要一环。绩效的评价不仅关系着城市管理的核心制度安排，也关系着整个城市系统中经济、社会、政治、法律等子系统的发展。

第一节　城市管理多维内涵辨析

城市管理的内涵及政府城市管理部门的职能调整是伴随着城市的不断发展及其管理复杂性的不断提升而动态变化的。

西方学者将城市管理称为市政管理，19 世纪末以前，西方城市人口规模较小，城市管理学研究侧重于探讨政治和行政方面的事务，城市的管理内容主要集中于道路、下水道、供水等市政、公共设施的设置和管理问题。① 19 世纪末至 20 世纪 30 年代，西方国家城市人口快速增长、城市规模不断扩张，其城市管理领域先后诞生了"田园城市""巨型城市"等理论，通过了《雅典宪章》，城市管理开始强调塑造城市的形态、改善城市的环境。20 世纪五六十年代，霍桑实验的成功为城市管理理论注入了社会学、心理学、管理学等学科的理论和方法，使得城市管理更加注重以人为本的管理思想。20 世纪 60 至 90 年代，公众参与城市治理的模式开始走向成熟，政府不再包揽一切事务，与公众展开互动，公众积极参与到城市规划之中，他们既是城市管理的管理者，也是城市管理的服务者，更是城市管理的受益者，使政府更好地满足公众的需求和偏好。

新中国成立至改革开放之前，我国的城市管理沿袭了苏联的管理模式，总体

---

① 陈敏之. 略论城市管理问题 [J]. 城市规划研究，1980 (3)：57 – 62.

依靠和落实城市规划部门的布局，重点围绕旧城改造，更新旧城居住区和环境恶化地区，主要内容还停留在建设和管理公路、住房等基建工程的阶段。改革开放以后，随着城镇化的快速发展，城市管理工作的现实内容和人们对城市管理的认识范畴也不断变化和发展，但尚未建立完全统一的认识。

广义的城市管理指对城市行政辖区内一切人、事、物的管理活动的总称，包括运用的决策、计划、组织、指挥等机制，以及围绕城市运行和发展所进行的决策引导、规范协调、服务和经营行为。就管理机构而言，广义的城市管理要求建立高位协调机构和协调机制调动与城市管理相关的部门齐抓共管，包括规划、城管、城建、交通、公安、水务、环保等部门，演化为建立城市综合管理服务体制和综合管理服务平台，通过城市综合管理考核评价调动城市管理部门协同共进。[1]

狭义的城市管理指城市政府或城市政府成立的城市综合管理部门依照法律授权或行政授权，依法维护城市基础功能，管理城市公共空间，保障城市健康运行的行政行为。[2] 主要职责是市政管理、环境管理、交通管理、应急管理和城市规划实施管理等，管理对象包括城市基础设施系统和公共空间系统。其中，城市基础设施系统包括六大子系统（供、排水设施，能源设施，交通设施，邮电通信设施，环保设施，防灾设施）。

第一，从流程来看，城市管理是一个系统工程，其中最主要的包括城市规划、城市建设和城市管理三个基本环节。三个环节当中，规划是龙头，建设是基础，管理是关键，三者相互衔接、有机配合，便构成了城市高效运行的一个整体系统。在这个系统中，如果某个环节出现问题，或者各个环节之间缺乏协调配合，那么城市系统运行就会受到影响，小则影响市民衣食住行，大则导致城市部分功能失调。

第二，从领域来看，对应城市政府的行政职能，包括经济、社会、环境、文化等各方面事务的管理（见图 2-1），是指政府与公民、第三方机构、企业组织等构成的多元主体一起，综合运用行政、经济、法律、教育等手段对城市发展的全过程（规划、建设、运行）进行的综合管理，既包括对经济、社会、环境、空间、基础设施、文化等城市职能的管理，也包括对政府、公民、社会组织、企业等管理主体自身的管理。[3]

第三，从职能来看，城市管理的主要职责是市政管理、环境管理、交通管理、应急管理和城市规划实施管理等。具体实施范围包括：市政公用设施运行管理、

① 余池明. 以系统观念推进城市管理体系化建设 [J]. 上海城市管理, 2021, 30 (4)：48-53.
② 中华人民共和国国民经济和社会发展第十二个五年规划纲要 [EB/OL]. (2011-03-17). http：//www.scio.gov.cn/, 2011-03-17.
③ 赵继敏, 杨波. 中国城市管理水平评价的初步研究——以 44 个重点城市为例 [J]. 宏观质量研究, 2014, 2 (1)：84-93.

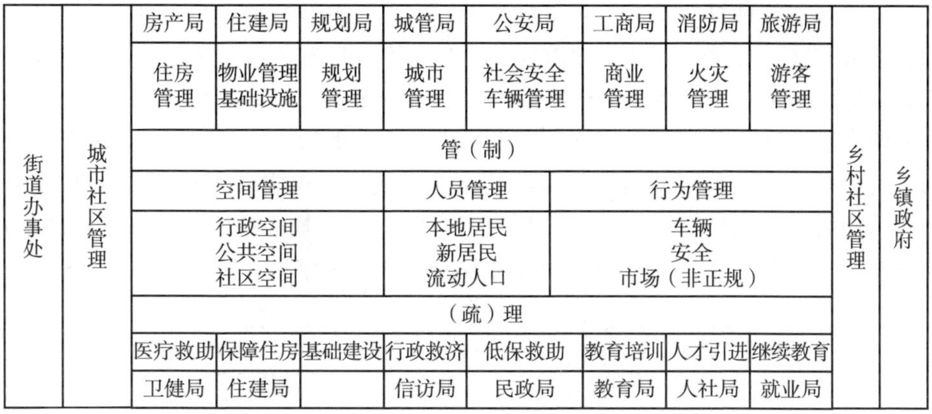

街道办事处	城市社区管理	房产局	住建局	规划局	城管局	公安局	工商局	消防局	旅游局	乡村社区管理	乡镇政府
		住房管理	物业管理基础设施	规划管理	城市管理	社会安全车辆管理	商业管理	火灾管理	游客管理		
		管（制）									
		空间管理		人员管理		行为管理					
		行政空间 公共空间 社区空间		本地居民 新居民 流动人口		车辆 安全 市场（非正规）					
		（疏）理									
		医疗救助	保障住房	基础建设	行政救济	低保救助	教育培训	人才引进	继续教育		
		卫健局	住建局		信访局	民政局	教育局	人社局	就业局		

图 2 – 1　政府城市行政管理现状基本格局示意

（引自：中国人民大学邻艳丽教授）

市容环境卫生管理、园林绿化管理等方面的全部工作；市、县政府依法确定的，与城市管理密切相关、需要纳入统一管理的公共空间秩序管理、违法建设治理、环境保护管理、交通管理、应急管理等方面的部分工作。[①] 城市管理执法即是在上述领域根据国家法律法规规定履行行政执法权力的行为。

第四，从主体来看，城市管理是作为城市社会管理和公共服务的重要内容，通过各种手段、措施的综合运用，规范城市秩序，净化城市环境，发挥城市功能，塑造城市形象，提升城市品位，为城市居民创造整洁、环保、宜居的生产生活环境，是提高政府社会管理和公共服务水平，增强政府公信力，更好地为广大人民群众服务的具体体现。城市管理不同于企业管理等私营部门的管理，它是对公共领域的管理，是对公共利益的协调，具有完全的公共性、公益性，其每一项工作都与人民群众的生产、生活息息相关、紧密相连，从这个角度看，城市管理归根到底就是一项惠及人民、服务百姓、受益千家万户的民生工程，广泛的主体参与是一座城市实现善治的根本出路。

虽然近年来我国城市管理工作发展取得很大进展突破，但城市管理行业长期以来都面临两个方面的挑战：一是来自国家或省高层决策要求的变动，二是来自基层城市日常运行不确定性的反馈。前者对应顶层设计，后者对应业务实践，而城市管理正好处在中间位置，对上对下皆承受着压力，长期以来呈现出"战略管理认知"与"业务管理认知"两张皮的分离，而一直讲要实现"系统管理、源头管理、综合管理"却无法真正实现的根源也在于此。

---

①　柯善北．城市执法改革开启源头治理《中共中央国务院关于深入推进城市执法体制改革改进城市管理工作的指导意见》解读 [J]．中华建设，2016（3）：4.

现代城市管理纵向上大体上可以分为上、中、下游三段：发展战略、综合管理、业务实践（见图2-2）。上游发展战略为管理指明方向，下游业务实践为管理效果提供落地。城市管理的效果取决于对上下游两个阶段的衔接和把握：形而上者谓之道，城市管理向上提炼，是发展理念，表现为顶层设计和发展战略；形而下者谓之器，城市管理向下落实，是落地实践，表现为城市运行和城市经营。城市管理对发展战略的适应涉及"恒与变"的问题，城市管理对业务实践的指引关系到"成与败"的问题，好的城市管理工作需要良性的"上下求索"。

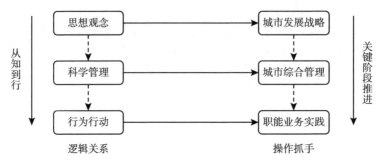

图2-2　现代城市管理上、中、下游三阶段划分示意

作为最重要的人类文明成果，历经数千年，城市发展到了今天的模样——高度复杂、精密、综合的现代城市，然而，如何从支离破碎的细节中超脱出来，如何从宏观上以整体的视角去认识城市管理，这是我们认识、把控和提升城市管理的关键。结合笔者长期对城市管理行业的观察认识，多数的城市管理群体关注议题多聚焦于行动半径范围内，主动从能力半径与认知半径对工作进行系统性思考与提升的偏少（见图2-3）。新时代城市管理工作要实现新的突破，必须立足更高层次的能力半径与认知半径加以展开，进而启发推动行动半径范围内日常工作的改进，最终助力城市管理工作实现"认知、能力、行动"三位一体的系统性升级，这成为本书的定位基点和逻辑起点。

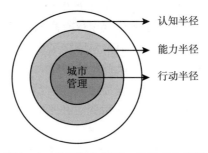

图2-3　做好城市管理工作的三个半径

第二节　绩效评价基本理论和主流工具

绩效评价发源于国外的企业管理实践，也在企业管理应用中趋向成熟，后来逐渐引入公共组织及政府职能部门。但是国外大部分国家都没有行政管理执法部门，由于城市管理部门和其他政府单位一样其主要服务对象为公众，本书中的国外研究现状直接以政府和公众部门代替城市管理部门进行阐述。

19世纪初期，里德利（Clarence E. Ridley）和西蒙（Herbert A. Simon）首次提出的"公共组织日常行为及绩效管理应该以行政绩效考核结果为基础"实现了公共组织绩效考核研究质的突破，并将其带入了学术领域。19世纪70年代的韦达夫斯基（Aaron Wildavsky）和普雷斯曼（Jeffrey L. Pressman）指出"绩效管理应该以计划、改进和考察三部分组成，考察包括征询和考核两个方向"，这一理论进一步加强了考核在管理中的作用。发展到19世纪80年代，美国学者特德·盖布勒（Ted Gaebler）和戴维·奥斯本（David Osborne）率先提出企业型政府模型，以此作为理论指导，美国副总统领导全国政府部门开展绩效考核活动。19世纪90年代末期，西方学术界关于公务员绩效考核的研究体系逐渐成形，克林格勒（Donald E. Klingner）和纳尔班迪（John Nalbandian）以政府改革和行政制度革新为切入点研究美国政府管理，憧憬了美国公务系统的未来发展前景。威廉·埃米克（William Eimicke）与史蒂文·科恩（Steven Cohen）提出全面质量管理法对公务员考核系统至关重要，通过明确工作目标和定期测评目标完成情况循环的办法对绩效进行考核。

一、绩效相关概念

（一）绩效

由于绩效评价是基于绩效进行的，因此我们首先要对绩效有所了解。一般意义上，绩效（performance）指的是工作的效率和效果。绩效一般体现在两个方面：一是工作的成果，如工作的效率（效果）和经营的利润等；二是工作的过程，如员工在达到成果过程中的行为表现。因此，绩效的内涵也应综合二者，既包括对静态结果的反映，也包括对动态过程的监督。简言之，绩效是组织期望的为实现其目标而展现在不同层面上的能够被组织评价的工作行为及其结果。从管理理论与实践看，绩效具有多维性、动态性、多因性等主要特征（见图2-4）。

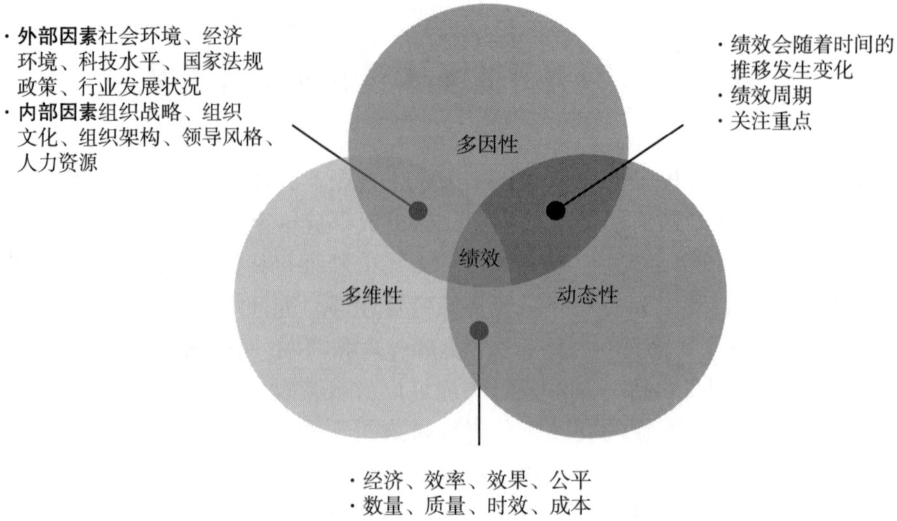

- **外部因素** 社会环境、经济环境、科技水平、国家法规政策、行业发展状况
- **内部因素** 组织战略、组织文化、组织架构、领导风格、人力资源

多因性

- 绩效会随着时间的推移发生变化
- 绩效周期
- 关注重点

绩效

多维性

动态性

- 经济、效率、效果、公平
- 数量、质量、时效、成本

图 2 - 4　绩效的特征

需要明确的是，绩效是分层次的。依据行为主体的不同，可以划分为组织绩效、群体绩效和个人绩效（见表 2 - 1）。

表 2 - 1　　　　　　　　　　　绩效的三个层次

绩效分类	内涵
组织绩效	组织任务在数量、质量及效率等方面完成的情况
群体绩效	群体任务在数量、质量及效率等方面完成的情况
个人绩效	个体表现出来的、能够被评价的与组织及群体目标相关的工作行为及其结果

（二）绩效评价

绩效评价也称绩效考核或绩效评估，简称考绩。即通过运用科学的考核标准和方法对工作绩效进行定期的评价，从中激励和发掘组织的潜力，以帮助组织达到预期的工作目标。

绩效评价是现代组织不可或缺的管理工具。有效的绩效评价，不仅能确定每位员工对组织的贡献情况，还可在整体上对人力资源的管理提供决定性的评估资料，从而改善组织的反馈机能，提高员工的工作绩效，激励士气。绩效评价的目的就是通过考核提高每个员工个体的效率，最终实现组织的目标。

（三）绩效评价与绩效管理的关系

本书认为，绩效管理是指组织中的各级管理者用来确保下属员工的工作行为和工作产出与组织的目标保持一致，通过不断改善其工作绩效，最终实现组织战略的手段及过程。人们往往存在一些误区，认为绩效管理就是绩效评价，两者并没有什么区别。其实，绩效评价只是绩效管理的一个关键环节，代表不了绩效管理的全部内容。绩效管理与绩效评价存在着一定的区别（见表2−2）。

表2−2   绩效管理和绩效评价的区别

类型	定位	重点	核心	阶段
绩效管理	从战略的高度进行完整的组织管理	侧重于事先沟通与承诺	关注未来绩效	伴随着管理活动出现的全过程
绩效评价	管理的局部环节和手段，仅对个人或部门的绩效评价	侧重于判断和评估	关注过去绩效	只出现在特定的时期

二、绩效管理系统

为了更加全面、准确地把握绩效管理，我们结合国内外绩效管理的相关理论和实践发展动态，设计了一个战略性绩效管理系统模型（见图2−5），即"目的、环节和关键决策模型"。该系统模型包括三个目的、四个环节和五项关键决策。

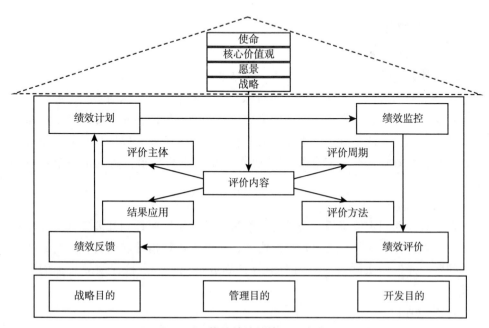

图2−5 战略性绩效管理系统模型

（一）绩效管理目的

1. 战略目的。

组织战略的实现离不开绩效管理系统，而绩效管理系统也必须与组织的战略目标联系起来才具有实际意义。绩效管理系统将员工的工作活动与组织的战略目标联系在一起。在绩效管理系统的作用下，组织通过提高员工的个人绩效来提高组织的整体绩效，从而实现组织的战略目标。

2. 管理目的。

组织在多项管理决策中都要使用绩效管理信息（尤其是绩效评价的信息）。绩效管理中绩效评价的结果是组织进行薪酬管理决策、晋升决策、保留或解雇决策等重要人力资源管理决策的重要依据。组织通过评价员工的绩效表现并给予相应的奖惩，以激励和引导员工不断提高自身的工作绩效，从而最大程度地实现管理目的。

3. 开发目的。

绩效管理的过程能够让组织发现员工存在的不足之处，以便对他们进行有针对性的培训，这样才能够有效地提高员工的知识、技能和素质，促进员工个人发展，实现绩效管理的开发目的。

（二）绩效管理过程

1. 绩效计划。

绩效计划是绩效管理过程的起点，在新的绩效周期开始时，公共部门的管理者与下属根据绩效标准共同制定绩效目标，以及确定实现目标的步骤、过程。

在这一阶段，管理者和下属之间需要进行沟通，以便在对下属绩效的期望问题上达成共识。在此基础上，下属进而对自己的个人绩效和发展目标制订出计划书。显然，绩效管理是一项需要相互协作才能完成的活动，而且是一个连续的过程。

2. 绩效监控。

在绩效计划制定完毕后，公共部门的员工就开始按照计划开展工作。在工作过程中，管理者需要与员工进行持续沟通，对员工进行指导和监督，及时解决发现的问题，并根据实际情况及时对绩效计划进行调整，以确保绩效目标的顺利完成。

3. 绩效评价。

绩效评价就是通过评价主体在绩效监控期间收集到的能够说明被评价者绩效

表现的实施和数据，采用科学的评价方法和衡量技术，判断员工的绩效是否达到绩效目标要求。绩效评价是绩效管理过程的核心环节，也是技术性最强的一个环节。

绩效评价是一个总结提高的过程。总结过去的绩效结果，分析绩效问题的原因，制定相应的改进对策，有利于组织绩效管理的提高和发展。同时，绩效评估的结果也是组织薪酬分配、职务晋升、培训发展、用工管理等管理活动开展的重要依据。

4. 绩效反馈。

绩效反馈是指绩效周期结束时，管理者与员工进行绩效评价面谈，使员工充分了解和接受绩效评价的结果，并由管理者指导员工在下一周期如何改进绩效的过程。

事实上，任何绩效管理系统都需要不断改善和提高。因此，在绩效评价结束后，全面审视组织绩效管理的政策、方法、手段及其他细节，对照先前设立的绩效目标进行诊断和分析，不断改进和提高组织的绩效管理水平，是十分必要的。

（三）绩效管理决策

1. 评价内容。

绩效管理决策，需要解决"评价什么"的问题，即确定绩效评价所需的评价指标、指标权重及其目标值。为了确保组织战略目标的实现，需要在绩效管理过程中，将组织的战略目标转化为可以衡量的绩效评价指标，从而将组织战略目标的实现具体落实到各个部门和每个员工。基于前文对绩效概念的界定，本书主张对组织、部门和个人绩效的评价从工作过程和工作结果两个角度进行考虑。

2. 评价主体。

评价主体，就是确定由"谁来评价"。通常而言，评价主体可分为组织内、外部的评价者。内部评价者包括上级、同级、下级；外部评价者包括客户、供应商、分销商等利益相关者。在设计绩效评价体系时，选择正确的评价主体，确保评价主体与评价内容相匹配是一项非常重要的原则，即根据所要衡量的绩效目标以及具体的评价指标来选择评价主体。

3. 评价周期。

评价周期所要回答的问题是"多长时间评价一次?"。评价周期的设置应尽量合理，既不宜过长，也不能过短。在实践中，评价周期与评价指标、组织所在行业特征、职位等级和类别以及绩效实施的时间等诸多因素有关，采用年度、季度、月度甚至工作日作为评价周期的情况都有，因此，选择绩效评价周期时不宜一概而论，而应根据管理的实际情况和工作的需要，综合考虑各种相关影响因素，合理选择适当的绩效评价周期。

4. 评价方法。

评价方法就是"如何评价"，即判断员工个人工作绩效时所使用的具体方法。通常，评价方法可以划分为四大类：比较法、量表法、目标管理法和描述法。每类又细分为若干具体的评价方法，其中比较法包括排序法、配对比较法、人物比较法和强制分配法等；量表法包括图尺量表法、行为锚定量表法、综合尺度量表法和行为观察量表法等；描述法包括工作业绩记录法、态度记录法、关键事件法和指导记录法等。每种方法都各具特点，并无绝对优劣之分，组织应根据具体情况进行选择，总的原则是根据所要评价的指标特点和实际情况选择合适的评价方法。

5. 结果应用。

绩效评价结果能否被有效利用，关系到整个绩效管理系统的成败。在管理实践中，绩效评价结果主要应用于两个方面：一是通过分析绩效评价结果，诊断员工存在的绩效差距，找出产生绩效差距的原因，制订相应的绩效改进计划，以提高员工的工作绩效。二是将绩效评价结果作为各种人力资源管理决策的依据，如培训开发、职位晋升和薪酬福利等。绩效评价结果的具体应用，要针对评价指标的性质具体分析，如工作业绩类指标可以直接应用于薪酬福利等决策。

三、绩效评价的主流工具

（一）360 度考核法

360 度考核法（360° Feedback），又称为"360 度反馈"或"交叉考核"，于20 世纪 80 年代被英特尔公司提出并加以实施运用，是运用多方反馈技术，根据概率论的原理，采集信息渠道多，信息来源广，真实程度大，综合运用了心理学、心理统计与评价、社会学、组织行为学、管理学、人力资源管理学及先进的科技手段，通过考核来了解各方面的意见，使员工清楚自己的长处与短处，扬长避短，提高工作绩效。360 度考核方法分为内部考核和外部评议两大类。内部考核又可分成：上级考核、下级考核、同级考核和自我考核四种。

所谓"上级考核"是指由上级对下级进行考核。上级考核是最常用的方法，也是传统考核制度的核心。"同级考核"是指同级人员相互考核。"下级考核"是指下级对上级进行考核。"自我考核"是指被考核者自我总结、自我评价。自我总结、自我评价是其他考核的前提与基础。"外部考核"是指由本单位以外的人员对单位以及单位内的工作部门和工作人员的评议。

1. 360 度考核法的作用效果与适用范围。

360 度考核法的作用十分明显,一是有助于员工的自我评价与自我提升发展。随着社会发展,员工的需求不仅仅是物质上的,还包括社交与自我价值实现的需求,工作表现突出的员工在努力工作后希望得到别人对自己的工作成果的认可,通过绩效考核可以满足这类员工这方面的精神需求。而对工作效率较低的员工,可以通过绩效考核结果对自己的工作业绩和实际表现情况有一个正确的认识,有利于员工提升自我。二是有利于各级主管了解下级的各方面情况。各级主管通过绩效考评,有助于其正确了解各部门的人力资源管理状况、工作业绩、团队员工的工作态度、个性、能力状况、工作绩效、作风等基本状况,有利于提高管理工作的效率和效果。三是能够促进不同群体的相互沟通。在实施考核时,从上级、同级、下级、外部客户多维进行评价,这就使得不同群体间接触与沟通增加,有利于群体间建立起相互信任的关系。四是能够激发员工的工作热情。通过360 度考核法,激发中层领导和员工主动工作,按时完成本职工作,形成工作的良好氛围。把团队员工的业绩考评与年度薪酬结合起来,职位与工资挂钩,体现分工和不同酬,鼓励员工认真工作,尽责尽职。五是有利于企业目标与战略实施。通过 360 度考核,企业可以了解各部门和个人对更高层次目标的贡献程度和认知度,为了查找影响达到企业各种目标的因素,可以对目标与实际业绩间的差异进行分析。通过改善物质环境、整合各项管理职能工作、推动改进团队工作效率等方式与途径来形成合力促进实现企业目标。

360 度考核法并不是适用于所有的企业、所有人员,它具有一定的应用条件。首先,运用的企业需要拥有沟通顺畅的企业文化,没有传统的官本位思想,保证了360 度考核法在实施过程中的真实性与相对有效性,员工易于接受;其次,企业需具备高效快速的网络信息平台,信息收集迅速,准确,便于 360 度考核法的实施;除此之外,企业还必须有完善的组织培训体系,360 度考核法注重组织健全、发展良好且平稳的公司,这样保证能够对企业的所有人员进行考核。360 度考核法适用于满足这三个条件的企业,任何一个条件不被满足,都会影响360 度考核法的实施效果,甚至导致最终考核的失败。①

2. 360 度考核法的具体实施流程与优缺点分析。

360 度考核法在具体考核管理中既有优点也有缺点(见表 2 - 3)。

---

① 邹晓春 . 人力资源管理 88 个工具精讲(白金实战版)[M]. 北京:人民邮电出版社,2014.

表 2 – 3   360 度考核法优缺点分析

优点	缺点
1. 从不同角度获取被考评人的信息，掌握他的动态，主要工作成就和思想状况； 2. 防止被考核者急功近利的行为； 3. 在一定程度上避免了个人偏见等的影响； 4. 考核方法是多维的，考评结果有一定的代表性和真实性，结果准确； 5. 反馈信息有助于被评价者发现自身的优点与不足，促进其发展	1. 考核实施条件一定程度上难以全部满足，适用范围相对较小，影响实施效果； 2. 考核实施的时间跨度长，考核人员广泛，人员成本较高； 3. 使用不当会造成评价者将其作为个人发泄的途径； 4. 需要进行全员培训，实施起来困难

360 度考核法作为一种全面绩效考核的工具，在实施过程中大致分为 5 个步骤（见图 2 – 6）。

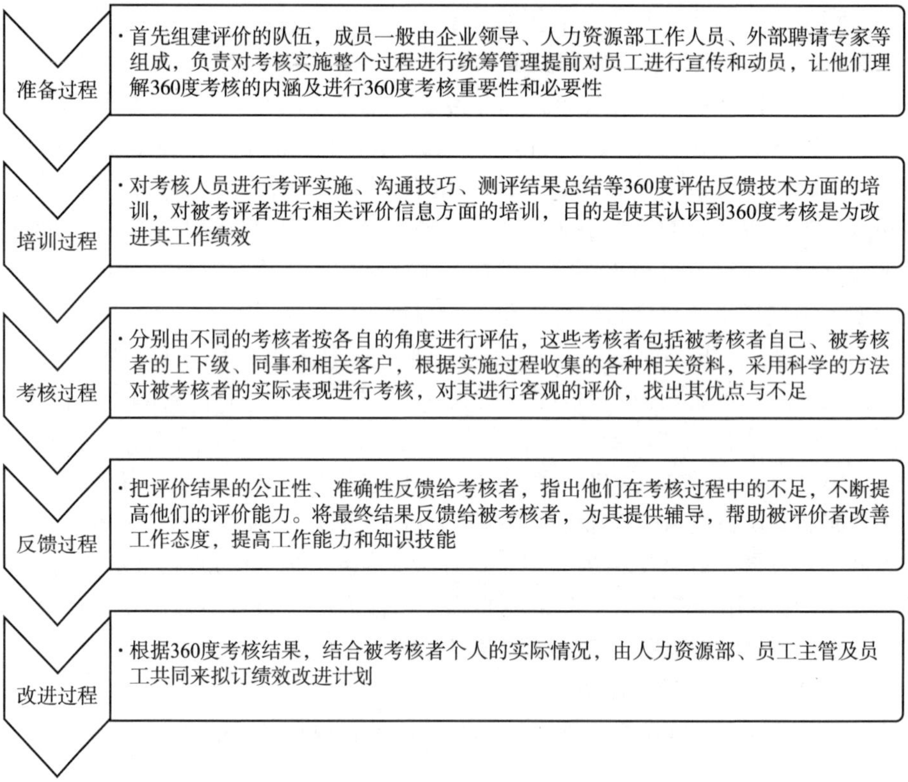

准备过程
· 首先组建评价的队伍，成员一般由企业领导、人力资源部工作人员、外部聘请专家等组成，负责对考核实施整个过程进行统筹管理提前对员工进行宣传和动员，让他们理解360度考核的内涵及进行360度考核重要性和必要性

培训过程
· 对考核人员进行考评实施、沟通技巧、测评结果总结等360度评估反馈技术方面的培训，对被考评者进行相关评价信息方面的培训，目的是使其认识到360度考核是为改进其工作绩效

考核过程
· 分别由不同的考核者按各自的角度进行评估，这些考核者包括被考核者自己、被考核者的上下级、同事和相关客户，根据实施过程收集的各种相关资料，采用科学的方法对被考核者的实际表现进行考核，对其进行客观的评价，找出其优点与不足

反馈过程
· 把评价结果的公正性、准确性反馈给考核者，指出他们在考核过程中的不足，不断提高他们的评价能力。将最终结果反馈给被考核者，为其提供辅导，帮助被评价者改善工作态度，提高工作能力和知识技能

改进过程
· 根据360度考核结果，结合被考核者个人的实际情况，由人力资源部、员工主管及员工共同来拟订绩效改进计划

图 2 – 6   360 度考核法实施流程

3. 360 度考核法在城市管理绩效评价中的应用。

在城市绩效考核体系中，以上级作为唯一评价主体的考核方法无法全面反映城市管理的业绩，也容易导致城市管理工作的扭曲，通过引入城市管理工作中的其他利益主体，包括城市管理的服务对象（公众）、管理对象（下级）、同行（城市管理相关部门）等，可以更加全面、客观地反映城市管理的绩效，也更能体现城市管理的实质，因而，360 度绩效评价方法越来越受重视和青睐（见图 2 – 7）。

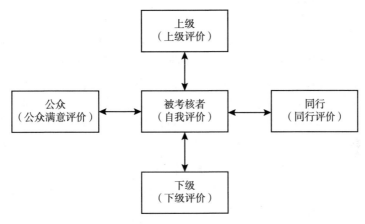

图 2 – 7 360 度绩效评价法在城市管理绩效评价中的应用

（二）目标管理

目标管理（Management by Objectives，MBO）是一种有效的绩效管理工具，是 1954 年由美国著名的管理学家彼得·德鲁克（Peter F. Drucker）在《管理的实践》一文中提出的。德鲁克认为：凡是业绩影响组织健康成长的地方都应建立目标，通过设立目标使下级进行自我管理和控制。目标管理成为美国和欧洲企事业单位所了解和普遍采用的管理方式。根据德鲁克的观点，目标管理应遵循的一个原则是：每一项工作都必须为达到总目标而展开。衡量一个管理者或员工是否称职，就要看其对总目标的贡献如何。他系统地从目标设置、过程管理、结果形成与反馈三个环节对目标管理理论进行明确，提出了目标的"自我控制""自我管理"，强调目标不是用来控制下级，而是用以激励下级。[①] 对目标管理理论作出重大贡献的乔治·欧迪伦（George Odiorne）曾经给目标管理下了一个定义，"简言之，目标管理可以描述为如下过程：一个组织中的上级和下级一起制定共

---

① 彼得·德鲁克. 管理实践 [M]. 毛忠明，译. 上海：上海译文出版社，1999.

同的目标；同每一个人应有的成果相联系，规定他的主要职责范围，并用这些措施作为经营一个单位和评价其每一个成员贡献的指导。"①

目标管理理论极大地丰富了现代企业管理理论，在管理学理论中具有十分重要的地位，该理论的产生与发展依赖于前人有关人性假设的研究成果，主要来源于德鲁克的目标管理理论、道格拉斯·麦格雷戈（Douglas M. Mc Gregor）的 Y 理论及一体化理论、席尔（E. C. Schieh）的结果管理理论、李克特（R - Likert）的行为科学理论、帕卡德（V. Packard）的自主管理理论。

1. 目标管理的实施和作用特点。

目标管理理论可以理解为一种管理程序，需要企业管理人员一起进行协商，共同依据企业的具体使命与总体目标，来决定各个层级的具体责任以及目标。并把这些确立的目标作为绩效考核的依据，并以此来评定企业员工的工作完成情况。这样的好处及优势在于，将具体任务明确划分出来，有利于发挥出员工的主观能动性。② 与其他绩效管理工具来说，目标管理具有以下特点。

（1）重视人的因素。目标管理遵循一种参与式、民主的、自我控制的管理理念，是把个人目标和组织目标结合起来的管理理念。在这种管理理念下，上级和下级关系是平等的、相互尊重的、信任的和支持的，下级在目标的激励下会自觉、自主完成工作任务。

（2）系统导向。目标管理用总目标指导分目标，用分目标保证总目标的达成。通过专门设计的过程，建立起目标体系，把组织的整体目标逐级分解，转换为各部门、各员工的分目标，从组织目标到各部门目标，再到个人的目标，上下目标一致，相互配合，形成协调统一的目标。

（3）注重统一。目标管理强调工作和人的统一，管理者不断地挖掘员工本身所具有的自我价值实现的欲望，让员工从工作中获得生存的价值，更好地达成目标，并且强调个人目标与组织目标的统一。

（4）强调"自我控制"。德鲁克认为，员工是愿意负责的，愿意在工作中发挥自己的聪明才智和创造性，"自我控制"可以成为更强烈的动力，推动员工尽自己最大的努力完成工作。

（5）注重结果。目标管理以目标制定为起点，以目标完成情况的评估为终点。工作结果是评估目标完成情况的依据，是评估工作绩效的唯一标准。

2. 目标管理实践中的优点与不足。

目标管理具有的优点：（1）目标管理使企业中各部门及员工都明确了企业的

① 李浩. 绩效管理 [M]. 北京：机械工业出版社，2017.
② 杨剑，自云，郑蓓莉. 目标导向的绩效评价 [M]. 北京：中国纺织出版社，2002.

总目标、企业的结构体系，职责分明，使得主管人员知道，为了完成目标必须给予下级相应的权力。通过目标管理实施过程，发现企业在管理过程中存在的缺陷，从而帮助企业对流程进行改进。促进员工将时间与精力最大限度地投入到实现企业目标的行为中去。（2）目标管理对企业内易于度量和分解的目标会带来良好的绩效。对于在技术上具有可分性的工作，由于责任、任务分明，目标管理在绩效评估中发挥着很好的效果。（3）目标管理可以极好地调动员工的主动性与积极性。由于目标管理强调"自我控制"，将个人利益与组织利益联系起来，因此提升了士气。目标管理实质上也是一种自我管理的方式，在实施过程中，员工不只是做工作、执行指示、等待指导，而是参与目标的制定，取得组织的认可，之后如何实现目标，员工在一定程度上有很大的发挥空间。（4）促进员工与上级之间的意见交流与相互了解，改善企业内部的人际关系。

目标管理也有一定的不足：（1）目标管理过程中片面关注财务目标，忽视了非财务方面的目标，现代企业的发展不仅应关注财务上的增长，还应关注非财务方面的发展。（2）目标管理实施过程中，目标及绩效标准难以确定。由于目标管理过分强调量化目标和产出，而在现实中企业内部的许多工作目标是无法量化的，并且不同的部门绩效标准会因员工不同而不同，企业无法制定一个统一的相互比较的绩效评估系统。（3）目标管理注重目标达成的结果，而忽视了目标达成的过程，部分考核指标之间没有联系，侧重定量指标。除此之外，实施过程中需要耗费大量的精力与时间去制定目标，成本较高。

3. 目标管理实践中的具体操作流程。

目标管理的具体操作可分为四个步骤（见图2－8）。

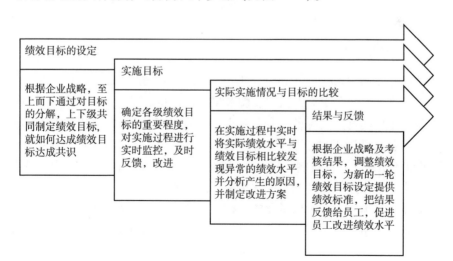

图2－8　目标管理法实施步骤

4. 目标管理法在城市管理绩效评价中的应用。

目标管理法在城市管理绩效评价体系中的应用，将长期规划引入了城市管理的目标管理中，实现了城市管理阶段性业绩和长远战略的有机结合。在设置城市管理业绩目标时，借助于目标管理法，可以在界定、分解城市发展战略的基础上，将模糊的战略目标具体化，形成若干关键成果领域，并且层层分解到各个部门，形成完整的目标体系，最终促进城市管理长远目标的实现（见图2-9）。

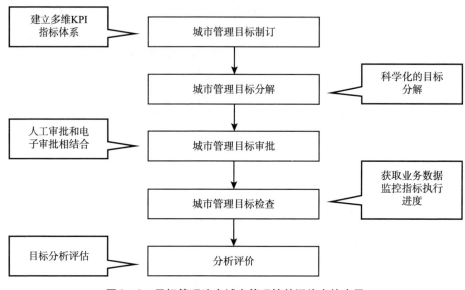

图 2-9　目标管理法在城市管理绩效评价中的应用

（三）关键绩效指标

关键绩效指标（Key Performance Indicator，KPI）最早是在目标管理法的基础上发展起来的，是衡量企业战略实施效果的关键指标，是一种把企业的战略目标分解为可运作的远景目标的工具，是企业绩效管理的基础。KPI 考核可以使各级主管明确各级部门的主要责任，并以此为基础，明确部门人员的业绩衡量指标。[1] 其目的是建立一种机制，将企业战略转化为内部过程和活动，用来衡量各工作岗位主要工作业绩表现的可量化指标，以不断增强企业的核心竞争力和持续取得高效益。其本质是一种可量化的、被事先认可的、用来反映组织目标实现程度的重要指标体系，对公司层面战略目标的层层分解和落实。

---

① 易开刚. KPI 考核：内涵、流程及对策探究［J］. 技术经济，2005（1）：48-49.

1. 关键绩效指标遵循的原理。

关键绩效指标的应用遵循 80/20 法则，也称作"二八法则"，由著名学者帕累托（Vilfredo Pareto）提出，他指出：不管在什么组织中，比较重要的组成因子一般只有很少一部分，而不太重要的组成因子通常有很大一部分，所以，它是一个不对等的原理。从企业角度来看，是指一家企业在价值创造过程中，每个部门和每一位员工 80% 的工作任务是由 20% 的关键行为完成的，抓住 20% 的关键行为，对其进行分析和衡量，这样就能抓住业绩评价的主体。

2. 关键绩效指标的作用效果及适用范畴。

作为绩效管理的有效手段和推动公司价值创造的驱动因素，关键绩效指标法的作用主要表现在以下几个方面：（1）随着对公司战略目标的层层分解，可以使高层领导清晰地了解对创造公司价值最关键的情况，集中关注到位企业创造经济效益的关键绩效指标，使员工的工作方向与企业所要求的行为保持一致性，有效地保证了企业战略目标的实现。（2）迅速、有效反映出影响关键业绩的驱动因素及其变化情况，对重点经营活动进行准确衡量，体现考核的重点，使管理者及时发现经营管理中的问题并采取措施，及时改进，提升绩效管理水平。（3）关键绩效指标法注重指标的可量化，将定性指标和定量指标相结合，相互补充，弥补单一性质指标在绩效考核时的不足。（4）关键绩效指标法实施过程中关键绩效指标是经高层领导与考核双方共同讨论并认可，保证了上下级在后续考核过程中的沟通交流与反馈。

每一种方法都有一定的适用范围，关键绩效指标法适用于：（1）以绩效为导向的组织文化的企业，这样可以为实施 KPI 创造良好的文化氛围；（2）在实施过程中企业各级主管了解 KPI 考核的各项事项，明确 KPI 考核的目的及实施责任，为 KPI 考核营造良好的秩序；（3）企业实施 KPI 考核而得出的结果与企业价值分配挂钩，这样才能发挥考核的最好效果。

3. 关键绩效指标的具体实施流程和优缺点。

关键绩效指标法是基于"二八法则"，在实施过程中，考核工作的主要精力放在了关键绩效过程和结果，这样就可以从众多繁杂的考核指标中找出关键的绩效指标作为绩效考核指标，减少了绩效管理成本，提升了企业绩效管理水平，提高企业的核心竞争力。由于一个企业所处的客观环境在不断变化，所以 KPI 考核的指标是不断变化的，具有动态性，当旧的关键指标被达成，就会有新的、更好、更先进的指标出现，这样就可以促进企业不断提升自身发展，使员工对自己岗位的重点工作有了更加清晰准确的认识，可以促进员工自身不断改进和提升自我，促使组织利益与个人利益达成一致。由于 KPI 的考核指标是可控和可度量的，是连接个体绩效与组织目标的桥梁，以企业的战略目标为前提，关键绩效考核指标与企业战略目标具有一致性，有利于评定和管理，从而使整个企业的战略更加明确，能够稳定、高效地为了企业战略目标的实现而运营。[①]

但是，KPI 考核倾向于可量化的考核指标，过分关注考核指标，忽视了其他使企业效应增加的非量化行为，不适用于所有岗位。并且在实施过程中，过度依赖指标考核体系，实施比较生硬，没有考虑到客观环境变化与人为因素，忽视个体差异，结果容易产生争议。

KPI 考核法运用流程包括 5 个步骤（见图 2 – 10）。

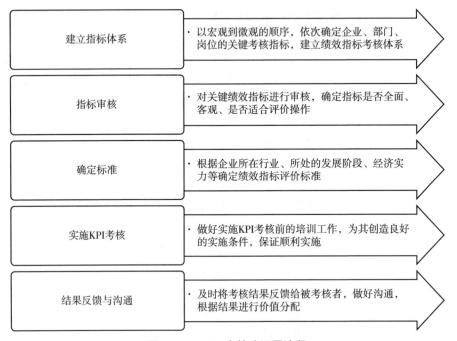

图 2 – 10　KPI 考核法运用流程

4. 关键绩效指标的分类及一般方法。

关键绩效指标一般分为定量与定性两大类，其中定量指标基于统计数据，把统计数据作为主要的数据来源，而定性指标是难以用数学手段进行计算的指标，主要由评估者利用自身的知识、经验直接做出判断。具体绩效指标类型见表 2 –4。

---

① 梁文潮，李运灵. 电网企业执行力方略：理论、方法与考核实务 ［M］. 北京：中国电力出版社，2011.

表 2 - 4　　　　　　　　　　关键绩效指标类型

指标类型	举例	证据来源
数量	产量/销售额/利润	绩效记录/财务数据
质量	破损率/独特性/准确性	生产记录/上级评估/客户评估
成本	单位产品的成本/投资回报率	财务数据
时间	及时性/进入市场的时间/供货周期	上级评估/客户评估

资料来源：李浩. 绩效管理 ［M］. 机械工业出版社，2017.

5. 关键指标法在城市管理绩效评价中的应用。

城市管理关键绩效指标强调实现目标的关键指标，这样可以将有限的资源用在核心的目标实现上，从而减少行政成本，也避免了个人工作、城市管理部门工作与城市管理总体目标相脱节。在城市管理绩效评估中运用关键绩效指标法要注意以下两点：其一，要合理设置指标体系，满足多方面的行政职能。其二，精简指标体系，突出关键指标。

（四）平衡计分卡

平衡计分卡（Balanced Score Card，BSC）是由美国哈佛大学商学院教授罗伯特·卡普兰（Robert S. Kaplan）和 RSI 公司总裁诺顿（David P. Norton）通过对12 家在业绩评价方面处于领先地位的企业进行为期一年的研究的基础上提出的，并在《哈佛商业评论》1992 年 1 ~ 2 月号上发表了《平衡计分卡：驱动业绩的评价指标体系》一文，标志着最初用于组织绩效的平衡计分卡出世，到《平衡计分卡：化战略为行动》的出版，平衡计分卡理论逐步成熟，转变为一个战略实施工具。平衡计分卡打破了传统的单一使用财务指标衡量业绩的方法，而是在财务指标的基础上加入了战略驱动因素，即客户因素、内部业务流程和员工的学习与成长，从四个方面全方位地评价组织的经营业绩，达到组织的长期目标与短期目标、财务指标与非财务指标、前置指标与滞后指标的平衡。平衡计分卡被《哈佛商业评论》评为百年来最具影响力的管理工具之一。因此，目前世界 500 强中的80% 企业在应用平衡计分卡。

1. 平衡计分卡的作用特点。

平衡计分卡的特点是：（1）始终将远景与战略放在其变化和管理过程中的核心地位。平衡计分卡注重战略的执行，结合时代背景与社会特征，批判了当代组织在战略管理中的不足与漏洞，探讨了如何衡量战略、战略管理、对战略进行描述、战略协同以及如何实现战略管理与运营管理的有机结合的问题。作为一种战略执行工具，平衡计分卡提供了一个能够从财务、客户、业务内部流程、学习成长四个层面进行对战略的基本框架的描述，使四个维度相互联系，浑然一体。（2）平衡计分卡重视协调一致。为了实现将战略化为行动的目的，平衡计分卡从战略的高度强调协调一致，采取将目标分层，再在分层的基础上加上分类的方法，目标之间具有一定的因果关系，四个层面指标之间具有关联性，实现目标的承接与分解。（3）强调有效平衡。在战略的指导下，通过平衡计分卡各层面内部以及各层面之间的目标组合和目标因果关系链，合理设计，平衡了关于股东和客户的外部指标和关于关键业务流程、学习与成长的内部指标，实现财务指标与非财务指标、长期目标与短期目标、客观指标与主观判断指标、前置指标与滞后的平衡。[①] 平衡计分卡强调的不是平均主义，而是一种有效平衡，是实现组织内外部各方力量和利益的有效平衡。

2. 平衡计分卡的优缺点及适用范围。

平衡计分卡作为一种绩效管理工具，衡量了企业的战略执行情况，在实施过程中存在优点与不足（见表 2 – 5）。

表 2 – 5 平衡计分卡优缺点

优点	缺点
1. 强调了绩效管理与企业战略之间的一致性，协调了组织内部关系； 2. 避免了企业短视行为，实现了长期目标与短期目标的平衡； 3. 在目标制定、行为引导、绩效提升方面具有管理优势； 4. 注重目标之间的因果关系，层层相互牵引与支撑，为达成绩效目标提供有效保障； 5. 兼顾实施过程与结果，实现化战略为行动的目的，提升管理水平	1. 实施难度大，实施时间成本较高； 2. 非财务指标难以客观、准确地计量，存在着较大的主观随意性； 3. 指标数量过多，权重难以分配； 4. 组织战略变更的时候，平衡计分卡随之重新调整，开发时间较长； 5. 高层对平衡计分卡价值认识不足，对使用者要求较高，使适用范围受限

平衡计分卡不是一个适合于所有企业或者整个行业的模板。平衡计分卡作为一个战略执行管理系统，要确保平衡计分卡的成功实施，企业应该具备几个前提条件：（1）企业对其战略目标的合理分解，是平衡计分卡成功实施的关键，将战略目标合理分解成组织内部各层级的目标，并进行分类，在实施过程进行适当的调整，可以促进企业战略目标的实现。（2）一个企业必须具备健全完善的企业管理体制，平衡计分卡的问世与发展是基于西方国家长期以来严格、规范的企业管

---

① 方振邦，罗海元. 战略性绩效管理 [M]. 北京：中国人民大学出版社，2010.

理实践和理论的不断更新与发展，是对企业整个管理水平的提升，因此具备健全完善的企业管理体制，能够增大平衡计分卡顺利实施的概率。（3）企业还需要具备完善的信息系统。在实施过程中，必然会涉及企业财务与非财务方面的大量数据，并且平衡计分卡中的绩效考核指标是在大量数据的基础上统计而得出的，所以具备现代化信息系统对提升数据处理与信息提取水平十分重要，没有完善的信息系统，平衡计分卡很有可能无法实施。（4）在企业中实施需要取得高层管理人员的支持与承诺，这一点是为保证平衡计分卡的成功实施。若高层管理者对平衡计分卡的认识以及对其实施的态度是不认同的，就会阻碍平衡计分卡在企业中的运用，另外，高层管理者必须参与战略的制定，并且推动战略在基层的贯彻，使中层管理者和员工了解这种重视和支持，这样会大大提高各级参与的积极性。①

3. 平衡计分卡的具体实施流程和通用模板。

平衡计分卡的实施包括 5 个步骤见图 2 – 11。

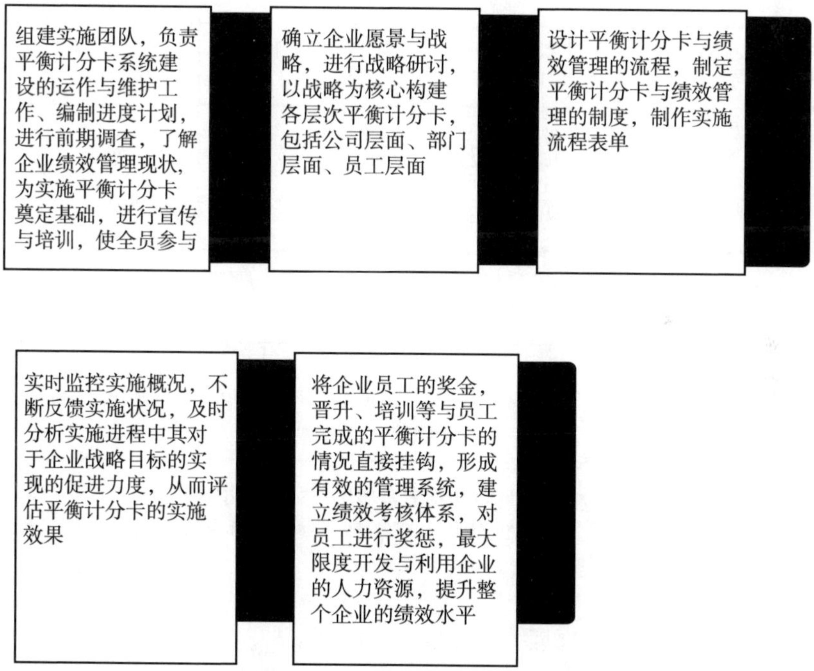

图 2 – 11　平衡计分卡实施步骤

平衡计分卡实施的通用模板：战略地图的具体内容见图 2 – 12。

---

① 李浩. 绩效管理［M］. 北京：机械工业出版社，2017.

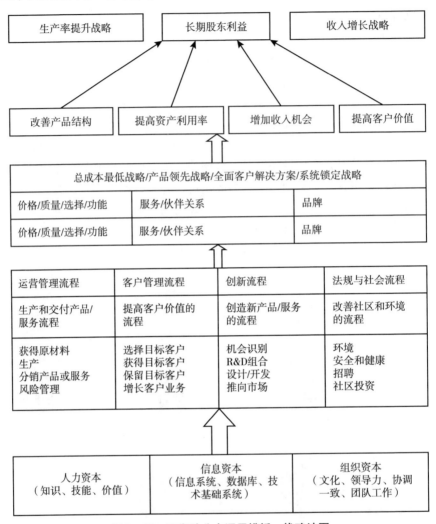

图 2 – 12　平衡计分卡通用模板：战略地图

资料来源：罗伯特 S. 卡普兰，戴维 P. 诺顿. 战略地图：化无形资产为有形成果 ［M］. 广州：广东经济出版社，2005。

4. 平衡计分卡在城市管理绩效评价中的应用。

将平衡计分卡运用于城市管理绩效评价，通过将城市发展战略目标分成具体指标，从城市管理能力、公众、内部流程以及学习与成长四个角度，审视城市管理战略目标的实现程度（见图 2 – 13）。

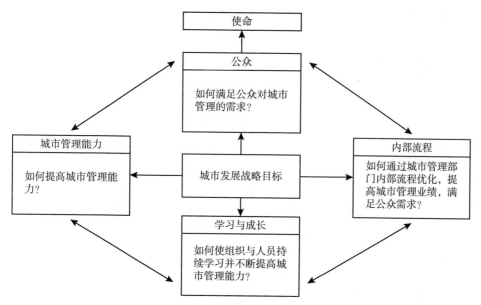

图 2-13 平衡计分卡在城市管理绩效评价中的应用

（五）标杆管理

标杆管理（Benchmarking Management，BM），也称基准管理、定点超越、标杆瞄准等，起源于 20 世纪 70 年代末 80 年代初，在美国学习日本的运动中，施乐公司首先开辟标杆管理先河，成为运用标杆管理的先驱和著名倡导者。[1] 古人云：以铜为镜，可正衣冠；以史为镜，可知兴替；以人为镜，可明得失。标杆管理是不断寻找和研究同行优秀企业的最佳实践，并以此为标杆，与该企业进行比较、分析、判断，找出本企业存在的问题及标杆企业优秀的原因，从而使本企业得到不断改进，进入或赶超一流公司，创造优秀业绩的良性循环过程。其核心是向业内或业外的最优秀的企业学习，通过学习，企业重新思考和改进经营实践，创造自己的最佳实践，实质是模仿创新的过程。标杆管理与企业再造、战略联盟并称为 20 世纪 90 年代三大管理方法。有数据表明，世界 500 强企业中 70% 以上将标杆管理作为一项常规的管理工具，包括宝洁、柯达、福特等。[2]

标杆管理是一种有目的、有目标的学习过程。通过学习，企业重新思考和设计经营模式，借鉴先进的模式和理念，再进行本土化改造，创造出适合自己的

---

① 万德利，仲伟新. 对注册税务师行业引入标杆管理的若干思考［J］. 注册税务师，2014（5）：4.

② B J Gerald. Benchmarking: Guide for Becoming and Staying the Best of the Best. Schaumburg: QPMA Press，1998：234 - 260.

全新最佳经营模式。通过标杆管理，企业能够明确产品、服务或流程方面的最高标准，然后做必要的改进来达到这些标准。标杆管理是一种能引发新观点、激起创新的管理工具，它对大公司或小企业都同样有用。标杆管理为组织提供了一个清楚认识自我的工具，便于发现解决问题的途径，从而缩小自己与领先者的距离，从本质上看，标杆管理是一种面向实践，面向过程的以方法为主的管理方式。它与流程重组、企业再造一样，基本思想是系统优化，不断完善和持续改进。

1. 标杆管理的作用及类型。

标杆管理为企业提供了优越的管理方法与工具，在实际操作中具有很好的适应性、较强的可操作性，使企业得到不断改进，帮助企业提高企业的经营业绩。标杆管理的作用主要体现在以下三个方面。

（1）通过标杆管理，企业可以选择标杆，确定企业中、长期发展战略，并与竞争对手对比分析，制定战略实施计划，并选择相应的策略与措施。作为一种绩效管理工具，通过选择同行业中优秀企业作为学习目标，在绩效评估与绩效改进方面确定评估标准，对绩效进行评估；制定绩效改进计划，改进企业绩效。

（2）标杆管理有利于企业内部建立学习型组织。标杆管理在实质上就是一个模仿创新过程，而在企业中建立的学习型组织是一种能熟练获取、传递及创造知识的组织，该组织在知识学习过程中需要不断改善自身的行为，以更好地适应新的环境与不断更新的知识。标杆管理的运用有利于企业及时发现自身在各个流程中存在的不足，总结标杆企业的成功之处，结合自身实际情况综合运用到企业管理中去。

（3）标杆管理有助于激发企业中员工、团队和整个企业的潜能，有助于企业绩效的提升。标杆管理可以根据管理内容的不同，分为产品标杆管理、过程标杆管理、管理标杆管理和战略标杆管理。标杆管理根据学习目标不同，可分为内部性标杆管理、竞争性标杆管理、功能通用性标杆管理及流程标杆管理。

内部性标杆管理通过组织内部效率评价结果，以企业内部流程及操作为基准，寻求最具效率的部门及其工作流程，寻求企业成功经营关键因素，将其综合运用到其他部门，实现资源共享，以达到提高绩效的结果，是一种企业提高绩效的便捷方法。

竞争性标杆管理是通过外部竞争对手在市场占有率上的提高而直接在产品、服务及工作流程等方面的对标。由于同行业竞争者之间的产品结构和产业流程相似，面临的市场机会相当，竞争对手的作业方式会直接影响企业的目标市场，因此竞争对手的信息对于企业在进行策略分析及市场定位时有很大的帮助，但直接面对竞争对手，信息收集困难，实施难度大。

功能通用性标杆管理是以提升企业质量与管理水平为目的，在对手或行业领先者中寻找有效实践方式的标杆管理，双方没有直接的利害冲突，更加容易获取对方的配合，随时掌握最新经营方式，学习最新的管理模式。但是企业成本投入较大，信息相关性较差，最佳实践需要较为复杂的调整转换及适应过程，实施较为困难。

流程标杆管理不受行业局限，在相同或相似的组织结构运作功能等方面的标杆管理，是以最佳的工作流程为基准的，可以跨不同组织实施，但需要企业对整个流程及操作有十分细致的了解。

2. 标杆管理的实施程序。

标杆管理的实施程序可分为五个阶段，即标杆管理项目计划、资料收集、分析、实施、持续改进。计划阶段主要是成立标杆交流管理小组，制度工作程序，确认针对哪些流程进行标杆管理，选择用于作为标杆的标准，拟订资料收集计划。资料收集阶段主要是设计问卷，开展调查活动，及时收集相关资料，将收集到的资料进行汇总、整理，通过内部交流，分析本企业自身水平，选择标杆企业、组织或部门，及时与其取得联系。分析阶段是分析企业自身与所选择的标杆之间的差异，除此之外，还要关注到双方在经营理念、企业组织文化、发展现状等多方面的差异。实施阶段拟订具体的行动计划，将改进方案运用到实践中，跟进进展情况，适时调整相关活动程序，全程检测。在持续改进阶段进行阶段性评估，因为标杆管理是一个动态的管理评估工具，所以根据实际需求调整标杆，全面整合各种活动，使企业处于领先地位。

3. 标杆管理的优缺点。

标杆管理主要优点有：追求卓越、持续改善、建立优势。追求卓越是指企业实施标杆管理时选择的对标企业是同行优秀企业，对比自身在流程、操作等方面的问题，学习对标企业的卓越管理方法，借鉴标杆企业的经营模式，改善本企业的管理体系，不断超越自身，有效提高绩效管理水平。企业得到不断改进，进入或赶超一流公司，创造优秀业绩的良性循环过程。持续改善是指企业的运作永远是动态的，不会是一成不变的，所以在实施标杆管理时，需要不断地改进，适应环境的变迁与知识的更新，持续进行企业本身与最佳实践的比对，持续追求卓越，获得持续的竞争力，帮助组织持续改善绩效。建立优势是指标杆管理的实质是模仿创新的过程，如果只是一味地模仿，企业没有自己的特点，未来的发展将会受限，核心竞争力得不到提升，只有在模仿后拥有自己的创新，学习标杆企业后，进行本土化改造，创造出适合自己的全新最佳经营模式，使企业有持续的发展动力，建立在行业中的管理优势。

标杆管理存在几个缺陷。在实施过程中，企业选择目标时最初会选择本产业内的优秀的比较目标，这样在一定情况下是有效的，但是会出现本产业内大多企业倾向于使用相似的方式来完成工作的情况，使企业竞争战略趋同，本产业的竞争市场趋于完全竞争，造成在企业运作效率上升的同时，利润率却在下降。并且在实施过程中企业易于模仿，懒于创新，简单实施标杆管理，忽略建立适合自身发展的经营模式，陷入一个"标杆管理缺陷"中，即陷入落后，选择标杆学习模仿，再落后，再次选择标杆学习的一个反复的缺陷中。

（六）目标与关键成果法

1. 目标与关键成果法的含义和特点。

OKR（Objectives and Key Results，OKR）即目标与关键成果法，OKR 由目标（Objective）和关键结果（Key Results）两部分组成，是一套明确和跟踪目标及完成情况的管理工具和方法。这种新型的管理工具背后的管理理论可以追溯到管理大师彼得·德鲁克于 1954 年在《管理的实践》一书中提出的目标管理（Management by Objective，MBO），由英特尔公司创始人安迪·葛洛夫（Andy Grove）发明，并由约翰·道尔（John Doerr）引入谷歌使用，1999 年 OKR 在谷歌发扬光大，在 Facebook、LinkedIn 等企业广泛使用。OKR 的主要目标是明确公司和团队的"目标"以及明确每个目标达成的可衡量的"关键结果"，旨在确保员工共同工作，并集中精力做出可衡量的贡献，其核心在于目标驱动而非命令驱动，认为由自我控制的管理比由别人统治的管理更有激励效果。OKR 可以在整个组织中共享，这样团队就可以在整个组织中明确目标，帮助协调和集中精力。

OKR 的特点与优势：一是目标统一，上下一致。组织核心目标已达成统一而明确的共识，同时应具备一定的挑战。虽然 OKR 的目标是一致的，但个人与组织 OKR 却又有所不同。个人 OKR 是对个人的要求；组织 OKR 并非个人 KR 的简单累加，而是组织重点要做的事。组织 OKR 的目标统一是从下层员工到各个团队、组织整体的目标都是一致的。统一的目标不仅能够更好地增进团队成员之间的了解，促进协作，当目标成为组织的每个层次和每个成员对自己或组织内部未来想要达到的一种结果，且实现的可能性较大时，就形成了更好的目标激励机制。二是指标简单，公开透明。OKR 的设定不超过 4 个目标（O），每个目标（O）不超过 4 个关键行动结果（KR）。简单的指标设计，更利于聚焦主要目标，并有效执行。同时，KRs 指标及执行情况都是信息公开的，组织成员可相互查看、监督。公开的、透明的 OKR，有利于员工增进理解，创造较高的透明度、责任感和授权。在增强协作效率与协同创新能力的同时，也能为绩效评估提供参考依据，促使绩效评估更加公平公正。三是沟通精准，敏捷高效。OKR 一般以季度为周期进行设置，KRs 每个季度都在变化，企业内部一直要保持持续沟通，每个人都清楚主要目标和关键点，这就把绩效管理的重点从"考核"转变成了"沟通与辅导"以及帮助员工寻找目标（O）。有效的沟通和反馈不仅有利于跟踪目标及任务进度，提高组织工作效率，也有利于帮助员工更好地成长。同时，周期较短、更具弹性的 OKR 设定，更能适应多变的外部环境，使得组织的管理更加敏捷高效。

2. 目标与关键成果法的产生与发展。

现代管理学之父彼得·德鲁克于 1954 年出版的《管理的实践》对 OKR 的诞生产生了深远的影响，在该书中，德鲁克十分有预见性地认识到如何对专业人员进行绩效管理将成为未来时代的重要挑战。为应对这种挑战，德鲁克提出了"目标管理"的框架，简称 MBO，希望企业运用 MBO 促进组织内跨部门协作和激发个人创新，确保组织内所有员工同公司整体目标保持一致。

1976 年，德鲁克的忠实实践者安迪格鲁夫将 OKR 首次应用于 Intel 公司，安迪格鲁夫在其著作《高产出管理》中阐述了他通过回答两个简单的问题引进了 OKR 思想：我们的目标是什么？我们怎么知道我们完成了目标？正是对第二个问题的回答掀起了一场变革，使"关键结果"被附加到"目标"中，成为整个 OKR 框架的一部分，标志着 OKR 正式登上历史舞台。

1999 年，硅谷风险投资公司凯鹏华盈合伙人首次将 OKR 引入 Google，自此之后，OKR 成为了 Google 绩效管理的首选工具，随后在 Facebook、LinkedIn 等企业广泛使用，逐渐风靡全球并一直延续至今。

3. 目标与关键成果法的实施流程。

OKR 的制定基本应遵循：设定一个"目标"（Objective），这个目标是确切的、可衡量的；同时，设定若干可以量化的"关键结果"（Key Results）用来帮助自己实现目标；关键成果要是可量化的，如在时间和数量上进行规定限制；目标要兼顾可行性和激励性；目标与关键成果在整个组织内都是公开透明的。其具体的实施流程包括以下几步。

第一步，设定目标。首先从战略出发确定合理的年度目标、季度目标等，目标需是具体的、可衡量的，如不能笼统地说"我想让我的网站更好"，而是要提出"网站要在明年 1 月之前有 100 万用户"这样具体的目标；组织制定的目标不能太过繁杂，目标太多会造成效率低下、焦头烂额，也不能太过简单，否则就会给员工造成错误的导向，一般来说，1 分为总分的评分，达到 0.6～0.7 分即为较理想的状态，这样员工可以完成大部分目标，收获一定的成就感，增强工作的信心和兴趣；目标必须达成共识，目标必须是在管理者与员工直接充分沟通后的共识。

部门目标（O）的设定：部门 OKR 首先需要以过往的数据为基础确定目标

（O）。目标（O）的确定首先应让基本员工讨论自己的目标（O）、部门目标（O），再汇总公司目标（O），这是一个自下而上的过程；随后再进行自上而下的目标（O）的分解。在OKR的具体实践中，部门目标（O）还能进行横向协同分析补充目标（O），还可以从部门职责来推导补充目标（O）。

员工目标（O）的设定：对于员工目标（O），一般将部门目标进行分解到各岗位，由员工与部门领导共同协商根据部门目标（O）设置员工目标（O）。无论是部门目标（O）还是员工目标（O），都需要遵循OKR设置的基本原则。

第二步，确定关键结果。这一步是季度目标到"关键成果"的分解，所谓的KR就是为了完成这个目标需要的关键结果。科学有效的KR必须具备以下特点：（1）直接实现目标的；（2）具有进取心、创新性，可以不是常规的；（3）产出或者结果为基础的、可衡量的，设定评分标准是和时间相联系的；（4）不能太多，一般每个目标的KR不超过4个；（5）和时间相联系的。目标既要有年度KRs，也要有季度KRs：年度KRs统领全年，但并非一直固定不变，可以及时调整，但调整需要经过批准；季度KRs则是一旦确定就不能改变的。调整和改变的是KRs，而非上一步的目标，目标不能调整。

第三步，定期回顾。到了季度末，员工需要给自己的KRs的完成情况和完成质量打分，每个员工在每个季度初需要确定自己本季度的OKR，在一个季度结束后需要根据自己这个季度的工作完成情况给OKR打分。评分的依据是根据已设定的评分标准，分数的范围在0到1分之间，而最理想的得分是在0.6~0.7分之间。如果达到1分，说明目标定得太低；如果低于0.4分，则说明可能存在问题。

第三节　国内外政府管理绩效评价研究与实践进展

一、国外政府绩效评价研究脉络

1911年"科学管理之父"泰勒出版了《科学管理原理》一书，书中提出的科学管理理论在实践中极大地提高了工业企业的生产效率。在此背景下，一些行政学者开始关注政府"效率"问题并对此加以研究。可以说，现代政府绩效评价的专门研究最早源于美国，之后在美、英、德、日等经济发达国家迅速发展。探讨国外政府绩效评价研究脉络，必须以美、英等国为代表。这些国家的政府绩效评价研究，是与其评价实践的发展紧密结合在一起的。依据其发展过程及侧重点的不同，我们可以把美、英等国政府绩效评价的研究及实践划分为三个阶段。

1. 第一阶段：起步阶段（从 20 世纪初到 20 世纪 60 年代末）。

早期的政府绩效评价研究及实践，实际上是以泰勒为代表的科学管理理论在公共部门的延伸。1906 年，美国的布鲁尔（Bruere）等人发起成立了纽约市政研究院（The New York Bureau of Municipal Research），并于 1907 年率先开展对纽约市政府绩效评价的实践，从而对后来政府绩效评价的发展起到了关键作用。1912 年，美国联邦政府成立了经济和效率委员会；1928 年，成立了全国市政标准委员会（National Committee on Municipal Standards），该委员会是美国公共部门绩效评价的发起者。这一时期，赫伯特·西蒙（Herbert Simon）与其导师克莱伦斯·雷德（Clarence Ridley）进行了关于市政绩效评价的深入研究，1938 年出版了经典著作《市政工作衡量：行为管理评价标准的调查》，标志着政府绩效评价研究的开始。1949 年，第一届胡佛委员会报告的发表促使联邦政府推行了绩效预算，1950 年，国会又通过了《预算与会计程序法》，在联邦政府中推广绩效预算。通过绩效预算的实施，政府开始重视项目的产出，而不再只是狭隘地关注投入。20 世纪 60 年代中期，美国开始实行规划—计划—预算制（Planning – Program – Budgeting System，PPBS），对公共部门试行生产率测定，并制定各种绩效指标衡量管理者及下属的工作。20 世纪 60 年代后期，以弗雷德里克森为代表的新公共行政学强调公共行政的核心价值是社会公平。该学派所倡导的"公众导向"的观点，奠定了政府绩效评价的理论基础。在这个阶段，以美国为代表的政府绩效评价实践的焦点是行政效率，仅限于投入和产出易于量化的领域，并非全面的政府绩效评价。同时，这时的政府绩效评价在美国和英国也不具有普遍性，主要是对政府个别部门进行评价，而且改革的范围主要限于中央政府这一层次，很少涉及地方政府，研究与实践的广度和深度都不够。

2. 第二阶段：快速发展阶段（从 20 世纪 70 年代初到 20 世纪 80 年代末）。

20 世纪 70 年代以来，西方各国掀起了一场声势浩大且旷日持久的"新公共管理"运动，绩效评价以强调公共服务质量和顾客满意的理念而被西方各国纷纷提上改革重要日程。在这一阶段，英国的表现尤为突出，在很大程度上起到了"领头羊"的作用。1979 年，撒切尔夫人执政后大力主张运用私营部门的管理工具和方法对传统行政体制进行革命性的改革，相继推行了"雷纳评审"（Rayner Scrutiny）、"部长管理信息系统"（Management Information System for Minister，MINIS）、"财务管理新方案"（Financial Management Initiative，FMI），以及在英国公共服务改革中具有重要转折意义的"下一步行动"（The Next Steps）方案，这些改革举措进一步促进了英国政府绩效评价的实践。1983 年，颁布了《国家审计法》，规定成立国家审计署以确保主审计长履行其职责，首次从法律的角度表述了绩效审计。在美国，1973 年尼克松政府颁布了《联邦政府生产力测定方案》（The Federal Government Productivity Measurement Program），制定了 3000 多个绩效指标，由劳工统计局负责对各个政府部门的工作绩效进行统计和分析。此外，从尼克松执政时期的目标管理（Management By Objective，MBO），到卡特执政时期的零基预算（Zero Base Budgeting，ZBB），再到里根和老布什政府的全面质量管理（Total Quality Management，TQM），都期望通过长远的、前瞻性的规划设计，降低行政成本，提高政府效率。在这一阶段，政府绩效评价活动由英美迅速扩展到其他西方国家乃至全世界，由此引发了世界范围内的旨在提高政府绩效的改革浪潮。新西兰、日本、荷兰、德国、法国、丹麦、挪威、加拿大、芬兰等国纷纷借鉴和实施政府绩效评价，政府绩效评价开始形成全球性的、大规模的发展态势，以至于西方学者惊呼传统"行政国"被现代"评价国"所取代。期间，政府绩效评价的价值取向由单纯追求效率发展为对经济、效率和效益（Economy，Efficiency，Effectiveness）即"3E"的追求，从过分关注过程和规则转为对行政结果和输出的关注，更加重视对政府绩效的综合评价；在绩效评价的过程中也逐渐突破了传统的以政府自身为主的做法，引进公民、直接受益群体以及社会机构等外部评价主体，更加关注政府部门与外部环境的互动。

3. 第三阶段：规范深化阶段（从 20 世纪 90 年代初至今）。

这一阶段的突出特点是美、英等国逐渐把政府绩效评价纳入法制化、规范化的轨道，不断探索科学的绩效评价体系，注重将定性转向定性与定量相结合，并采取科学的综合评价方法。这个时期的政府绩效评价研究及实践呈现以下趋势。

一是向纵深发展。1993 年，英国保守党领袖梅杰在公共服务部门推行"公民宪章""竞争求质量"等声势浩大的运动，以提高公共服务质量水平和效益。布莱尔执政时期又构建了由"竞争政府"走向"合作政府"的战略，强调政府管理的整合思维和合作模式。在美国，1993 年就任总统不久的克林顿宣布成立由副总统戈尔领导的国家绩效评审委员会（National Performance Review，NPR），该委员会提交的第一份报告是《从繁文缛节到结果导向——创造一个高绩效的政府》，高举"重塑政府"大旗，力求创造一个"少花钱多办事"的政府。2001年，小布什政府开始实施"总统管理方略"，并于 2002 年颁布了《总统管理日程》，以鼓励公、私部门之间的竞争提升政府绩效。2009 年，奥巴马政府设立了"首席绩效官"（Chief Performance Officer，CPO）职务，以促进政府绩效提升，确保政府以更有效的方式运行。澳大利亚于 1994 年成立了政府服务评价筹划指导委员会（Steering Committee for the Review of Government Service Provision），专门指导和监督政府服务绩效的评价工作。新西兰于 1990 年以来进行了系统而深入的政府改革，对国家核心公共部门进行重组，建立了数十个按绩效预算运行的小型部门。

二是向法制化、制度化发展。1993 年，美国国会通过了《政府绩效与成果法》（Government Performance and Results Act of 1993，GPRA），以立法形式确立了对政府行政管理进行绩效评价的制度，成为世界范围内出台的第一部专门针对政府绩效评价的法律。英国于 1997 年颁布了《地方政府法》，规定地方政府必须实行最佳绩效评价制度，各部门每年都要开展绩效评价工作，并有专门的机构和人员及固定的程序。此外，日本于 1999 年颁布了《中央省厅等改革关联法案》，随后于 2002 年出台了《政府政策评价法》。新西兰于 1989 年以来出台了《国家部门法》《公共财政法》《财政责任法》等相关法律。这些法律虽并非专为政府绩效评价而创立，但其目的都是为改善政府绩效，促进政府绩效评价的法制化和制度化。

三是评价技术日臻成熟。1996 年，美国夏洛特市首开地方政府平衡计分卡应用的先河，通过运用平衡计分卡来加强政府的绩效管理，确保政府战略得以有效执行。2007 年，全球公共管理学权威戴维·罗森布罗姆（David Rosenbloom）教授在行政学科的权威期刊《公共行政评论》发表了题为"在行政规范再造的框架中民主宪政影响宣言及 BSC 的重要性"一文，介绍了平衡计分卡在公共管理领域的应用，并指出平衡计分卡不仅可以作为微观的战略管理和绩效管理工具，还可以与宏观的治国要旨相结合，促进政府的全面发展。2000 年，由欧盟成员国专家组成的公共服务创新小组在欧洲质量管理委员会"卓越模型"的基础上，推出了通用评价框架（Common Assessment Framework，CAF），包括领导力、战略与规划、人力资源管理、伙伴关系与资源、流程与变革管理五项促进要素，以及员工结果、顾客（公民）结果、社会结果、关键绩效结果四项结果要素，旨在通过组织的自我评价和诊断，不断提高公共部门自身的管理水平和管理质量。

二、国内政府绩效评价研究脉络

20 世纪 80 年代我国建立行政学以来，行政效率始终是行政学研究的一项重要内容。20 世纪 90 年代中期，我国学者在借鉴西方行政改革及绩效评价相关理论的基础上，开始进行政府绩效评价理论研究。至今已大致经历了三个阶段[①]。

---

① 蓝志勇，胡税根. 中国政府绩效评估：理论与实践［J］. 政治学研究，2008（3）：108-109.

1. 第一阶段，起步阶段（1994～1999 年）。

1994 年，左然翻译了大卫·伯宁翰的《英国地方政府中运用绩效评价尺度的观察》一文。1995 年，周志忍对英国组织绩效评价的历史、主要内容和技术方法进行了一定的介绍。这一时期，对于政府绩效评价的理论研究尚处在起步阶段，通过国内学者对西方国家政府绩效评价的理念和方法体系的介绍，政府绩效评价的思想开始进入中国，但并没有引起理论界和官员的足够重视。

2. 第二阶段，拓展阶段（2000～2003 年）。

从 2000 年开始，政府绩效评价的问题在国内引起一定的关注，相关的理论研究也有一定拓展。在这一阶段，随着新公共管理理论在中国的逐渐兴起，学术界开始关注作为提升政府绩效的有效工具——绩效评价问题研究。这一时期的理论研究主要集中在三方面：第一，引进和介绍西方国家政府绩效评价的理念与方法体系，不仅比较深入地研究西方国家政府绩效评价的内涵与理念，还较为详细地介绍英国、美国、澳大利亚、新西兰等国的绩效评价实践。第二，探讨我国政府实施绩效评价的现状及可行性，不仅总结了我国政府绩效评价的实践类型，还提出了我国实行政府绩效评价的主要障碍。第三，探索中国政府绩效评价的制度设计，重点对评价指标体系的构建进行理论探讨。

3. 第三阶段，细化和创新阶段（2004 年至今）。

这一时期，政府绩效评价问题已引起学者们的极大关注，并且各级政府部门纷纷进行政府绩效评价工作的探索和尝试，相关理论研究与实践探索成果层出不穷。这一阶段的理论研究主要体现出三个特点：第一，研究逐渐细化与深入，研究内容已经涉及绩效评价的主体构建、对象选择、基本程序、信息保真制度、结果运用制度、参与者的权责界限等诸多方面。第二，不断吸收政府创新理论营养，政府创新理论的发展为政府绩效评价提供了良好的理论支撑，也为政府绩效评价构建了理论框架与操作工具。第三，研究逐步走向系统性，不仅出版了一系列关于政府绩效评价与管理的著作，而且不少科研院校纷纷开设政府绩效评价与管理的相关课程。

三、国外政府绩效评价实践进展

20 世纪以来，随着政府职能的扩张，以及管理科学的兴起，西方国家率先开始进行行政改革。其改革的目的主要在于提高政府绩效，建立廉洁、高效的服务型政府。它们在绩效管理的实践过程中，逐步建立起了一套适合本国国情的绩效考核系统，其中包括指标设定、绩效评价、绩效考核、反馈结果等，具体见表 2 – 6。

表 2 - 6　　　　英国、韩国、美国、南非政府绩效评价发展历程及特点

国家	发展历程	特点
英国	1. 最早可以追溯到 20 世纪 60 年代末，英国王室土地监督局、国内税务局以及就业局开始发布各部门的整体生产率，确定绩效指标以衡量下属部门的工作； 2. 撒切尔政府："下一步行动计划""公民宪章"运动、"竞争求质量"战略，旨在提高政府效率、提高服务质量、提高公民满意度和公民参与度、缩小政府规模； 3. 梅杰政府：继续推行竞争求质量运动、公民宪章运动，深化质量意识和公民满意标准，将绩效评价推向了一个新的高度； 4. 2001 年，英国首次对郡政府进行了综合绩效评价，并取得了成功。此后，CPA（综合绩效评价）在实践中不断完善，推行的领域也不断扩大。该体系涵盖市政当局评价，是城市政府组织实施的绩效评价； 5. 2009 年，CPA 被新的地方服务绩效评价框架——综合领域评价所取代	1. 价值取向的多元化：3E（经济、效率、效果）、质量、公民参与、授权与共治； 2. 评价的制度化：适时的绩效评价法律化，主动持续地改进； 3. 评价主体多元化：官方的评价主体、独立的非官方机构、广大公民； 4. 绩效评价指标的精简化和强操作性
韩国	1. 韩国政府绩效评价的理念发端于 20 世纪 60 年代，其引入政府部门的计划审查制度； 2. 20 世纪 90 年代真正发展并走上制度化，金大中政府：改革趋向是掌舵型政府、市场导向、顾客核心和成果控制，目标是建立廉价、高效、服务的政府； 3. 2000 年以后，韩国政府绩效评价多元化发展	1. 政府业务评价制度：核心，绩效评价分析政府业务的推进状况及执行成果，把结果反映于执行过程及今后工作计划的建立； 2. 政府成果管理制度：设定指标，由完成情况反映于预算编订，以期提高预算执行效率； 3. 政府责任运营机关制度：独立性、自律性、契约性、经营性； 4. 政府职务成果契约制度：个人评价、人事管理制度
美国	1. 最早发端于 1906 年纽约市政研究院的绩效评价实践，该局定期向市政府提交市政管理和公共工程绩效报告，首次应用了以效率为核心的绩效评价技术； 2. 美国政府绩效评价实践始于第二次世界大战之前，20 世纪 80 年代获得广泛推广，20 世纪 90 年代进入一个全新的阶段； 3. 克林顿政府：发起绩效改革运动，通过了美国历史上首部关于政府绩效改革的立法《政府绩效与结果法案》； 4. 小布什政府：重点关注联邦政府的项目评估，推动项目评价的发展； 5. 奥巴马政府：要求行政部门每季度上报绩效数据，并对绩效进行检讨，向管理与预算局、国会提交改进计划	1. 评价活动法制化； 2. 评价机构多元化：联邦各部门、专门机构、非营利组织； 3. 评价指标体系科学化：客观性、差异性、灵活性； 4. 绩效评价与预算紧密结合； 5. 开展政策规定绩效分析； 6. 评价过程和结果公开透明
南非	1. 南非内阁于 2010 年 1 月成立监督考核部，促进、影响和支持有效的政策，监督和考核政府项目，以提高政府公共服务的质量； 2. 2011 年 11 月，监督考核部制定了《国家绩效考核计划》，标志着南非绩效考核正式启动	1. 设定考核周期； 2. 制定考核选取原则； 3. 建立跨部门的领导小组； 4. 内部考核与外部考核相结合； 5. 科学的绩效考核方法

政府实行绩效评价是顺应国际公共行政改革的发展潮流，无论是英国、美国、韩国等发达国家，还是以南非为例的发展中国家，都不同程度地在进行行政改革，构建政府层面监督管理与绩效考核系统，其主要特点可归纳为：参与主体多元化，即由政府部门、市场、社会共同参与；价值取向多样化，从追求 3E（经济、效率、效果）到追求服务高质量、公民满意度和公民参与性；评价考核活动制度化，即给绩效管理提供了制度依据，同时在执行力上也提供了适当的法律刚性；指标体系与考核方法科学化；考核过程和考核结果公正化；激励和奖惩机制常态化。

　　国外对政府部门绩效考核问题的研究起步较早，各国政府绩效考核都在向制度化和法制化的方向发展。其中美国、荷兰、日本等国家已经出台绩效考核的相关法律法规，强制要求政府部门进行绩效考核，确立了政府绩效考核的不可忽视地位。很多国家还成立独立的绩效考核机构，有效避免政府部门自我考核可能产生的考核失准现象。随着绩效考核体系逐渐完善，绩效考核的内容越发明确具体，主要以开展工作的合法性、合理性和公正性为主，绩效考核也更多倾向于工作过程而非最终的成果，并且绩效考核的结果也通过电视、互联网等及时进行公告，而且针对考核结果对各部门进行奖励和惩罚，确保整个过程的规范合理有序。

　　国外城市管理绩效评价研究大多是从评价城市发展水平的指标角度来进行的，如：联合国人居署 2003～2006 年发布的城市指标，将指标分为住房、社会发展消除贫困、环境管理、经济发展、管理五部分；2007 年欧洲的各大研究机构从经济、公民、治理、移动、环境和生活这六个一级指标对欧盟地区样本城市进行智慧水平评级；IBM 公司从服务、市民、商业、交通、通信、供水、能源七个角度评价城市的核心系统和活动；2009 年联合国环境规划署颁布的城市环境指标手册在环境和社会两个角度，从十一个方面推荐了 245 个指标；2011 年全球城市指标机构（GCIF）与联合国人居署、世界经济论坛、经合组织、世界银行、国际地方政府环境行动理事会等机构合作发布的全球城市指标体系，围绕城市居民生活质量和城市发展，从教育、人口、住房、经济、市政管理、地理和气候等二十四个方面设置了 115 个指标。

　　在城市管理绩效管理项目方面，美国马里兰州巴尔的摩市的"CitiStat"项目最为典型。此项目基于即时性的统计数据分析进行决策指挥，同时又通过追踪评价机制执行绩效管理，明显改进了城市管理和公共服务效能。具体来讲，"CitiStat"管理项目创造了一种决策分析工作系统，结合专用会议场所、数据分析人员、统计数据、定期会议、追踪评价执行绩效管理。使市长及其他高级官员可以监督和评价各个市政部门的核心职责履行情况，迫使各部门及其负责人努力改进服务绩效，识别并优先解决市民关注的热点。"CitiStat"模式在指标方面并没有做出创新，但是提出了一种有效的城市管理绩效考评模式，以及在管理过程中不仅要关注分散的具体事件，更要关注城市运行的总体性状况。①

四、国内政府绩效评价实践进展

改革开放四十多年来，我国经济高速、高质发展的同时，行政管理体制改革也在持续进行。而政府绩效评价恰恰是反映行政管理体制改革的一大方面。2000年以来，我国政府绩效评价已经逐步走向科学化、规范化、常态化，并根据评价对象的不同，已形成三种主要的评价模式。

其一，政府组织绩效评价：这类评价往往在政府组织内部进行，涉及中央和地方政府及其内设机构、政府领导班子、干部等。其目的在于提高政府的工作效率和效果，促使政府组织集体绩效的持续改进。

其二，公共政策绩效评价：这类评价是围绕多种层次、种类和阶段公共政策的绩效进行评价和测量，主要对政策目标、价值、执行情况、结果进行量化、分析和判断，关注于政策制定和开展的合规性、合理性、经济性、效率性及公正性等问题。

其三，公共项目绩效评价：这类评价的对象是为满足公众需求或创造公共价值而由政府投资并向受益者提供公共服务或公共产品的一组临时性活动。其主要根据项目的预期目标，在技术可行性的基础上，对项目的经济效益和社会效益进行分析论证，并做出综合性的评价。

除以上三种模式外，我国学者还提出一系列政府绩效评价应当遵循的理念：（1）以人为本，政府的一切管理活动都应围绕"人"展开，这也成为新时期我国绩效评价的核心价值理念；（2）民众本位，强调民众在政府绩效评价中的重要性；（3）效能理念，政府管理活动要讲究效能，考虑政府成本与政府绩效的平衡，政府成本以政府绩效为回报，政府绩效以政府成本为前提；（4）服务理念，以公众服务为理念基础的政府绩效评价，将政府服务质量和对公众需求的满足作为第一评价要素，并要求政府各部门将服务型政府目标任务落到实处。

周志忍把政府绩效管理分为两种类型，即外部责任：重在外部问责，西方发达国家的绩效管理大多属于这种类型；内部控制：更多着眼于内部控制和监督，我国的绩效管理就属于内部控制型。在我国，绩效管理主要由政府部门发动并组

① 杨宏山.美国城市运行管理及其启示——以巴尔的摩市的CitiStat项目为例［J］.城市管理与科技，2008，10（6）：40 – 42.

织实施，结果主要用于"内部消费"，由此形成了内向型、单向性、控制取向等基本特点。① 倪星认为中国政府绩效管理的制度基础是科层制，层级之间没有形成分权、绩效合同和结果导向等机制，而是依靠命令—服从的自上而下的控制机制；绩效管理没有改变原有的政府管理的制度程序和政府公务人员的行为模式，甚至在某种程度上还强化了政府科层制的优势，成了一种"计划式"绩效管理和新的政治控制手段。② 唐昊认为政府绩效评估存在"自我评价"和"社会评价"两个体系，社会评价缺位是我国实践的重要缺陷，一个重要原因是政府在控制型体制下"以控制求稳定"的心态。③ 政府绩效评价的指标体系多是中西结合，在借鉴西方经验的基础上结合各地实际情况构建的，指标的设立主要从三个层面考虑：一是围绕政府职能进行评价，主要有公共服务、经济调节、社会管理等方面；二是衡量政府管理活动对当地经济社会发展的影响和贡献进行评价，主要有人均 GDP、环境生态、受教育程度等；三是潜力指标，主要反映政府内部的管理水平，主要包括公务员队伍建设、廉洁从政、机关作风和效率等情况。④

我国对城市管理部门绩效考核的问题的研究起步较晚。我国城市管理部门绩效考核的相关问题研究兴起于 20 世纪。最早国内对城市管理部门绩效考核主要有公众评议和岗位目标责任制考核等，但早期方法在考核理念、机制、方法、程序、体系设计和考核保障等方面都存在重大缺陷，使考核带有一定的滞后性和盲目性。随着新公共管理兴起，国外在绩效考核方面进行了更深入探究的同时，我国城管执法部门绩效考核方法和体系也越来越科学健全。2000 年后，我国才真正出现了与城市管理绩效评价直接相关的研究，可将其划分为评价方法、技术创新、现行管理分析、研究综述、理论建构等多个类型，其中评价方法类研究最多，包括宏观角度的方法运用和微观角度的指标构建。从宏观角度来看，当前研究多采用平衡计分卡法、关键绩效指标法等进行城市管理绩效评价。微观角度的指标构建则分为构建角度和构建方法两种视角。构建角度包括传统的城市总体角度、城市经济社会发展角度、城市管理职能角度等，也有学者通过城市低碳管理、城市幸福感、整体支出、价值链等新视角进行构建；构建方法则多采用数据包络分析与层次分析法确定权重相组合的方式。技术创新类研究多从城市管理模式创新角度来对绩效评价问题进行探索，如：依托城市网格化管理所进行的城市管理行政执法绩效评价研究、针对 CitiStat 项目的城市管理技术层面经验借鉴等。

---

① 周志忍. 政府绩效管理研究：问题、责任与方向 [J]. 中国行政管理, 2006 (12)：13 – 15.

② 倪星. 反思中国政府绩效评估实践 [J]. 中山大学学报（社会科学版）, 2008 (3)：134 – 141 + 208.

③ 唐昊. 质疑社会评价缺位下的"科学政绩观" [J]. 上海城市管理职业技术学院学报, 2005 (3)：19 – 21.

④ 何妍. 中西方政府绩效评估比较 [J]. 法制与社会, 2015 (34)：132 – 134.

对于现行管理行为的分析则多强调对特定地区的城市管理绩效评价现状的探讨与分析以及对新兴城市管理技术所带来的绩效评价问题的探讨。

目前新流行并得到广泛运用的方法主要有平衡计分卡、关键绩效指标法、绩效棱柱法等，对传统方法是一种冲击和挑战。例如，刘福元认为在城管执法部门绩效考核机制建设过程中的当务之急是设置城管执法部门考核指标，而且城管执法部门绩效考核指标设置的方向应参考波伊斯特模型，他对 4 部地方城管执法部门绩效考核规范进行分析总结之后提出考核指标赋分量化和计分量化两个量化方向，其中赋分量化应该合理设置考核细目、扣分规则和分数分配，计分量化应该合理设置记分公式、单独加减分项、分制等。① 秦晓蕾和陆登高提出运用层次分析法、专家预测法构建城管绩效考核模型。② 王倩雯从价值网视角探索并构建天津市城市管理绩效的评价指标体系，再运用层次分析法（AHP）计算各项指标权重，并在权重计算过程中使用 MATLAB 软件进行输入获取，最终得出天津市城市管理绩效评价结果，为城市管理及行政执法人员的工作发展提供积极的参考意见与方向。③ 杨东奇和李一军提出基于数据包络分析方法（DEA）建立模型开展城市管理绩效评价，促进城市管理绩效评价的客观公正。④ 朱仁显及李楠以大部制改革为背景探讨了基于厦门实践的研究，健全一体化管理指挥平台，革新了考核监督体系，使公众参与到城市综合管理工作过程中。⑤

综合来看，城市管理绩效评价尚未有相应的制度和法律作为保障，缺少统一的、全国性的相关标准；没有创建综合性的、科学的评估系统，绩效评价内容的科学性有待提高，难以对管理成效作出客观、公正、全面的评价和判断；定性分析与定量分析的方法未能很好地结合，由于缺乏高质量的测评数据、指标、标准与方法，部分工作成效仍以定性评价为主，制约了绩效评价的科学性、公正性与权威性。

① 刘福元. 城管考核机制中的指标体系研究——围绕导向性、设定原则和量化评价的制度文本考察 [J]. 西南政法大学学报，2017，19（3）：62 - 84.
② 秦晓蕾，陆登高. 基于治理能力提升的城管绩效考核：一个层次分析法应用 [J]. 公共管理与政策评论，2020（2）：36 - 45.
③ 王倩雯. 基于价值网视角的天津市城市管理绩效评价研究 [J]. 东南大学学报（哲学社会科学版），2016，18（S1）：66 - 68.
④ 杨东奇，李一军. 基于 DEA 的城市管理绩效评价研究 [J]. 中国软科学，2006（2）：151 - 154.
⑤ 朱仁显，李楠. 大城管模式与城市综合管理一体化——基于厦门实践的研究 [J]. 东南学术，2017（3）：103 - 110.

第三章

我国城市管理工作发展历程与<u>评价现状</u>

中华人民共和国成立以来，伴随我国经济、社会、文化、科技的进步，城市管理工作不断发展。随着进入新时代，国家治理能力和治理体系现代化的战略目标对城市管理提出了更高的要求。梳理分析我国城市管理机构设置与绩效评价现状，有利于为城市管理评价工作水平的提高提供成长坐标，有利促进我国城市治理体系与治理能力向着科学化、系统化、精细化方向发展。

第一节 我国城市管理工作发展历程

一、1949～1977年：计划型拼贴管理阶段

1949年10月1日，中华人民共和国成立后，城市规划建设和管理均处于起步阶段。城市管理以市容环境卫生管理为主，没有专门的城市管理机构，各个城市先由军队进行管理和清扫，后设置了城市环卫局，清洁工作转交给了公安或卫生部门。"文化大革命"期间机构撤销，城市市容环境卫生"脏、乱、差"和私搭乱建、违法建筑等问题严重。很长一段时期内我国城市发展具有极强的生产属性和阶级属性，宏观依托市容环境、市政工程的简易性管理，微观依托具有强政治性、强动员型、强组织性的单位制管理模式，呈现多个管理领域的部门拼贴和多个单位管理单元的空间拼贴的计划型组合特征，未建立起现代城市管理的系统认识，存在一系列管理重叠冲突和管理缺失空白。

二、1978～2001年：部门行业管理发育阶段

1978年第三次全国城市工作会议为起点，城市规划、房产、市政工程、公

用事业、园林绿化等方面也通过设立专业部门的方式逐渐被纳入城市管理工作，20 世纪 80 年代初行政执法的概念正式出现，执法机构与各领域管理部门形成了"管理—执法"的行政模式，地方城市管理领域的机构分别建立不同行业的执法队伍。1980 年，《关于加强城市环境卫生工作的报告》颁布，明确了城市建设总局作为环境卫生管理主管部门的地位，要求按照"全面规划，合理布局，依靠群众，清洁城市，化害为利，造福人民"的原则开展全国环境卫生管理工作。1982 年，城乡建设环境保护部发布《城市市容环境卫生管理条例》（试行），这是我国第一部关于城市市容环境卫生管理的部门规章。1984 年，《中共中央关于经济体制改革的决定》颁布，明确了"城市政府应该集中力量搞好城市规划、建设和管理，加强各种公用设施的建设，进行环境的综合整治。市长的工作重点也应逐步转移到城市建设管理的轨道上来"，城市建设管理的地位进一步加强。1987 年，国务院下发《关于加强城市建设工作的通知》，对于城市建设管理更加重视，要求充分利用城市管理专项资金，做好城市规划建设工作。1988 年，在国务院转批建设部的"三定"方案中，明确了"由建设部负责归口管理、指导全国城建监察工作"。1991 年，政府成立城建监察队伍，纳入市容监察大队等各类队伍，并由建设部设置城建监察办公室。1992 年，建设部颁布了《城建监察规定》，允许各地的城建监察队伍由城市人民政府确定，也因此导致各地执法队伍数量迅速膨胀。1996 年，《中华人民共和国行政处罚法》正式颁布后，为成立一个专门行政机关行使相对集中行政处罚奠定了法律基础。1997 年，全国首个"城市管理相对集中行政处罚权试点"设立于北京宣武区，由此"城市监察"向"城市综合执法管理"转变，各城市也相继开展了以相对集中行政处罚权为中心的城市管理综合执法体制改革。

三、2002~2014 年：地方基层成长发展阶段

2002 年，《国务院关于进一步推进相对集中行政处罚权工作的决定》确定了可以相对集中行使的部分行政处罚权，包括市政管理、城市规划、城市绿化管理、环境保护管理、公安交通管理、工商行政管理、市容环境卫生七个方面，同时形成"7 + X"模式，即规定省级地方政府有决定调整城市管理领域的其他行政处罚权。2003 年，《关于推进相对集中行政处罚权和综合执法试点工作有关问题的通知》发布，对综合行政执法和相对集中行政处罚权的相关工作进行了综合系统的安排，综合行政执法试点工作在全国范围内逐步展开。2003 年 1 月，北京市城市管理综合行政执法局成为全国首个城市管理综合执法的正式机构，各地启动形成两种相互区别的机构组织形式：一种是独立设置的城市管理综合执法机

构，如哈尔滨、郑州等；另一种是将综合执法机构和城市管理办事机构进行联合设置，如深圳、南京、青岛等。2005 年，数字化城市管理现场会在北京召开，发布了《关于推广北京市东城区数字化城市管理模式的意见》。此后，又陆续有地区召开数字化城市管理相关工作会议，数字化城市管理工作进入试点工作开展阶段。2008 年，《国务院办公厅关于印发住房和城乡建设部主要职责内设机构和人员编制规定的通知》颁布并规定，"将城市管理的具体职责交给城市人民政府，并由城市人民政府确定市政公用事业、绿化、供水、节水、排水、污水处理、城市客运、市政设施、园林、市容、环卫和建设档案等方面的管理体制。"这个规定和相对集中行政处罚权的思路是一致的。试点时就明确规定地方城市管理行政执法机构不设上级主管部门和业务指导部门，赋予地方城市人民政府最大的自主权。2008 年，浙江省通过《浙江省城市管理相对集中行政处罚权条例》，这是我国第一部省级的有关城市管理相对集中行政处罚权的地方性法规。2011 年，《长沙市城市管理条例》颁布，这是国内首部地方性城市管理法规。这一时期主要探讨了城市管理中相对集中行政处罚权、综合行政执法试点工作等方面。在城市管理方式和手段上，积极探索服务、管理、执法"三位一体"的管理模式，规范城市管理秩序。

四、2015～2022 年：顶层构建及顶层基层联动阶段

2015 年 12 月，《中共中央 国务院关于深入推进城市执法体制改革改进城市管理工作的指导意见》（以下简称《指导意见》）出台，首次在中央层面对城市管理执法体制改革和城市管理工作作出全面部署，标志着我国城市管理工作迈入了崭新的历史时期。《指导意见》明确了推进城市执法体制改革、改进城市管理工作的指导思想、基本原则、总体目标和重点任务，对于指导我国当前与今后一个时期城市管理工作具有纲领性的指导意义，是我国城市管理发展历史中的一座里程碑。2017 年以来，习近平总书记就城市管理工作作出"城市管理要像绣花一样精细""把全生命周期管理理念贯穿城市规划、建设、管理全过程各环节"等重要指示，指引着城市管理工作的规范化、精细化推进。

国家层面：《指导意见》明确了住房和城乡建设部作为全国城市管理行政主管部门，2016 年 10 月，住房和城乡建设部内正式设立城市管理监督局。此后，出台了一系列条例：推行城市管理执法全过程记录，统一服装和标志标识，建立城市管理工作台账，制定城市管理标准如《城市容貌标准》《城市市容市貌干净整洁有序安全标准（试行）》《城市管理执法行为规范》《城市管理行政执法文书示范文本（试行）》《关于巩固深化全国城市管理执法队伍"强基础、转作风、

树形象"专项行动》等。其中，为了规范城市管理执法活动而制定的《城市管理执法办法》于 2017 年 5 月 1 日起施行，执法范围包括住建、环保、工商、食药、交管、水务等领域与城市管理相关部分的行政处罚权，该办法填补了此前 20 余年城市管理执法规范的缺位。2021 年发布《城市运行管理服务平台建设指南》，出台《城市运行管理服务平台技术标准》（CJJ/T312 - 2021）、《城市运行管理服务平台数据标准》（CJ/T545 - 2021），建设完善国家、省、市三级城市运管服平台体系，对加强城市运行管理服务状况的实时监测、动态分析、统筹协调、指挥监督和综合评价，抓好政务服务"一网通办"、城市运行"一网统管"，运用数字技术推动城市管理手段、管理模式、管理理念创新，推进城市治理体系和治理能力现代化具有重要意义。

省级层面：各省住房和城乡建设厅设立城市管理局，同名称、同编码、同依据、同内容，加强管理立法、管理标准、管理主体、管理技术、管理制度、管理平台建设。

地方层面：管理水平与标准越来越高；管理手段与方法趋向多元、多维、多主体、多手段；队伍建设与能力逐渐提高，治理范围下沉乡镇、覆盖城乡；治理制度地方探索成就显著，包括地方立法、信息公开制、一次性告知制、首问责任制、服务承诺制、责任追究制度、协同治理制度等。

总体来看，我国城市管理工作有序推进，日益受到各级领导重视，不断将城市的规划、建设、运行、服务更好地协调起来，正在进入高质量发展的新阶段。

第二节　我国城市管理机构现状分析

《指导意见》出台后，2018 年 3 月，中共中央印发《深化党和国家机构改革方案》，也对城市管理执法提出了新要求。进入新发展阶段，在此，对当前我国城市管理机构现状展开基础性分析，以助于对当前我国城市管理组织建设和工作开展形成基本认识。

一、城市管理机构名称分析

通过对全国 330 余个地级市城市管理机构的设置类型进行分类，整体上可以划分为三类——政府下设的独立城市管理机构（即政府组成部门）、部门下设机构（无单独设局）以及无明确部门的分散式管理（部门分权模式）。我国大部分地级市具有独立的城市管理机构，少部分地级市仍然是通过部门下设的机构进行城市管理工作，这些地级市主要聚集在四川、内蒙古和新疆。只有少数几个城市没有具体的城市管理机构或者部门，而是实行分散式的管理模式。

对城市管理机构和地区进行统计，得到表 3-1。可以看出，地级市的城市管理机构名称多达 30 种以上。其中，类别一即独立的城市管理机构的名称就有 24 种，而在这些名称中，最常见的是城市管理行政执法局，有 156 个地级市城市管理部门应用此名称，占全国地级市将近 50%，其他较为常见的名称有城市综合管理局、城市管理综合执法局、城市管理综合行政执法局、城市管理委员会等。类别二即部门下设机构，主要涉及的部门大约有 7 种，其中最常见的是将城市管理部门下设在住房和城乡建设局，而这些下设的机构名称也呈现多样化的特点，如：城管监察大队、城管执法大队、城市管理科等。类别三：无主管部门，即城市管理职能分别划归给不同的政府部门，如市容环境卫生职能划分给市容环境管理局，规划建设职能划分给城市建设局或者城市规划局，摆摊占道等工商管理职能划分给工商管理局等，这种类别在全国比较少见，只有 9 个地级市应用这种模式。

表 3-1　　　　　　　　　　　地级市城市管理机构名称分类统计

分类	名称
类别一：独立的城市管理机构及相关地区（政府组成部门）	市容市政管理局
	规划和城市管理局
	城乡管理委员会
	城乡管理行政执法局
	城市综合执法局
	城市综合行政执法局
	城市综合管理执法局
	城市综合管理与行政执法局
	城市综合管理局
	城市执法局
	城市市政管理局
	城管行政执法局
	城市管理综合执法局
	城市管理综合行政执法局
	城市管理执法局

续表

分类	名称
类别一：独立的城市管理机构及相关地区（政府组成部门）	城市管理行政执法局
	城市管理委员会
	城市管理行政执法局
	城市管理和综合执法局
	城市管理行政综合执法局
	城管执法监察局
	城管局
	城管监察执法局
	城管管理局
类别二：部门下设机构（无单独设局）	住房和城乡建设委员会
	住房和城乡建设局
	住房保障和城乡建设管理局
	城乡建设局
	城乡规划局
	城乡规划管理局
	城市规划管理局
类别三	无主管部门

资料：笔者根据相关公开资料整理。

从机构综合设置模式来看，全国各地的城市管理执法机构设置和运行模式各不相同，目前主要有 4 种改革模式：1 + 3 模式：1 是指综合执法职能，3 是指市政公用、市容环卫和园林绿化的管理职能；1 + 2 模式：1 是指综合执法职能，2 是指市政公用、市容环卫和园林绿化 3 项管理职能中的 2 项职能；1 + 1 模式：1 是指综合执法职能，1 是指市政公用、市容环卫和园林绿化 3 项管理职能中的 1 项职能；1 + 0 模式：1 是指综合执法职能，0 是指没有划转任何管理职能。

二、城市管理机构职能分析

我国较晚才成立城市管理部门且长期没有中央部门主管，城市管理的定位是地方政府因地制宜设置部门，这就致使长期以来城市管理部门的职责范围不明确、不统一，需要对城市管理的职能进行梳理与分析。

通过对全国各个地级市城市管理部门职能的关键词进行网络分析，可以得到上述关键词共线网络，连接各个关键词节点的线越密集，说明这个节点出现得越频繁，应用在本书中，就是说明该职能的关键词在各个地区城市管理职能中的存在越普遍。对各个节点关键词及其相关度进行统计，可以得出图 3－1（节选）。

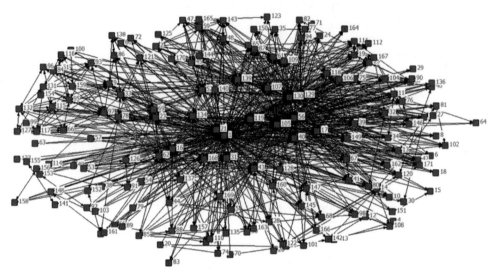

图 3－1　城市管理职责划定网络分析

资料来源：笔者自绘。

通过节点的分布和相关度的统计（见表 3－2），可以看出节点出现较为频繁的有：节点 105、节点 56、节点 130、节点 129、节点 21 和节点 139 等，分别对应的职能关键词分别是：环境卫生管理、市容环卫管理、工商行政管理、公安交通管理、园林绿化管理、房地产业管理等。还有一些点出现的很不频繁，如节点154、节点 133 和节点 4 等，说明这些点对应的职能只在几个地级市的城管部门中被提及。

表 3－2　　　　　　　　城市管理职责划定网络分析统计

序号	关键词	度	序号	关键词	度
105	环境卫生管理	506		……	
56	市容环卫管理	484	20	园林养护	3
130	工商行政管理	369	49	市政市容发展规划	3
129	公安交通管理	335	58	市区地形图测绘	3

续表

序号	关键词	度	序号	关键词	度
21	园林绿化管理	289	64	清雪	3
139	房地产业管理	175	70	农贸市场管理	3
119	广告监管	156	74	内涝防治	3
16	照明亮化管理	127	83	空中管线和地下管线建设	3
17	占道管理	85	113	国土规划管理	3
43	数字化管理	79	135	房屋征收管理	3
134	风景名胜管理	73	141	防汛防台	3
40	水务管理	69	155	城市森林防火	3
168	编制专项规划	61	63	犬类饲养监管	2
62	热力燃气	51	99	建立执法管理信息系统	1
……			133	干部队伍建设	1
4	自然遗产保护管理	3	154	城市新建改建项目管理	1

资料来源：笔者根据相关公开资料整理。

三、城市管理机构设置分析

通过对地级市城市管理下设机构进行网络分析，可以得出共线网络图，见图3-2，其中，度比较高的节点见表3-3，度越高表明该机构在城市管理部门中设置的越普遍，如办公室、法制科、人事科等。

通过对部门职责的总结分析，地级市城市管理机构下设部门可大致归纳为两类——负责基础职能类的部门和负责具体职能类的部门。其中，负责基础职能类的部门主要负责机构内的日常工作运行，如办公室、法制科、人事科（组织部）、宣传科、财务审计科等。从表中对于部门职能的统计来看，这些部门主要负责机构内部的文书后勤工作、组织人事工作、政策法规工作、财务工作、宣传工作等，可以看出这些日常工作职能基本是完备的。负责具体职能类的部门，则主要分管城市管理运行中具体某一部分的工作，如环境管理科、园林绿化科、电子信息科、公共事业管理科等，主要负责城市管理中的市容环境卫生、园林绿化、信息化建设、公共事业、规划建设等。

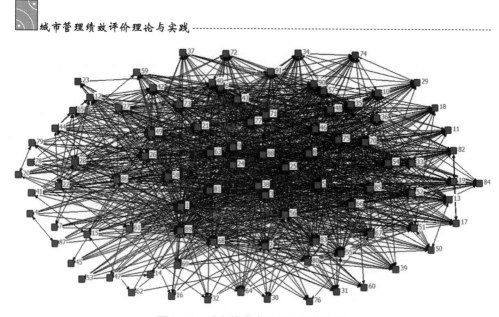

图3-2　城市管理内设部门网络分析

资料来源：笔者自绘。

表3-3　　　　　　　　　　城市管理下设部门网络分析统计和相关职能

序号	部门名称	度	部门职责
89	办公室	1229	协助局领导检查工作、管理制度起草组织实施、以部门名义下发文件、秘书事务、文书档案、印信保管使用、文件汇编、提案和议案办复、行政后勤管理
81	法制科	937	起草规范性行政文件、制定内部规章制度和执法工作程序、法律规定清理汇编、法制宣传教育和培训、全局法制工作进行检查监督考核、行政处罚案件审核、卷宗保管、行政复议案件的答辩、行政诉讼案件起诉和应诉、听证案件组织实施
38	人事科	886	机构编制、干部人事管理、工资核定、公务员培训
3	政策法规科	664	政策法规和执法体制改革研究、拟订城市管理行政执法规范性文件、法律咨询、宣传教育、管理和规范执法文书、建立执法管理信息系统、负责行政执法案件的审查听证、指导下级部门开展工作、制定城市管理行政执法行为准则
88	财务审计科	637	财务管理、财务审计、年度经费预算、工程项目所需经费的收入支出和拨付、维护建设工程决算和预算、维护建设工程的招标、商品审查工作、局属各单位国有资产的管理工作
63	环境管理科	512	市容环境规划编制、市容环境治理宣传监督和检查协调、拟订实施市容管理专项规划和发展计划、指导城市园林绿化和市容环卫工作

序号	部门名称	度	部门职责
56	行政监察科	364	综合行政执法安排和监督、违法案件审查、制定城市管理综合行政执法中长期规划、指导全市城市管理综合行政执法工作
68	行政审批科	363	行政审批职能、协调其他内设机构行政审批相关工作、市政府公布的有关行政审批事项
24	宣传科	338	宣传工作规划和方案制定、对外宣传工作的策划实施、宣传工作检查评价
8	综合协调科	298	制定年度工作计划、城管会议资料收集、承办上级视察工作、城管工作综合协调和统筹推进、协调市级单位（部门）间城管相关工作
5	组织部	276	党组织建设、干部队伍管理、局机关编制、工资和福利、干部管理权限内人员考核和任免、职称和职位确定、人事档案、队伍培训、干部退休工作
21	园林绿化科	268	园林绿化行业管理、负责园林绿化企业资质管理、规划区绿化用地绿线划定、新建项目有关绿地面积、绿化设计方案的审查、园林绿化工程项目竣工验收、临时占用绿地、公园广场绿地管护、国有林地的防火防虫
9	综合管理科	218	领导小组办公室日常工作、考核统筹协调、管理公务指挥调度、重大活动督办检查、爱国卫生运动工作
25	电子信息科	210	制定实施信息化规划、计算机软硬件采购维护和管理、网络安全、计算机技术培训、办公自动化、互联网上发布信息的收集统计和整理工作
75	公用事业管理科	198	城市公用事业发展规划和年度计划、公用设施项目建设管理、公用设施建设的审批、公用事业项目特许经营权初审报批及营运监管、项目招投标管理和绩效评价
71	广告亮化管理科	192	亮化建设规划和工程项目配套灯饰的审核验收和管理、户外广告设置审批和管理、建筑物立面美化管理
70	规划建设科	179	建设项目规划建设和监管、建设项目设备采购和管理、工程项目可行性研究和方案审查
66	行政执法科	178	违反规定行为实施行政处罚、牵头组织专项整治工作
35	审批管理科	170	与城市管理有关的行政许可、非行政许可事项审批
26	信访科	168	接待登记和受理信访事项、承办上级交办的信访事项、协调办理重要信访事项、按职责转交信访事项、审核办结报告、答复或告知信访人、分析信访信息

资料来源：笔者根据相关公开资料整理。

虽然全国各个地区对于城市管理机制的改革如火如荼，通过对我国城市管理体制在部门名称、机构设置和职能划分的分析，并与中央对于城市管理改革要求进行对比，可以看出目前城市管理体制的改革还需加大推进力度，提升改革成效。

（一）工作职能界定不清晰，履责范围与现实需求失位

城市管理目标应是保证城市正常运行，保证各项功能正常发挥，而不应该追求冲击力，否则将破坏城市的平稳运行，使得城市基础设施无法规避、响应和处置各类城市常见和突发问题。但是，通过对于城市管理体制的现状分析可知，目前虽然全国城市管理正在推行统一化，但城市管理职责划分、部门设置和机构名称仍然存在多种多样的纷乱的现象。分析其原因，一方面是目前各个地区缺乏城市运行意识，对城市管理的系统性认识参差不齐，加上中央统一指导不足，各地城市管理部门的权责配置混乱，越位缺位并存。概括起来，名称五花八门、范围宽窄不一，机构名称与职责内容不对应。另一方面原因则是早期，我国在城市管理职责的界定上过于宽泛，来源形式多样，超出了一个职能局能够承担的能力范围。

（二）工作分工存在不协调，源头管理与末端执法失调

我国城市管理体制在纵向上长期处在"国家无部委、省上无厅局"的状态，缺乏国家层面的顶层设计，缺乏对城市管理工作全面、统一、科学的业务指导，目前对全国城市管理战略、规划、政策法规、标准规范的制定和实施进行统筹安排的工作仍然处在基础的前期阶段。横向上各个城市的相关部门之间的职责对接不顺畅，缺乏配合和信息共享，特别是规建管缺乏有效统筹，由此造成城市管理过程中存在责任不清晰、任务不明确、行政效率不高等问题，不利于城市管理工作的科学化、精细化。实践中需要部门协调配合的城市管理是由城市管理局来完成的，管理主体单一、职责范围有限，难以应对日益复杂的城市管理需求。

（三）部门运转保障不健全，资源配置与治理负荷失配

国内城市管理体制的建设起步较晚，目前对于城市管理职能运行的各项保障机制仍然不健全。一方面，各个城市的城市管理部门在执法的过程中，对于执法人员和执法部门的监督考核机制不健全，导致现在出现很多关于城管的负面新闻。另一方面，城市内部的联合执法和执法配合的机制不健全、落实不到位，导致了很多部门职责重合以及城市管理职能不完备，存在遗漏之处。此外，城市管理标准化建设资金投入仍需增加，工作开展受到资金限制，难以保障城市管理的正常运转。

第三节　城市管理绩效评价面临问题

笔者走访 8 个省份、15 个城市、15 个区县、4 个基层大队/中队，1 个社区，与省城市管理主管部门的相关领导、市城市管理主管部门的相关领导及负责评价工作的相关工作人员、县城市管理主管部门的相关领导及负责评价工作的相关工作人员、城市管理行政执法大队的工作人员等约 150 人面对面交流，听取地方开展城市管理综合考核评价工作情况、存在问题及意见建议。并发放收回 2000 余份面向各级城市管理部门工作人员的调查问卷，发现城市管理绩效评价工作面临一系列问题，见图 3-3。

制度性问题	理念性问题	规范性问题	技术性问题
·顶层设计不足 ·领导不够重视 ·跨部门合作困难 ·源头治理不足 ·执法队伍建设不够 ······	·以人为本的思想认识不足 ·强调考核结果而忽略考核过程 ·奖惩机制不完善、回馈制度不健全	·考核操作的程序不够规范 ·缺乏法规标准支撑 ·管理职责未统一 ·机构设置不规范 ······	·定性指标评价困难 ·城市管理统计指标缺失 ·标准体系缺乏 ·城市间差异难以消除 ······

图 3-3　实地调研中发现的城市管理绩效评价面临的问题

而通过对上述一系列问题的进一步分析，可以看出城市管理绩效评价存在两个层次的问题；一类是自身工作面临的问题，一类是工作开展所依存系统的问题。

一、城市管理绩效评价自身工作面临问题

（一）以人为本评价思想认识不足

对城市管理部门绩效进行评价的最终目的是提高城市管理部门的工作效率，从而降低各类运营成本以达到优化城市资源的目的。而广大人民群众是城市资源的最终享有者，是直接利益相关对象，所以评判城市管理工作的好坏，最终话语权都属于人民群众，而实际绩效评价过程忽视了民众的作用，缺少收集民意的手段，从而导致执法部门绩效评价信息来源渠道缺失，不利于评价工作的良好发展。

预期绩效评价的目标是通过对绩效的全方位判断，定位操作过程中有闪光和

不足之处，通过增强优势、弥补短板，实现城市管理的有效性和科学化，促进城市又好又快发展。但在实际评价过程中，却出现为应付上级指示或者跟风效仿其他机关单位才进行考核评价，为获得上级的表扬而粉饰指标，只顾当前利益而忽略客观考核评价长期利益等问题出现。

实际绩效评价目标偏离城市发展目标的原因主要有三个：第一，城市管理评价者并没有分清手段和目的之间的区别，建立考核评价指标体系对城市管理行为进行考核评价只是手段，通过考核评价最终改良绩效促进城市发展才是根本目的。大部分城市管理从业人员把实现良好评价指标而非将促进城市发展作为目的。第二，政府打造面子工程，希望看到好的结果从而证明自身管理能力强，增强当局者的优越感，而非追求城市更好更快发展的实际绩效评价本质。第三，下属为迎合领导，无论是日常业务操作还是最终业绩考核评价，都选择性突出某些领域，只顾当下获取好的绩效评价结果，而非立足长远发展目标，其思维出发点有偏差。

（二）绩效评价指标体系不够科学

我国城市管理领域对城市管理工作绩效评价理论基础、构建原则和方法的深度研究和探讨仍然缺乏，尚未有统一可参照的标准，大部分单位都是结合自身情况从主观角度出发进行考核，还未标准化和格式化，表现出零散性大、无重点等特点，导致评价系统失去可对比性和参照性。比如，存在对绩效指标全面性把握不准的情况，并没有容纳所有能衡量城市管理绩效的指标，并且在各分类指标下设单项指标时，重点往往不是很突出；很多城市管理绩效评价指标为迎合上级或者模仿其他单位进行设计，往往脱离实际情况而导致绩效评价指标体系设置过虚，无法反映该城市实际需要重点衡量的情况。

1. 评价指标体系单一。

目前，地方城市管理部门的考核指标大多聚焦城管事权的组成部分，"考核指标"和"事权范围"高度重合。在这一模式下，城管负有维护环境卫生的职责，环境卫生情况就列入考核指标；城管负有管理市政设施的职责，市政设施情况就列入考核指标等，以至于城管负责哪些工作，考核指标就列举哪些项目，这种重合使得至少在考核指标一端存在同义反复之嫌。考核指标并没有独立于事权之外的意义，这类指标是对应城管各个事权就事论事进行评价的，仅限于对事权范围内各项工作的具体成果或成效进行评价，而合法性、民主性和服务性等过程导向型指标则很难融入其中。此处的一个技术性问题还在于，当前各地方城管事权的变动较为频繁，而事权规范和考核规范往往是两个不同的立法文本，二者的变动并不能保证一定同步进行，因此，如果变动后的某些事权因遗漏或立法程序限制等主客观因素没有写入考核规范，那么该事权可能就无法纳入指标体系以至于无法进行考核。

专栏 3 - 1

当前城市管理考核的指标设计方面的难点非常多，其中最突出的三项是：指标的结构不合理、考核内容范围难以明确、指标设计的方法技术不科学（见图 3 - 4）。

您认为当前城市管理考核指标设计方面存在哪些难点？

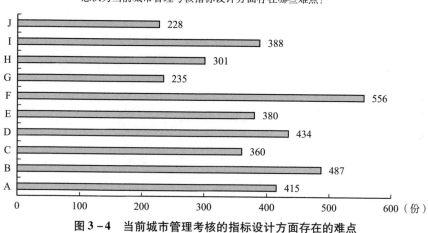

图 3 - 4 当前城市管理考核的指标设计方面存在的难点

注：A 考核的思想认识和理念落后；B 考核内容范围难以明确；C 考核的内容维度划分不合理；D 指标设计的方法技术不科学；E 指标的筛选和确定有难度；F 指标的结构不合理（如主观和客观、过程和结果、内部和外部的指标结构）；G 指标的数量难以控制；H 指标的赋分和权重计算有难度；I 定性指标评价存在困难（需大量佐证材料）；J 指标的考核标准过细或者模糊。
资料来源：2018 年住房和城乡建设部《城市管理综合考核评价工作研究》课题调查问卷分析。

2. 考核评分方式单一。

各地级市城市管理考核指标体系中，多采用量化考核的方式，对辖区内各项工作，如市容市貌、公安交通、园林绿化等，进行打分、评等级，以此作为评判标准。在有分数上限、等级划分以及在各市、区等相互对比的情况下，这的确对各市的城市管理工作起到了督促的作用，但考核的具体标准、项目名类、评分方式是否科学合理仍然是影响城市管理能效的一大问题。

（三）绩效评价操作程序不够规范

城市管理部门绩效考核是持续不间断的过程，前期通过分析外部环境，调整外部衡量指标。中期对准已设计的指标进行考核，后期分析考核结果发现问题，提出解决方案，达到提升城市管理绩效的目的。但目前绩效考核操作程序陈旧不变，多数机关单位每年都按照同样的方案进行考核，并没有很好地适应城市当年度的变化。严重情况下，一些城市管理绩效提前就规定好考核成绩，按照既定的成绩走一遍考核流程，完全无法反映政府工作人员执法效率和存在的问题。考核工作完全靠领导传达命令，下属主要负责捏造结果，并没有强硬的制度保障考核的重要性和必要性。考核工作是政府机构之间的事项，并不向社会大众公布具体过程和考核结果，缺乏公众的参与和监督，欠缺透明度，从而失去强有力的约束，使考核当局者随心所欲，削弱了考核的权威性。

专栏 3 - 2

当前城市管理考核的评价方法存在的问题最为突出的是：评价方法单一，缺乏多样性与灵活性，其次为：评价方法过于简单随意，缺乏科学依据；评价方法有效性不足，评价结果与实际效果不一致（见图 3 - 5）。

您认为当前城市管理考核的评价方法存在哪些问题?

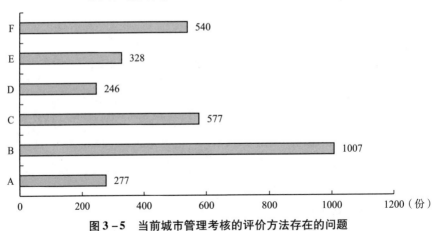

图 3 - 5　当前城市管理考核的评价方法存在的问题

注：A 评价方法与评价内容不匹配；B 评价方法单一，缺乏多样性与灵活性；C 评价方法过于简单随意，缺乏科学依据；D 评价方法成本过高；E 方法选择过于复杂，操作性较差；F 评价方法有效性不足，评价结果与实际效果不一致。

资料来源：2018 年住房和城乡建设部《城市管理综合考核评价工作研究》课题调查问卷分析。

（四）强调考核结果而忽略考核过程

当下我国城市管理部门绩效考核主要强调最终结果而忽略执法过程，无论领导层还是基层工作人员都是先关注绩效考核结果，根据绩效考核结果做出对应的决策和工作安排，而很少关注绩效考核过程。考核过程是否标准，有没有导致考核结果偏离实际情况的隐患等问题并没有得到关注。

专栏 3 - 3

当前城市管理考核的信息采集的难点也非常多，最为困难的是信息标准化差（见图 3 - 6）。

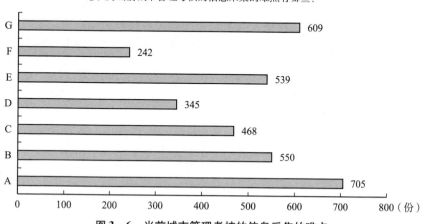

您认为当前城市管理考核的信息采集的难点有哪些？

图 3 - 6　当前城市管理考核的信息采集的难点

注：A 信息标准化差（信息类型、统计口径、计算方式不明确等）；B 信息采集、传输、保管、使用的主体责任落实不到位；C 信息数据的失真或质量不高；D 信息壁垒和人为干扰；E 信息电子化、智能化程度低；F 信息录入、更新不及时；G 专业技术力量薄弱。

资料来源：2018 年住房和城乡建设部《城市管理综合考核评价工作研究》课题调查问卷分析。

我国城市管理部门绩效考核强调结果而忽略过程的原因主要有：第一，绩效考核是崭新的领域，需要大力创新与改革，但部分领导担心承担改革失败的风险，大部分只愿意做好本职工作，少有领导选择进行大刀阔斧的改革，影响了改革进程，并且政府对相关绩效考核的手册、讲座等宣传工作还未足够重视，宣传力度不够，导致各单位处于迷茫状态。第二，在城市管理部门绩效普遍被忽视的现状下，领导的主要精力放在其他环节而非绩效考核上，更别说花费资金、精力去研究绩效考核实施的意义、实施理念、实施目标、实施手段等，从而忽略绩效考核的效率效果。政府部门的忽略更无法促进公众的参与，导致公共理念的不足。

（五）奖惩机制不完善、回馈制度不健全

城市管理部门绩效考核应当结合奖惩机制。目前已有部分单位将绩效考核指标与公务人员职务、金额挂钩，但大部分还未将奖惩机制纳入绩效考核体系。并且已将奖惩机制纳入绩效考核系统的单位其奖惩措施也不完善，需要进一步改进。除了奖惩机制不完善，大部分单位的回馈机制也不健全，无法及时反馈绩效

考核结果，阻碍了及时有效利用绩效考核结果。

由于城市管理工作人员对自己未来发展有很大的期待空间，一旦没有奖励机制作为动力，考核结果并不会对在职人员造成任何影响，进行考核除了增加城市管理工作人员的工作量，并无任何意义。导致奖惩机制不完善、回馈制度不健全的原因是我国城市管理部门对评价工作的本质目的认识不足。奖励机制应该以升职为主，附加资金奖励。奖励机制下也应该设立一定的惩罚机制，对玩忽职守的工作人员进行一定的惩罚，以端正其工作态度。完善奖惩制度之外，要注重绩效结果分析、为提升绩效进行员工培训等回馈制度，及时了解绩效考核结果，强化绩效考核作用。

专栏3-4

目前城市管理考核的结果运用方式主要有：责任追究、表彰奖励、挂钩评优。新闻报道、纳入经济社会发展综合评价体系和领导干部政绩考核体系运用较少（见图3-7）。

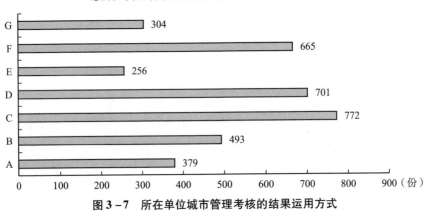

您所在单位城市管理考核的结果运用方式主要有?

图3-7 所在单位城市管理考核的结果运用方式

注：A 行政约谈；B 经费划拨；C 责任追究；D 表彰奖励；E 新闻报道；F 挂钩评优；G 纳入经济社会发展综合评价体系和领导干部政绩考核体系。

资料来源：2018年住房和城乡建设部《城市管理综合考核评价工作研究》课题调查问卷分析。

专栏3-5

当前城市管理考核的结果运用最突出的三项难点为：一是缺乏对考核结果的深入分析；二是考核结果运用方式单一，运用范围窄，运用力度不够；三是考核结果运用缺乏有效制度保障，缺乏约束力（见图3-8）。

您认为当前城市管理考核的结果运用存在哪些难点？

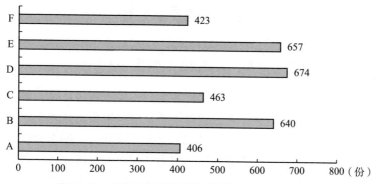

图 3 - 8　当前城市管理考核的结果运用存在的难点

注：A 考核结果的公信力不足；B 缺乏对考核结果的深入分析；C 考核结果的反馈流于形式；D 考核结果运用方式单一，运用范围窄，运用力度不够；E 考核结果运用缺乏有效制度保障，缺乏约束力；F 考核结果对整改提升的作用不明显。

资料来源：2018 年住房和城乡建设部《城市管理综合考核评价工作研究》课题调查问卷分析。

专栏 3 - 6

大部分人认为，城市管理综合考核的结果应该纳入经济社会发展综合评价体系、领导干部政绩考核体系和党政领导班子考核评价，此外要完善考核结果反馈机制，尽量与国家、部委、省市的相关创建评优挂钩，重视问责整改落实（见图 3 - 9）。

您认为城市管理综合考核的结果应该如何使用才能
发挥考核的价值？

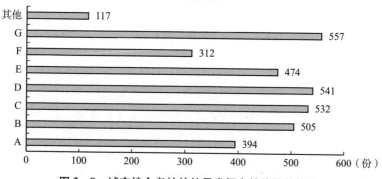

图 3 - 9　城市综合考核的结果发挥考核价值的措施

注：A 考核结果分析要充分到位；B 考核结果反馈机制完善；C 与国家、部委、省市的相关创建评优（如人居奖、园林城市、文明城市等）建立更为紧密的联系；D 问责整改落实到位；E 与经费拨付、干部任免挂钩；F 设置国家级优秀管理城市奖项及相应表彰激励；G 纳入经济社会发展综合评价体系、领导干部政绩考核体系和党政领导班子考核评价；其他。

资料来源：2018 年住房和城乡建设部《城市管理综合考核评价工作研究》课题调查问卷分析。

二、城市管理绩效评价支持系统面临问题

(一) 管理机构设置较混乱，需要提升科学性与合理性

机构设置不统一，各地城市管理名称各异。主要表现为：（1）城市管理与综合执法两个职能在机构设置上，是分别设置还是统一机构，在各个区地市有所差异，缺乏统一的标准。（2）部门或机构的职能范围不统一，部分地区城市管理职能扩大化，部分地区城市管理职能则未将市政公用设施运行管理、市容环境卫生管理、园林绿化管理等城市管理职能纳入，导致同类部门名称不统一，内设机构也不一致，业务范围不一致。这导致：（1）地区城市管理部门纵向横向对接不畅，通常表现为省、市、区县等各级城市管理部门地市间传达或上下级文件传达对接不畅。（2）地方城市管理部门无法与下达文件的要求进行直接充分的对接，只能按照要求所属的工作范围进行分工并分配任务，这是《指导意见》改革落实缓慢的一大原因。

机构级别不够规范科学。全国各地城市管理部门有些还未被纳入政府组成部门，有些纳入政府组成部门但级别不高；有些属于行政单位，还有些是参公事业单位。城市管理部门是一个需要与多部门协调合作的部门，并且其作为执法部门，需要具备更高的权威性，但现有的机构设置较难以满足城市管理部门进行管理和执法需求。城市管理部门应该参照公检法单位级别，这样才能够便于执法与管理。此外，对城市管理工作进行综合考核评价也需要提高城市管理评价机构的定位，这样才能全部发挥评价机制的应有作用。

(二) 缺乏法律法规保障，城市管理工作难以界定

目前，城市管理领域缺乏一部权威性的上位法，当前的《城市管理执法办法》也仅属于部门规章，效力和地位较低，在实际应用中作用有限，一些行业规章如《市政工程设施管理条例》颁布施行时间业已 20 余年之久，行业规章已明显滞后，城市管理法规的"立改废"迫在眉睫。此外，若从宏观城市管理角度看，当前有关城市管理的高位文件仅有《中共中央 国务院关于深入推进城市执法体制改革改进城市管理工作的指导意见》一文，缺乏法定效力，其中涉及的内容在现实执行过程中阻碍较大。但城市管理工作特别是基层城市管理工作涉及诸多直接利益问题，亟须相应的法律法规保障。与此同时，由于缺乏应有的法律法规保障，在对城市管理进行界定时也面临着诸多分歧，使部分地区的城市管理部门承担过多事务，出现事权不匹配的问题。

（三）标准体系亟须制定完善，促进城市管理工作标准化

城市管理涉及市政公用设施运行管理、市容环境卫生管理、园林绿化管理等多个领域，在实际工作中亟须相关技术标准支撑。城市管理领域缺少全国层面的相关技术标准，仅有的一些全国城市管理行业标准如《城市容貌标准》也未被很好执行。而且现有的标准体系存在科学性不足、覆盖面不广、操作性不强等问题，不符合市民对高品质生活的迫切要求和新时代城市管理工作的实际需要。现在各地正在加快推进城市综合管理内容全覆盖的标准体系编制工作，如重庆正在完善《城市精细化管理标准》，江苏已制定《江苏省城市管理标准体系》。

（四）执法人员能力不足，执法队伍建设水平待提升

城市管理执法人员素质有待提高。首先，执法人员准入门槛较低。城市管理执法人员中具有行政或法律类专业背景的不足，协管人员则大多从企业内退职工、待就业人员、农村进城务工人员等群体中招聘。因此，在执法实践中往往暴露出一些执法人员执法素质不高和专业素养不足，影响了执法的形象、质量和水平。其次，一些执法人员法治意识不强。缺乏理性执法思维以及民本思维、服务型思维。最后，有的执法人员职业培训缺乏、执法技能有待提高。绝大部分的城市管理执法人员尤其是基层的执法人员缺少社会、行政、法律等专业知识和素养。而这样一支队伍将很难适应城市管理执法变革的新要求和新情况。部分城市对于城市管理执法的专业培训不足，执法人员职业培训在有些城市出现了"三无"现象，即培训无专业教材、无授课师资、无实训基地。执法人员编制不足，执法力量得不到保障。各部门、各区、街道只好大量聘用协管人员来辅助执法。但协管人员不具有执法主体资格，且大部分素质不高，执法理念、方式都还处于较低水平，成为规范执法的一大难题。[①]

（五）缺少经费保障，城市管理工作难以深入

城市管理经费保障机制未确立。原则上，城市管理经费保障要按照事权和支出责任相适应原则划拨经费。在部分地区尽管提出"一事一部门原则、建管分开、费随事转"的经费划拨原则，但在执行中，由于上级主管部门的"条条式管理"，导致没能按照建管分开原则来彻底调整城市管理经费拨付渠道。此外，地方城市管理部门甚至没有单独的财政户头，经费主要依赖于城市维护费，由住建

---

① 禹竹蕊. 南京市大城管改革的特点、成效与完善路径［J］. 城市管理与科技，2013，15（4）：53－56.

部门根据管理任务实施划拨。这种投入机制与日益繁重的管理任务、日渐提升的管理标准相比差距明显，且不利于管理工作的开展。面对应急性的任务、突击性的项目，部门仍需要先申请立项再经住建部门审核后方可拨付经费，这种工作程序很难保证行政效率。

专栏 3 - 7

开展城市管理考核需要加强立法和制度、经费、队伍、协调机制这几项重要保障机制（见图 3 - 10）。

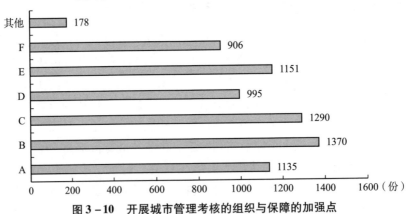

您认为开展城市管理考核的组织与保障应该着重加强?

图 3 - 10　开展城市管理考核的组织与保障的加强点

注：A 立法和制度保障；B 经费保障；C 队伍保障；D 领导保障；E 协调机制保障；F 信息保障；其他。
资料来源：2018 年住房和城乡建设部《城市管理综合考核评价工作研究》课题调查问卷分析。

（六）区域差异较大，跨部门合作存在阻力

尽管各地建立了数字化城市管理平台，但在处置城市管理问题时依旧存在跨部门合作难度大。处置问题涉及跨部门合作后，很多工作的推进会非常慢，管理效率不高。根据大部分城市的反映，公安、交警、建设、交通、房管等部门和电力、水务、电信、移动、联通等与城市管理密切的相关社会单位，对于数字城管系统派遣的事项处置率远低于城市管理部门的事项处置率。

（七）管理要素后置，城市源头管理不足

城市管理作为"规划、建设、管理"三环节中的较为后置的职能，其在进行实际操作时面临诸多问题。首先，规划部门作为源头部门，其在审批规划或建设时，未能完全考虑后续可能面临的实际问题，仅按照自己的相关规定进行审批，

使规划在落地后出现诸多"软性缺陷",即城市管理中可能涉及的问题。加大了城市管理部门的工作压力。其次,"规划、建设、管理"涉及的部门间缺乏应有的配合,使城市管理部门工作难以开展。例如,部分街道或小区出于成本考虑,建设数量不足、规模较小的垃圾房。当遇到垃圾量超过其承载量,导致露天垃圾堆放等问题时,规划、建设部门不承担责任,仅能由城市管理部门来解决,但城市管理部门仅能从相对软性的角度进行管理,面对这种规划和建设上的缺陷,城市管理部门无法应对,也无法快速让规划、建设部门对其进行整改。

(八)缺乏公众参与,考核缺乏市民满意评价

人民群众是城市管理工作的出发点和落脚点,因此群众满意不满意应该作为检验城市管理工作是否有效的根本标准。但是,部分城市的考核工作仍然缺乏社会公众满意度评价,无法真实反映实际工作成效。此外,公众参与不足。当前大部分城市的公众参与方式仅限于拨打热线、市民"随手拍"反映问题和监督媒体公布的考核结果,公众较少作为城市管理的参与主体和评价主体。全国各地"人民城市人民建、人民城市人民管"的氛围还不浓厚,亟须大力培养市民的城市管理"主人翁"意识,城市管理"大合唱"的格局尚未形成。

专栏 3 – 8

大部分人认为城市管理综合考核工作应该突出上级部门、居民、第三方评价机构这三大评价主体(见图 3 – 11)。

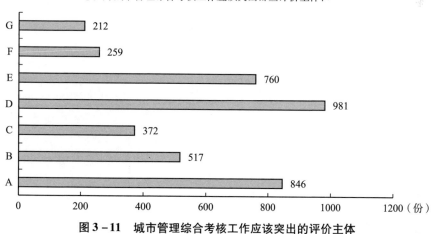

图 3 – 11 城市管理综合考核工作应该突出的评价主体

注:A 上级部门;B 同级部门;C 专家;D 居民;E 第三方评价机构;F 新闻媒体;G 人大政协。
资料来源:2018 年住房和城乡建设部《城市管理综合考核评价工作研究》课题调查问卷分析。

专栏 3 – 9

就公众参与而言，大部分人认为公众因参与方式可以是：作为考核过程和结果的监督主体、公众满意度调查作为考核评价工作的前置环节、加大公众满意度调查对考核评价最终结果的影响。参与考核方案制定和参与考核评分较少人赞同（见图 3 – 12）。

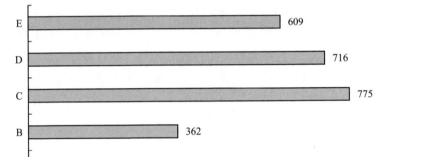

就公众参与而言，您认为下列哪些选项是可行的？

图 3 – 12　就公众参与而言的可行项

注：A 参与考核方案制定；B 参与考核评分；C 作为考核过程和结果的监督主体；D 公众满意度调查作为考核评价工作的前置环节；E 加大公众满意度调查对考核评价最终结果的影响。

资料来源：2018 年住房和城乡建设部《城市管理综合考核评价工作研究》课题调查问卷分析。

第四章

城市管理绩效评价框架设计

城市管理绩效评价是引导和实现政府有效治理、城市有序运行、人民安居乐业的重要切入点。城市管理要以绩效评价为抓手,以科学有效为原则,建立一套能全面反映绩效各个方面特征指标的综合评价框架。明确评价框架各个流程的具体实施内容,合理运用考核结果,达到绩效评价激励约束、保障监督的目的。从整体上把握城市管理系统,不断促进城市管理工作的持续进步,实现服务经济发展优质高效,服务社会稳定有力有效,服务生态文明卓有成效,服务人民群众行之有效,服务现代化治理取得实效。

第一节　城市管理绩效评价工作定位

本书所指的城市管理绩效评价是针对我国城市管理实际,采用现代化的评价技术与方法,由住房和城乡建设部牵头实施,各级地方政府部门、第三方机构和人民群众等多元评价主体共同参与,对各省级、地市级政府《中共中央 国务院关于深入推进城市执法体制改革改进城市管理工作的指导意见》的落实情况、城市管理工作过程、工作成效进行的城市管理领域全国性综合督察检查评价工作。坚持科学规范、依法评价、注重实绩、权责一致、客观公正、简便易行等原则,以问题为导向制定评价工作指标和推进工作的标准,解决城市问题,引导城市管理工作的改革与转变;规范与创新并重,落实国家城市管理重点工作、助力城市管理相关战略,评价与督察并重,督促城市管理相关部门履职到位和能力达标建设,以评价创建促进城市管理水平提高;垂直与属地并重,建立上下联动的城市管理垂直体制体系,积极鼓励地方城市管理创新实践,最终推动"大城管、大联动、大评价、大提升、大满意"格局的形成,具体见图4-1。

城市管理绩效评价的目的在于通过评价考核倒逼城市管理部门改革体制机制、提高其管理和服务水平。依据《中华人民共和国国民经济和社会发展第十四个五年

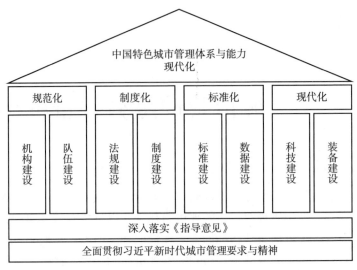

图 4 – 1　建设中国特色城市管理体系的"四梁八柱"

规划和2035年远景目标纲要》提出"展望2035年，我国将基本实现社会主义现代化"的目标，从近期来看，到2025年，通过对城市管理工作的评价实现全面贯彻落实《指导意见》对城市管理的基本要求，建立评价标准体系、制定与城市管理相关的各项标准、优化体制机制、充分运用评价结果、形成并推动改善管理效果、推动并落实城市管理执法机制改革、总结并推广各地城市管理工作经验。建成上下一体、权责明晰、服务为先、管理优化、执法规范、安全有序的国家、省部级与地市级三级城市综合管理联动评价机制。到2035年，通过对城市管理工作的绩效评价要建立国家现代化城市管理执法体制，促进城市运行高效有序，推进城市发展方式转变，推动城市管理由政府主导走向共享共治的城市治理新格局，高质量实现城市让生活更美好的目标，全面满足人民对美好生活的需要。即以评价作为工具和抓手，以促进各地各部门全面落实城市管理工作的主体责任为工作目标，以建立全面客观、公平公正、科学合理的城市管理工作绩效评价机制为发展目的，以提升城市管理整体水平、深入贯彻落实习近平新时代城市管理要求、中央城市工作会议精神、实现"四个全面"战略布局为根本目的。

一、功能定位

（一）定位明确功能

城市管理作为一项地方事权，长期以来由地方政府直接负责，中央及部委在其中仅起到指导的功能，难以直接对其产生影响，因此产生了各地对城市管理的内涵和外延界定不清、城市管理职能部门形式多样、城市管理缺乏整体性引导等问题。城市管理绩效评价的出现，首先就要明确城市管理的内涵和外延，精确阐述城市管理是什么、要做什么等问题。这不仅是为城市管理绩效评价提供评价基础，也为城市管理的定位做出了充分的解释。

（二）监测预警功能

城市管理的实施过程，必须对执行情况进行严密的质量监控，以发现是否有背离计划的情况，从而预测可能发生的后果并采取相应的控制措施。为绩效评价而拟定的绩效标准及据此收集的城市管理系统相关资料，绩效评价中开展的群众满意度调查可以为更好地感知人民群众获得感、幸福感、安全感提供制度路径，实现以人民为中心的城市治理。

（三）工作促进功能

实施城市管理绩效评价，有助于推动高位领导重视，夯实工作基础条件，通过评价对城市管理的具体工作进行深入研究和设计，这将有利于促进当地城市提高管理水平和工作效率。绩效评价的结果将为地方政府提供今后努力的方向，明确需攻克的难题，推动地方个性化创新，不断促进地方现代化城市治理的水平。

（四）资源优化功能

城市管理绩效评价有助于科学地设定城市管理的目标，并根据效果配置资源。因为在缺乏有效的客观资料的情况下，城市管理相关人员在决定某个领域的工作时，往往不知道将新增加的资源投向何处；特别是对于部分地区来说，城市管理人员数量不足、专业性不够，当他们面临复杂多样的城市管理问题时，城市管理绩效评价的结果可以为本地的资源优化配置提供科学的根据。

（五）体系联动功能

顺应城市发展规律，牢牢把握城市治理三性：系统性、整体性、协同性，城市管理绩效评价将秉持"系统集成"理念，可与城市体检等工作相联动，建立健全从源头到末梢的"规建管一体化"全流程，形成纵向贯通、横向集成、共享共用的综合治理机制，全面提高城市管理工作的感知度、精准度、参与度和满意度，打造具有更智慧、更韧性、更宜居的城市治理体系。

专栏 4 - 1

城市管理考核具有多种作用，其中"加强城市综合管理工作，保证城市管理执法的规范化、法制化"这一作用被最多的人同意（见图 4 -2）。

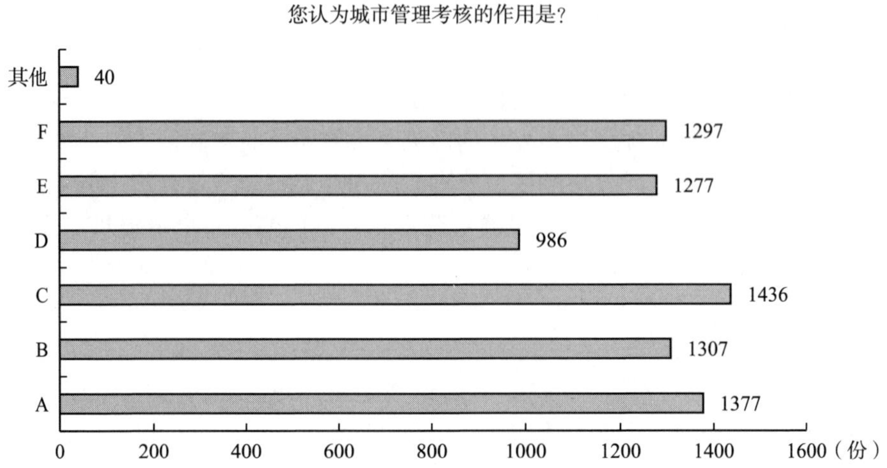

您认为城市管理考核的作用是?

类别	数值
其他	40
F	1297
E	1277
D	986
C	1436
B	1307
A	1377

（横轴：0 200 400 600 800 1000 1200 1400 1600（份））

图 4 - 2　城市管理考核的作用

注：A 帮助监测、发现和解决复杂多样的城市问题，保障城市高质量运行；B 强化政府对城市管理所需资源的配置支持，确保各项目标任务完成；C 加强城市综合管理工作，保证城市管理执法的规范化、法制化；D 提高城市管理部门站位和影响力；E 推进城市管理执法体制改革，促进城市管理机制创新；F 提高人民对城市管理工作的满意度；其他。

资料来源：2018 年住房和城乡建设部《城市管理综合考核评价工作研究》课题调查问卷分析。

二、评价原则

评价原则是指导人们关于考核的认识、思想、言论和行为的规定或准则，原则只有正确反映客观事物及其规律时才是正确的，城市管理绩效评价必须建立起一套共生互促、良性搭配的城市管理绩效评价原则，才能对城市管理工作建立正确认识并开展科学实践具有指导意义。

（一）系统战略原则

城市管理绩效评价是由多个绩效子系统综合集成的，各个绩效子系统必须采取一些相应指标才能反映出来，这就要求所建立的评价指标体系具有足够的涵盖面，从系统相互关联、相互制约的角度出发，能够充分反映城市管理绩效的系统性特征。同时评价体系并不是评价指标的简单堆积，为了清晰而便于评价，应该按某些原则合理地将评价指标分为目标层、准则层与指标层等若干层次，使评价指标体系要能够反映充分的信息量。最后，从整体上把握城市发展的可持续性，对城市管理绩效作出整体评价。

城市管理绩效评价要提高其政治站位，将其作为充分反映中央发展目标，切实匹配国家发展导向的重要事项；要着重聚焦中心工作，聚焦城市管理的核心工作，将复杂的城市管理问题明确化，突出管理重点，反映真实问题；要配置核心资源，即通过绩效考核体系的构建协同相关资源，将人、财、物等核心资源进行有效配置；要引领发展方向，使地方政府明白城市管理应该做什么，如何做到好，使城市管理绩效评价的作用落到实处。

（二）科学规范原则

科学规范原则要求城市管理绩效评价工作首先要做到理念先进，即多应用先进的技术和方法为评价工作提供支持。其次要做到原理科学，城市管理绩效评价也要遵循绩效考核的相关理论，使组织考核、个人考核做到兼顾统一。再其次要做到与法完备，即城市管理绩效评价要有其法律依据，并切实保证城市管理绩效评价可以充分反映城市管理的法治性。最后要做到于事周严，城市管理绩效评价不仅要充分反映实际情况，而且要能让地方政府所认可，并由此开展更为具体的活动。

城市管理绩效评价要充分体现其规范性，即程序规范、内容规范、形式规范。城市管理绩效评价的程序要符合现行国家要求，并形成相应的主体框架，各地在实践过程中要做到依主体框架开展工作。内容规范主要是指城市管理绩效评价的内容要规范，即要充分体现城市管理工作的相关内容，突出重点，在保证评价信效度的基础上构建相对规范的内容体系，但不宜过细。形式规范是指城市管理绩效评价的形式要规范化，可操作化，避免由于各地考核形式不同所造成的考核结果有偏误的问题。

（三）依法评价原则

城市管理的工作效果，是管理主体依据《宪法》和行政法规赋予的国家职能和公共权力依法行政的结果。它主要体现在两个方面，一是相关政府部门在履行公共管理职能中所产生的工作效率和工作成果，它主要表现为行政投入和行政产出的关系；二是机关所提供的公共产品和公共服务所产生的社会效益和社会影响，它主要表现为公共供给与公共需求的关系。承担城市管理工作的政府职员在这两个方面都负有重要的政治责任和法律责任，其所有的绩效表现应

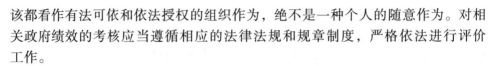

该都看作有法可依和依法授权的组织作为，绝不是一种个人的随意作为。对相关政府绩效的考核应当遵循相应的法律法规和规章制度，严格依法进行评价工作。

（四）实绩有效原则

注重实绩是客观评价个人能力的重要方法。所谓实绩，是指实实在在的工作成绩，是在履行岗位职责的实践中所取得的实际成效，在城市管理综合考核评价中对注重实绩的强调旨在发扬求真务实的作风，保证考核的公平、公正，避免形式主义、弄虚作假、言行不一的不良行为。注重实绩是党的根本宗旨的具体体现，是贯彻党的基本路线，实现工作目标的必须要求，是调动广大员工工作积极性的重要措施。在考核中坚持注重实绩原则就要求对城市管理实效进行全面考察和科学衡量。

有效性原则是指所构建的评价指标体系必须与所评价对象的内涵与结构相符合，能够真正反映城市管理的实际，体现城市管理绩效的本质或主要特征。具体来说，城市管理绩效评价要贴近实际、满足需求，使其能够有效反映真实情况，即通过效度来衡量绩效评价指标体系在多大程度上能真正测量到想要测量的特质。此外，城市管理绩效评价的有效性还体现在其对实践的指导意义上，即城市管理绩效评价研究不是无源之水、无本之木，它要真实反映实际管理工作的问题，使绩效评价的作用充分发挥。

（五）权责一致原则

所谓权责一致原则，是指在一个组织中的成员所拥有的权力应当与其所承担的责任相适应的准则，它要求公共权力行使者履行职责和义务应与其所拥有的权力相匹配。对于城市管理的考核实施者来说，其主要职责为通过收集和分析被考核对象的工作表现与实际成效，按照一定的程序和标准对其工作效果进行评价。这一职责要求考核主体拥有使被考核者配合考核工作、提供真实材料、接受最终评价结果的权力。

第二节　城市管理绩效评价关键决策

城市管理绩效评价关键决策主要包括评价依据、评价主体与对象、评价内容指标和评价流程，见图4-3。

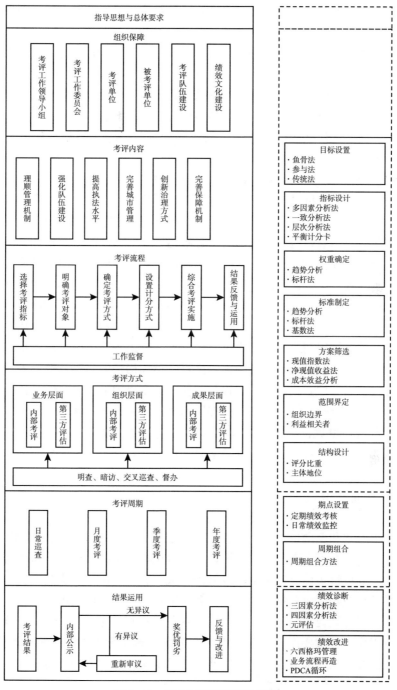

图 4-3　城市管理绩效评价框架

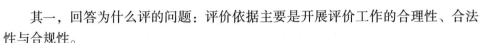

其一，回答为什么评的问题：评价依据主要是开展评价工作的合理性、合法性与合规性。

其二，回答谁评与评谁的问题：评价主体与对象可被简单定义为直接或间接地参与城市管理绩效评价过程的个人、团体或组织，包括上级领导部门、公众、媒体以及第三方机构等，也可以是上述机构的组合。出于战略性的考虑，本书中涉及的评价主体主要是城市管理上级领导部门。

其三，回答评什么的问题：评价内容指标则包括城市管理工作的基础、过程、结果等。

其四，回答怎么评的问题：评价流程包括确定评价目标、明确评价思路、构建评价模型、执行评价过程、解释评价结果、评价结果反馈与应用等。确定评价目标是评价流程的第一步，它直接来源于城市管理的战略目标，是战略目标的细化和具体化，力图通过精炼、准确的语言阐述一套结构性的绩效目标，达到定位精确、具有针对性、数量适度的标准。明确评价思路即对评价的整体流程和具体事宜安排进行确定，以保证整个评价过程的完整、有效、可操作。构建评价模型是评价流程中的核心，评价模型包括评价方式、评价周期、评价指标三个部分。评价方式与考核手段相关，一般有现场考核和数字化考核两种。评价周期则为评价实施的具体时间周期，一般分为年度、月度、突击考核等，可依各地具体情况自行选择。评价指标是整个评价的重中之重，指标构建的好坏直接影响评价是否科学、有效、可操作。执行评价过程和解释评价结果为上述内容的具体操作过程和结果的解释。评价结果反馈是考核部门与考核对象进行考核结果反馈，使考核对象了解自己的绩效，认识有待改进的方面。同时，为发挥绩效考核的激励作用，根据考核对象、考核周期，分类适时实施奖罚。

一、评价主体

从权责一致和全面性出发，评价主体主要包括城评办抽调至城评组的人员、公众、第三方、专家学者。其中，城评办抽调至城评组的人员是城市管理工作绩效评价的主要评价主体，应包括本级城评办成员和下级城评办成员，其中下级城评办成员数量应按照每个负责区域抽调 2 位成员的原则予以确定。

公众主要包括两委代表、城乡居民、企业商户和外来务工人员。公众不直接参与评价工作，其主要作为第三方评价中满意度调查的调查对象参与评价工作。第三方在选择公众作为调查对象时应严格按照随机抽样的方法进行，确保公众评价的科学性、真实性、准确性。

第三方包括社会认可度高、中立客观的高校、科研院所等事业单位和第三方资质市场类机构等，"国家对省"层面评价工作由城评组通过招投标方式选择合适的第三方参与评价，或直接授权有资质的第三方组织实施评价。"省对市"层面可由各省、自治区、直辖市根据实际情况自行安排相关部门通过招投标方式选择合适的第三方参与评价，或直接授权有资质的第三方组织实施评价。第三方的选择应于每年 2 月前确定。

专家学者主要包括高校、科研院所、其他事业单位等机构中对城市管理相关问题有深入研究或长期实践的人员。专家学者的评价工作主要依托城评组进行，每组专家数量至少 2 位，具体人员的选择应按照专业对口、就近方便、情况熟悉的原则进行，以确保研究的科学性、有效性。

二、评价内容

根据目前各地城市管理工作现状与发展要求，按照城市管理工作全流程理念以及城市综合管理职责范围设置考核内容，考核内容分层分级制定，各有侧重。

"国家对省"层面的评价内容主要分为战略引领、资源投入、工作推进、工作成效、刚性约束五部分。战略引领部分主要对党委政府的重视情况和体制机制建设情况进行评价，具体内容涉及对各省（自治区、直辖市）高位协调情况，重大决策形成与转化情况，机构设置情况，事权划分是否合理，是否有健全的协调机制和考核机制等的评价。资源投入包括人才建设、物资配给和资金投入三项主要内容，其中人才建设优化主要从队伍规模、队伍结构、队伍素质三个方面进行评价；物资配给的充足性主要从装备设备和平台建设情况来反映；资金投入则是指经费投入。工作推进部分主要包括夯实基础、专项落实和改革创新三个方面，其中夯实基础则要求建立配套、全面的法规标准，并且各省（自治区、直辖市）要注重效能建设，省地方性法规标准能够做到科学规范，法规标准执行落实到位；专项落实主要是对重点专项和督办事项的落实情况进行评价；改革创新主要是指各省（自治区、直辖市）在城市管理工作中出现的特色亮点。工作成效部分主要对城市运行和社会评价、示范创优等进行考核，具体内容包括对城市宜居水平、应急管理水平、群众满意度以及荣誉称号获取的考核。最后的刚性约束部分则主要考核各省（自治区、直辖市）是否有违法、重大事故、重点舆情、违纪行为等情形。

"省对市"层面的评价内容主要分为战略引领、资源投入、工作推进、工作成效、刚性约束五部分。战略引领主要考核项目包括党委政府重视、体制机制理顺。资源投入包括人才建设优化、物资配给充足和资金投入保障三项主要内容。工作推进主要考核项目包括工作基础夯实、重点工作落实、薄弱环节改进、改革创新。工作成效的主要考核项目包括城市环境优美、公共空间有序、城市生活便利、城市多元治理、城市应急保障、人民满意、评优创优七项。刚性约束部分主要考察各地级市是否存在违反执法、重大事故、重大舆情、违纪行为等情形。

三、评价方式

评价方式的选择是一个技术性很强的问题，它直接决定了得到公正、客观的评价结果的可能性。在选择使用具体的考核方式时要充分考虑评价内容与评价主体的特征，评价环境、评价场所等的特质，要同时满足评价的可操作性和科学性，符合地方管理实际。在对城市管理工作深入分析和调研的基础之上，提出查阅台账、现场检查、社会调查、数字化平台评价、督考合一五种可供城市管理绩效评价使用的考核方式（见图4-4）。

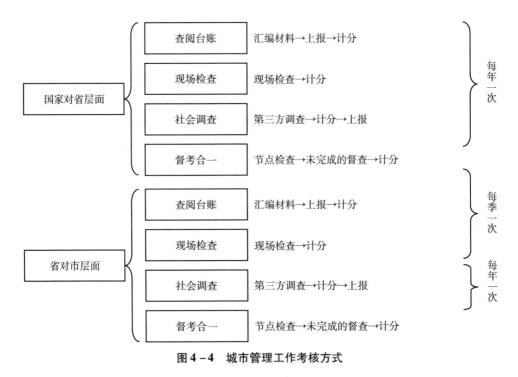

图4-4 城市管理工作考核方式

查阅台账主要关注工作实绩，不以留痕多少评判工作好坏。由城评组列出所需清单，各省、自治区、直辖市/各地级市、直辖市下辖区责任单位根据评价内容和评价标准的要求汇编相关材料，并于每年评价周期节点前向各省、自治区、直辖市对应的国家城评组/各地级市、直辖市下辖区对应的各省（自治区、直辖市）城评组上报，部分材料和分数可依托数字化平台进行上报。"国家对省"层面每年12月进行上报，"省对市"层面每季度进行上报。上报的材料需要将具体数值的计算内容予以呈现，以便后期查核使用。材料上报后由国家/各省、自治区、直辖市城评组依据上报材料确定评价分数。

现场检查根据国家/各省、自治区、直辖市城评办的具体安排，每年/每季度由国家/各省、自治区、直辖市城评组去往各组负责的省、自治区、直辖市/地级市、直辖市下辖区进行现场检查，记录相关问题，做到多到现场看，多见具体事，多听群众说。并根据《城市管理工作绩效评价指标体系》（见附录）计算并确定评价分数。另外，"国家对省"层面的评价由于涉及直接对市的抽查项目，因此应根据"两随机一公开"的原则，随机抽取每省的一个城市进行现场检查。

社会调查主要通过设计量表采用满意度调查的方式进行调查，着重关注群众获得感、满意度。为优化第三方评价，提高评价的质量和效率，国家/各省、自治区、直辖市城评组选定的第三方评价机构根据《城市管理工作绩效评价指标体系》的要求制定相应的第三方评价细则和实施方法，每年评价周期节点前针对相关项目（详见《城市管理工作绩效评价指标体系》）进行一次评价。评价结果量化后作为年度评价的数据来源。

督考合一主要针对上级布置的专项任务、重点工作、重大事件、重大危机、重大舆情的处理进行评价。国家/各省、自治区、直辖市城评组根据《城市管理工作绩效评价指标体系》的要求，结合重点工作推进的需要设置评价节点，对逾期未完成的节点展开实地督查、通报督查、暗访督查，促使责任单位及时发现问题、解决问题、及时调整计划、有效执行落实。

四、评价周期

评价周期是评价实施的具体时间周期或期限，一般可分为年度、半年度、季度、月度、突击考核等，也有"年度＋季度＋月度"的混合考察周期，另外，某些特殊的情况下还会出现按句考核、按周考核和按项目结点考核等多种方式。如果考核周期过长，就难以实现过程监督与及时奖惩，甚至会产生近因效应，导致考核结果片面化，无法正确反映整个考核周期的效果。如果考核周期过短，会导致考核成本过高，并且无法将一些跨周期项目纳入考核范围。所以，考核周期的设定应基于合理性基础，依具体情况自行选择。城市管理绩效考核周期的设定主要应参考考核内容、指标、标准三方面的性质。

评价内容的性质。城市管理绩效考核周期应与考核内容呈正相关，对于考核内容复杂的项目，应充分考虑考核工作的完成度，设定相对较长的考核周期。反之，对于考核内容简单的项目，为保证考核工作的效率，应设定相对较短的考核周期。

评价指标的性质。一般来说，对于性质稳定的指标，其考核周期相对应较长，否则很难考核出其绩效的变化。相反，对于性质容易变动的指标，考核周期相对就应较短。

评价标准的性质。在确定考核周期时，还应考核绩效标准的性质，即考核周期设定的时间应保证考核对象经过努力能够实现这些标准，这一点其实是和绩效标准的适度性相联系的。

五、结果运用

充分利用评价结果，将评价结果与政府部门实际利益相挂钩，达到评价结果激励约束、监控支持的目的，是实现城市管理工作绩效评价的意义与价值，真正促进城市管理工作进步与发展的重要保证。本书提出的评价结果运用主要有评价奖励、问责整改、挂钩评优等方式。

评价奖励。联席会议根据评价结果，对城市管理工作成效突出的省、自治区、直辖市/地级市、直辖市下辖区政府予以表扬，对综合评级优秀的省、自治区、直辖市/地级市、直辖市下辖区政府授予国家级/省级优秀管理城市奖，并提供一定的资金奖励。

问责整改。城评组对当年城市管理工作绩效评价结果排名末位的地区，给予通报批评，并由联席会议对城市管理主管领导进行行政问责，并督促责任地区出台整改方案，具体整改情况作为下一年督考合一事项的评价内容。

挂钩评优。评价结果列为省、自治区、直辖市/地级市、直辖市下辖区政府主要负责人绩效评价的重要内容。并抄送至中央组织部、国家发展改革委、财政部、全国文明办等部门，作为领导干部绩效评价、经济社会发展绩效评价的重要依据，并与国家或省级文明城市、卫生城市、园林城市创建评价挂钩。

第三节　城市管理绩效评价基本流程

一、评价范围

评价范围决定了评价对象和评价内容的边界，本办法从城市管理的内涵出发，适用于建成区范围内市政公用设施运行管理、市容环境卫生管理、园林绿化管理、城市管理综合执法等方面的全部工作及公共空间秩序管理、违法建设治理、环境保护管理、交通管理、应急管理等方面的部分工作。

二、评价层级

城市管理综合评价的层级包括两类：一是国家层面的"国家对省"的评价，见图4-5；二是地方层面的"省对市"的评价，见图4-6。一方面，国家和地方层面对城市管理的重点要求存在差异，从国家层面来看，城市管理评价的目的和主要任务在于反映全国整体城市发展状况、明确各地区城市管理存在的问题与可参考借鉴的管理范例、促进全国城市管理体制机制改革以及城市管理水平的提高。从地方层面来看，各省（自治区、直辖市）资源和经济禀赋不同、风俗习惯与宗教信仰存在差异，各个地区或省（自治区、直辖市）有其各自的城市管理风格与目标，因此需要从国家层面和地方层面分别设置针对"国家对省"与"省对市"的评价办法。另一方面，从评价成本和可行性的角度看，国家层面只能对各主要省（自治区、直辖市）的城市管理情况进行直接评价，而难以对众多的地级市的城市管理状况进行评价，这就需要各省份组织评价力量对省内地级市开展评价工作。

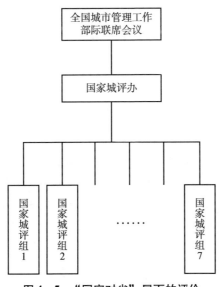

图4-5　"国家对省"层面的评价

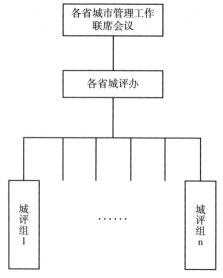

图 4 - 6 "省对市"层面的评价

三、评价对象

城市管理工作绩效评价的评价对象为城市管理工作的直接管理与领导机构，从评价层级出发，"国家对省"层面的评价对象为 31 个省（自治区、直辖市）（港澳台地区暂不纳入此次评价范围）政府。"省对市"层面的评价对象为地市级政府，具体包括 31 个省（自治区、直辖市）下辖的地级市、直辖市下辖区政府。

四、评价指标

评价指标是对评价对象特征状态的一种表征形式。本书根据评价层级和评价对象的不同，分别制定了适用于"国家对省"和"省对市"层面的评价指标体系，见图 4 - 7。城市管理工作绩效评价的指标分三级设置，其中国家对省级城市管理工作绩效评价指标体系一级指标 5 项、二级指标共 12 项、三级指标共 23 项，省级对地市城市管理工作绩效评价指标体系一级指标 5 项、二级指标共 17 项、三级指标共 37 项。

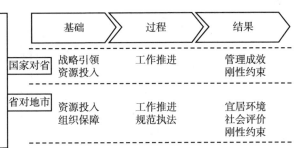

图 4 – 7　城市管理工作评价指标体系

城市管理工作绩效评价标准依据《中共中央　国务院关于深入推进城市执法体制改革改进城市管理工作的指导意见》和有关法律法规，并结合各地当前城市管理工作实际，从时间、质量、数量、效果四个维度出发，形成城市管理工作绩效评价指标和评价标准，指标主要分为定性指标与定量指标两大类。具体要求见附录《城市管理工作绩效评价指标体系》。

五、评价标准

评价标准的制定和运作是管理过程的核心环节，它规定了各个指标应该达到的水平，有引导、制约、标识、策动和规范作用。评价标准制定的关键操作点是明确绩效目标和组织发展潜力。从我国城市管理综合评价的工作定位出发，为解决城市问题，引导城市管理工作的改革与转变，落实国家城市管理重点工作，助力城市管理相关战略，督促城市管理相关能力达标建设，以评价创建促进城市管理水平提高，建立上下联动的城市管理垂直体制体系，积极鼓励地方城市管理创新实践，最终做到大城管、大联动、大评价、大提升、大满意，本办法针对我国城市管理分层分级评价的特点，对每一评价要素均制定了相应的评价标准。具体要求见附录《城市管理工作绩效评价指标体系》。

六、评价程序

评价程序是城市管理绩效评价工作具体开展的流程图、路线图，它为相关部门具体开展评价工作指明了清晰的路线方向。根据过程阶段的不同，本办法将评价程序划分为前期准备、评价实施、评价结果反馈三个阶段，见图4－8。前期准备包含组建城评组、通知下发两个部分，评价实施包含具体实施和结果计算两个部分，评价结果反馈包含结果上报和结果反馈两个部分。

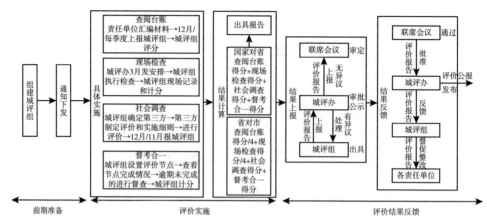

图 4 – 8 城市管理绩效评价程序

七、评价信息

评价数据的收集与处理作为评价工作的重要一环，对评价结果具有直接影响。在城市管理综合评价工作中，评价信息的处理过程主要包括信息获取、信息加工、信息传递、信息反馈、信息的储存与销毁。

可用于城市管理综合评价的信息主要包括评价工作信息、评价结果资料和其他资料。评价工作信息是评价过程中，为取得评价结果而进行记录、分析、统计形成的原始资料。一般包括：工作流程产生的数据，可由数字化平台采集自动生成；管理过程产生的数据，包括阶段性的报表、文件等；由第三方提供的数据，如满意度调查等。评价结果资料一般包括：评价部门提供的评价结果材料；评价结果申诉材料；评价成绩汇总表；评价结果通报文件；评价结果运用的附件材料。其他资料一般包括：评价培训相关资料；评价工作简报等其他需要归档整理的相关资料。

信息加工需要对获取的原始信息进行判别、筛选、分类、排序、分析、研究、整理、编制和储存等处理，提高数据有效性。

将加工处理后的有用信息传递给评价办公室，评价办公室经过充分的分析和讨论，得到评价结果并将其公布。有需要的部门或人员可按照相应的管理制度，经过上级审批后查阅评价工作的相关信息。

评价结果宣布后，城评办、评价工作组需要将评价结果总结和评价反馈给各级政府，被评价政府也需做出相应的反思总结，并对下一期的工作做出规划和提出改进意见。被评价政府对评价结果不满意的可以提出异议。

评价信息的储存有纸质版、电子版两种方式。纸质版档案包括各省、自治区、直辖市/地级市、直辖市下辖区上报的材料，电子版档案包括评价结果报告和评价结果公报。纸质版档案存放期限由于档案类型的不同而有差异，分永久和定期保管。电子版档案存储时间更长，评价信息应尽量保存为电子版档案。一般情况下，纸质版档案储存3年、电子版档案储存5年。评价信息档案到达保管期限后由档案局监督销毁。

八、指标权重

指标权重是指标反映主体重要性的体现，指标权重设计也是指标体系结构建立和优化的重要部分。基于"国家对省""省对市"层面工作重点和评价重点的差异性，评价指标的权重设置有所差异。"国家对省"层面的评价指标，由基础达标型指标（45%）、过程规范型指标（20%）、结果品质型指标（25%）、改革创新型指标（10%）和底线约束型指标（负向指标扣分项）五部分组成。"省对市"层面的评价指标，由基础达标型指标（40%）、过程规范型指标（20%）、结果品质型指标（30%）、改革创新型指标（10%）和底线约束型指标（负向指标扣分项）五部分组成。

九、赋分计分

为避免主观及人为因素的影响，提高评价结果的科学性，评价实行综合指标量化计分方法，评价成绩由基础达标型指标、过程规范型指标、结果品质型指标、改革创新型指标和底线约束型指标五部分组成，具体按照权重计算。

评价结果计算公式：评价结果＝基础达标型指标成绩＋过程规范型指标成绩＋结果品质型指标成绩＋改革创新型指标成绩＋底线约束型指标成绩

十、结果分析

由于不同的评价方法考察的侧重点不同，采用不同的评价方式进行评价时所得到的评价结果也会存在一定的差异。因此，在全面掌握考察信息的基础上，需要将查阅台账、现场检查和社会调查的结果进行比较分析，评价地方政府城市管理工作的主要优缺点和群众认可度；将历史情况与现实情况联系分析，评价政府的治理能力和发展潜力。

十一、评价反馈

反馈是一个双向的动态过程，是一种典型的向后决策模式，它由反馈源、反馈信息和反馈接收者三部分构成。在当前政府绩效管理过程中，反馈阶段主要包括结果分析和结果告知两项关键决策。本办法指出结果反馈要树立鲜明的重实干、重实绩的导向。城评组针对生成的评价成绩出具评价报告，上报城评办审核。评价报告内容须包括评价结果及其分数具体构成、各指标评价得分缘由、待整改落实事项等。城评办审核同意后对评价结果予以公示，省（自治区、直辖市）政府对评价结果有异议的，应当在评价结果公布两周内向国家城评组提出申诉；地级市、直辖市下辖区政府对评价结果有异议的，应当在评价结果公布一周内向城评组提出申诉，逾期不予受理。若无异议，则上报联席会议审定。经批准后，城评组发布当年的城市管理工作绩效评价公报（以下简称"评价公报"）和城市管理工作绩效评价报告（以下简称"评价报告"），其中评价公报向全社会公开，具体内容包括当年评价等次、评价结果、评价工作总结等；评价报告对内部公开，具体内容包括评价等次、评价结果、评价评分缘由、待整改落实事项、各地工作亮点和突出问题、典型成功案例等。"国家对省"层面的评价报告由国家城评办下发给国家城评组，再由国家城评组下发给各省（自治区、直辖市）政府，并督促其分析、改进；"省对市"层面的评价报告由城评办下发给城评组，再由城评组下发给各地级市、直辖市下辖区政府，并督促其分析、改进。

十二、评价申诉

评价申诉机制是保证评价结果真实性、合法性和规范性的重要环节，见图4-9。被评价对象对评价结果有异议的，应当在评价结果公示期内向城评组提出申诉。省（自治区、直辖市）政府对评价结果有异议的，应当在评价结果公布两周内向国家城评组提出申诉，逾期不予受理。地级市、直辖市下辖区政府对评价结果有异议的，应当在评价结果公布一周内向各省（自治区、直辖市）城评组提出申诉，逾期不予受理。具体的申诉流程为：被评价对象提出申诉—城评组受理申诉事项并提出处理意见—城评办审定并执行申诉处理决定。

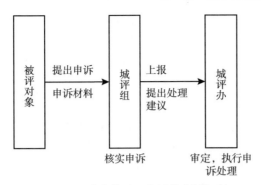

图 4 - 9 城市管理工作评价申诉机制

十三、评价修订

评价内容与指标需要满足城市管理实际发展要求，并根据年度工作任务的变化及时调整。评价指标与标准制定后，需根据实际情况进行动态调整，但要持谨慎原则，提供充分调整理由与说明，按相关规定的程序进行。评价指标调整的特殊情况及程序主要如下：党中央、国务院及住房和城乡建设部新增重点工作任务和领导批示交办的重要工作事项，由国家城评办制定新增指标，报国家联席会议审定。国家城评组因工作任务发生变化，需要对指标进行调整的，向国家城评办提出意见审核通过后，提请联席会议审定。

十四、评价监督

对评价过程进行监督，能够在实时了解评价最新动态的同时，及时发现评价工作中存在的误区与不足，并通过及时调整保证评价工作正常进行。城评办设置不定期监督时点、监督提醒、对城评组是否按要求履行评价职责进行全过程监控。城评组可根据各地群众举报、媒体曝光等情况组织抽查，通过抽查方式对城市管理工作绩效评价进行复核。若确实发现问题，可作为督考合一项目的扣分项在评价中予以体现。

十五、评价保障

城市管理工作绩效评价是一项涉及面广、影响面大的综合性工作，它包含计划制订、过程管理、评价实施、结果分析、持续改进、结果运用等的全过程，涉及多方工作主体和利益关系，城管工作又因其自身的复杂性，需要建立强有力的组织领导体系进行组织协调，赋予其相应的权限与责任。否则，在实际工作中很容易遭到阻力，难以推进。因此，组织保障是决定评价工作能否顺利开展的关键。在评价实施过程中一定要明确组织机构设置、职责界定、部门协作与上下级之间的管理、监督、指导等关系，根据工作需要建立能够强有力推动工作的领导体制和工作机制。

针对我国政府部门管理现状，本办法指出国家城市管理工作绩效评价开展按照二级管理体制，分为国家级、省级两个管理层次。由于当前大城管工作的繁杂，需要多个部门协调配合、一致行动，本办法依托城市管理工作联席会议，并设置两类组织：城市管理工作绩效评价办公室、城市管理工作绩效评价工作组。

城市管理工作绩效评价依托全国和各省城市管理工作联席会议，并重点设置两类组织：城市管理工作绩效评价办公室、城市管理工作绩效评价工作组。"省对市"绩效评价的组织机构参照下文"国家对省"进行设置。

（一）全国城市管理工作部际联席会议

城市管理工作联席会议（以下简称"联席会议"）是城市管理工作绩效评价的议事决策和综合协调组织。全国城市管理工作部际联席会议制度于 2016 年 5 月经国务院批准，由住房和城乡建设部、中央编办、国务院法制办牵头，中央宣传部、国家发展改革委、公安部、民政部、财政部等 16 个部门建立，定期召开联席会议，研究城市管理工作绩效评价重大问题。其主要职责是：统筹部署和指导城市管理工作绩效评价；督导城市管理工作绩效评价的实施；对城市管理工作绩效评价的评价办法做出调整、审批；对城评办上报的评价结果进行审批；对评价不合格地区相关责任人进行约谈；研究决定城市管理工作绩效评价中其他重大事项。

（二）全国城市管理工作绩效评价办公室

城市管理工作绩效评价办公室（以下简称"城评办"）是城市管理工作绩效评价的牵头组织和执行机构，基于全国城市管理工作联席会议制度，抽调各成员部门工作人员，设立城市管理工作绩效评价办公室。主要职责为：组织起草和修订城市管理工作绩效评价制度、政策、实施细则；组织设计和调整城市管理工作绩效评价指标和标准；组建城市管理工作绩效评价工作组，并指导其有序开展评价工作；组织开展和发布城市管理工作绩效评价信息、数据与年度统计公报；出台、落实评价奖惩政策，组织评价结果反馈与合理运用；处理评价过程争议；审定并执行申诉处理决定；组织学习、交流和培训。

（三）全国城市管理工作绩效评价工作组

城市管理工作绩效评价工作组（以下简称"城评组"）是城市管理工作绩效评价的具体实施机构，由城评办统一设置和管理。

为体现差异化要求，避免"一刀切"，国家层面共设置7个区域工作组。

1. 华东地区（包括山东、江苏、安徽、上海、浙江、江西、福建）；
2. 华南地区（包括广东、广西、海南）；
3. 华中地区（包括河南、湖北、湖南）；
4. 华北地区（包括北京、天津、河北、山西、内蒙古）；
5. 西北地区（包括陕西、甘肃、宁夏、青海、新疆）；
6. 西南地区（包括四川、贵州、云南、重庆、西藏）；
7. 东北地区（包括黑龙江、吉林、辽宁）。

国家城评组成员由国家各部门和各省（自治区、直辖市）城评办抽调人员、专家学者、民意代表（两代表一委员）共同组成。城评组的评价工作采取异地交叉评价的方式，以确保评价的公正性。国家城评组的主要职责为：调查、评价所负责区域的城市管理工作具体情况与问题；对城市管理工作绩效评价的具体计划做出安排、调整和改动；收集并查阅负责省（自治区、直辖市）上报的材料并计算相关分数；对负责省（自治区、直辖市）的城市管理工作进行现场查验；上报负责省（自治区、直辖市）的评价结果给城评办，并将经其审核的评价结果和整改意见通知给所负责的省（自治区、直辖市）；核实评价对象的申诉事项并提出处理建议。

第五章

城市管理绩效评价指标体系设计

城市管理绩效评价指标体系不仅具有绩效评价作用，还具有工作督促及导向性作用。城市管理绩效评价指标体系的设计目标是确定一套适合中国城市管理需求，客观反映各地城市管理水平，全方位反映工作状态和其目标实现程度的信息体系，作为工作开展的"指挥棒"、绩效改进的"风向标"、决策落实的"推进器"、公众评价的"参照系"、查找不足的"体检表"，为构建一套面向顶层引领、地方创新和共同缔造的城市管理体系奠定基础，从而将制度优势更好转化为治理效能。

第一节　城市管理绩效评价指标体系的目标导向

一、面向加强城市管理工作基础的目标导向

城市管理基础的强化需要构建好城市管理的"四梁八柱"，这些在《中共中央　国务院关于深入推进城市执法体制改革改进城市管理工作的指导意见》都有明确规定，因此需要对《指导意见》中涉及城市管理基础的内容进行梳理，为城市管理绩效评价指标设计奠定基础。梳理内容见表 5-1。

表 5 – 1 《指导意见》对加强城市管理基础的要求

领域	具体要求
理顺管理体制	明确主管部门。国务院住房和城乡建设主管部门负责对全国城市管理工作的指导，研究拟定有关政策，制定基本规范，做好顶层设计，加强对省、自治区、直辖市城市管理工作的指导监督协调，积极推进地方各级政府城市管理事权法律化、规范化。各省、自治区、直辖市政府应当确立相应的城市管理主管部门，加强对辖区内城市管理工作的业务指导、组织协调、监督检查和考核评价。各地应科学划分城市管理部门与相关行政主管部门的工作职责，有关管理和执法职责划转城市管理部门后，原主管部门不再行使。 综合设置机构。按照精简统一效能的原则，住房和城乡建设部会同中央编办指导地方整合归并省级执法队伍，推进市县两级政府城市管理领域大部门制改革，整合市政公用、市容环卫、园林绿化、城市管理执法等城市管理相关职能，实现管理执法机构综合设置。统筹解决好机构性质问题，具备条件的应当纳入政府机构序列。遵循城市运行规律，建立健全以城市良性运行为核心，地上地下设施建设运行统筹协调的城市管理体制机制。有条件的市和县应当建立规划、建设、管理一体化的行政管理体制，强化城市管理和执法工作
健全法律标准	加快制定城市管理执法方面的地方性法规、规章，明晰城市管理执法范围、程序等内容，规范城市管理执法的权力和责任。全面清理现行法律法规中与推进城市管理执法体制改革不相适应的内容，定期开展规章和规范性文件清理工作，并向社会公布清理结果，加强法律法规之间的衔接。加快制定修订一批城市管理和综合执法方面的标准，形成完备的标准体系
保障经费投入	按照事权和支出责任相适应原则，健全责任明确、分类负担、收支脱钩、财政保障的城市管理经费保障机制，实现政府资产与预算管理有机结合，防止政府资产流失。城市政府要将城市管理经费列入同级财政预算，并与城市发展速度和规模相适应。严格执行罚缴分离、收支两条线制度，不得将城市管理经费与罚没收入挂钩。各地要因地制宜加大财政支持力度，统筹使用有关资金，增加对城市管理执法人员、装备、技术等方面的资金投入，保障执法工作需要
加强司法衔接	建立城市管理部门与公安机关、检察机关、审判机关信息共享、案情通报、案件移送等制度，实现行政处罚与刑事处罚无缝对接。公安机关要依法打击妨碍城市管理执法和暴力抗法行为，对涉嫌犯罪的，应当依照法定程序处理。检察机关、审判机关要加强法律指导，及时受理、审理涉及城市管理执法的案件。检察机关有权对城市管理部门在行政执法中发现涉嫌犯罪案件线索的移送情况进行监督，城市管理部门对于发现的涉嫌犯罪案件线索移送不畅的，可以向检察机关反映。加大城市管理执法行政处罚决定的行政和司法强制执行力度
落实工作责任	加强党对城市管理工作的组织领导。各级党委和政府要充分认识推进城市管理执法体制改革、改进城市管理工作的重要性和紧迫性，把这项工作列入重要议事日程，按照有利于服务群众的原则，切实履行领导责任，研究重大问题，把握改革方向，分类分层推进。各省、自治区可以选择一个城市先行试点，直辖市可以全面启动改革工作。各省、自治区、直辖市政府要制定具体方案，明确时间步骤，细化政策措施，及时总结试点经验，稳妥有序推进改革。上级政府要加强对下级政府的指导和督促检查，重要事项及时向党委报告。中央和国家机关有关部门要增强大局意识、责任意识，加强协调配合，支持和指导地方推进改革工作
建立协调机制	建立全国城市管理工作部际联席会议制度，统筹协调解决制约城市管理工作的重大问题，以及相关部门职责衔接问题。各省、自治区政府应当建立相应的协调机制。市、县政府应当建立主要负责同志牵头的城市管理协调机制，加强对城市管理工作的组织协调、监督检查和考核奖惩。建立健全市、县相关部门之间信息互通、资源共享、协调联动的工作机制，形成管理和执法工作合力

续表

领域	具体要求
建立考核制度	将城市管理执法工作纳入经济社会发展绩效评价体系和领导干部政绩考核体系，推动地方党委、政府履职尽责。推广绩效管理和服务承诺制度，加快建立城市管理行政问责制度，健全社会公众满意度评价及第三方评价机制，形成公开、公平、公正的城市管理和综合执法工作考核奖惩制度体系。加强城市管理效能考核，将考核结果作为城市党政领导班子和领导干部综合考核评价的重要参考
优化执法力量	各地应当根据执法工作特点合理设置岗位，科学确定城市管理执法人员配备比例标准，统筹解决好执法人员身份编制问题，在核定的行政编制数额内，具备条件的应当使用行政编制。执法力量要向基层倾斜，适度提高一线人员的比例，通过调整结构优化执法力量，确保一线执法工作需要。区域面积大、流动人口多、管理执法任务重的地区，可以适度调高执法人员配备比例

二、面向优化城市管理工作过程的目标导向

《指导意见》明确提出了创新治理方式，如引入市场机制、推进网格管理、发挥社区作用、动员公众参与、提高文明意识等。具体梳理见表 5 - 2。

表 5 - 2 　　　　　　　　　　中央对城市管理工作创新的要求

关键内容	具体要求
网格管理	建立健全市、区（县）、街道（乡镇）、社区管理网络，科学划分网格单元，将城市管理、社会管理和公共服务事项纳入网格化管理。明确网格管理对象、管理标准和责任人，实施常态化、精细化、制度化管理。依托基层综合服务管理平台，全面加强对人口、房屋、证件、车辆、场所、社会组织等各类基础信息的实时采集、动态录入，准确掌握情况，及时发现和快速处置问题，有效实现政府对社会单元的公共管理和服务
市场参与	发挥市场作用，吸引社会力量和社会资本参与城市管理。鼓励地方通过政府和社会资本合作等方式，推进城市市政基础设施、市政公用事业、公共交通、便民服务设施等的市场化运营。推行环卫保洁、园林绿化管养作业、公共交通等由政府向社会购买服务，逐步加大购买服务力度。综合运用规划引导、市场运作、商户自治等方式，顺应历史沿革和群众需求，合理设置、有序管理方便生活的自由市场、摊点群、流动商贩疏导点等经营场所和服务网点，促创业、带就业、助发展、促和谐
社区共治	加强社区服务型党组织建设，充分发挥党组织在基层社会治理中的领导核心作用，发挥政府在基层社会治理中的主导作用。依法建立社区公共事务准入制度，充分发挥社区居委会作用，增强社区自治功能。充分发挥社会工作者等专业人才的作用，培育社区社会组织，完善社区协商机制。推动制定社区居民公约，促进居民自治管理。建设完善社区公共服务设施，打造方便快捷生活圈。通过建立社区综合信息平台、编制城市管理服务图册、设置流动服务站等方式，提供惠民便民公共服务

关键内容	具体要求
公众参与	依法规范公众参与城市治理的范围、权利和途径，畅通公众有序参与城市治理的渠道。倡导城市管理志愿服务，建立健全城市管理志愿服务宣传动员、组织管理、激励扶持等制度和组织协调机制，引导志愿者与民间组织、慈善机构和非营利性社会团体之间的交流合作，组织开展多形式、常态化的志愿服务活动。依法支持和规范服务性、公益性、互助性社会组织发展。采取公众开放日、主题体验活动等方式，引导社会组织、市场中介机构和公民法人参与城市治理，形成多元共治、良性互动的城市治理模式
宣传教育	各级党委和政府要高度重视宣传和舆论引导工作，加强中央与地方的宣传联动，将改革实施与宣传工作协同推进，正确引导社会预期。加强对城市管理执法先进典型的正面宣传，营造理性、积极的舆论氛围，及时回应社会关切，凝聚改革共识。推进城市管理执法信息公开，保障市民的知情权、参与权、表达权、监督权。加强城市管理执法舆情监测、研判、预警和应急处置，提高舆情应对能力

三、面向提升城市管理工作结果的目标导向

根据《指导意见》，城市管理的主要职责是市政管理、环境管理、交通管理、应急管理和城市规划实施管理等。具体实施范围包括：市政公用设施运行管理、市容环境卫生管理、园林绿化管理等方面的全部工作；市、县政府依法确定的，与城市管理密切相关、需要纳入统一管理的公共空间秩序管理、违法建设治理、环境保护管理、交通管理、应急管理等方面的部分工作。城市管理执法是在上述领域根据国家法律法规规定履行行政执法权力的行为。

尽管目前全国各地城市管理工作的职能范围并未统一，但随着《指导意见》的出台，各地逐渐对城市管理的职能范围达成共识。因此，全国城市管理考核也应该检验各地在这些方面的工作效果，见表5-3。

表5-3　　　《指导意见》对加强城市管理工作实效的要求

领域	方面	具体要求
市政管理	城建档案管理	市政公用设施建设完成后，应当及时将管理信息移交城市管理部门，并建立完备的城建档案，实现档案信息共享
	市政设施管护	加强市政公用设施管护工作，保障安全高效运行
	基础设施管理	加强城市地下综合管廊、给排水和垃圾处理等基础设施管理，服务入廊单位生产运行和市民日常生活
	城市道路管理	加强城市道路管理，严格控制道路开挖或占用道路行为

续表

领域	方面	具体要求
公共空间	建筑立面	加强建筑物立面管理和色调控制；无乱贴、乱画、乱挂等行为
	户外广告	加强户外广告、门店牌匾设置管理
	街头救助	加强城市街头流浪乞讨人员救助管理
	违法行为	无证经营、非法经营、占道经营；无违法用地、违法建设行为
交通管理	城市公共交通	公共交通分担率
	城市交通运行效率	路网密度；拥堵指数
	城市交通设施	设施完好；设施智能化
	城市交通秩序	整顿机动车交通秩序；加强城市出租客运市场管理；加强静态交通秩序管理，综合治理非法占道停车及非法挪用、占用停车设施，鼓励社会资本投入停车场建设，鼓励单位停车场错时对外开放，逐步缓解停车难问题
人居环境	园林绿化	经费、人手充足；园林绿化率
	环境管理	加强大气、噪声、固体废物、河湖水系等环境管理
	建筑施工管理	建筑施工管理；垃圾管理；垃圾分类回收处理
	卫生管理	环卫保洁水平；垃圾分类管理；分类标准、分类回收、分类处理；爱国卫生运动
应急管理	预防监管	建立完善城市管理领域安全监管责任制，强化重大危险源监控，消除重大事故隐患；加强城市基础设施安全风险隐患排查，建立分级、分类、动态管理制度
	应急响应	完善城市管理应急响应机制，提高突发事件处置能力；强化应急避难场所、设施设备管理，加强各类应急物资储备；建立应急预案动态调整管理制度，经常性开展疏散转移、自救互救等综合演练
智慧城市管理	智慧市政	加强城市基础设施智能化管理与监控服务，加快市政公用设施智慧化改造升级，构建城市虚拟仿真系统，强化城镇重点应用工程建设
	智慧水务	发展智慧水务，构建覆盖供水全过程、保障供水质量安全的智能供排水和污水处理系统
	智慧管网	发展智慧管网，实现城市地下空间、地下综合管廊、地下管网管理信息化和运行智能化
	智能执法	加快城市管理和综合执法档案信息化建设。依托信息化技术，综合利用视频一体化技术，探索快速处置、非现场执法等新型执法模式，提升执法效能

第二节　城市管理绩效评价指标体系的设计思路

一、指标体系设计原则

（一）科学性原则

原则要求：理念先进，多应用先进的技术和方法；原理科学，要遵循绩效考核的相关理论；与法完备，并切实保证城市管理绩效评价可以充分反映城市管理的法治性；于事周严，不仅要充分反映实际情况，也要能让地方政府所认可，并由此开展更为具体的活动。

原则落实：（1）理念先进，多应用先进的技术和方法。（2）原理科学，要遵循绩效考核的相关理论。做到全面与重点、分工与协作、过程与目标相结合。（3）与法完备，充分反映城市管理的法治性。落实指标设计的法律依据，强调城市管理考核的法治性。（4）于事周严，让地方政府所认可。

（二）战略性原则

原则要求：提高政治站位，充分反映中央目标，切实匹配国家发展导向；聚焦城市管理的核心工作，将复杂的城市管理问题明确化，突出管理重点，反映真实问题；有效配置核心资源；引领发展方向，使地方政府明白城市管理应该做什么。

原则落实：（1）提高政治站位。中央城市工作会议和《指导意见》都提出"现代城市治理体系初步形成，城市管理效能大幅提高，人民群众满意度显著提升"的战略要求。（2）聚焦城市管理的核心工作。针对城市管理长期职能不清、体制不顺等问题，《指导意见》匡定了城市管理的具体职责范围和综合执法的具体内容，并对管理体制提出战略设想。（3）匹配核心资源，引领发展方向。城市管理还需要"强基础"，需要有效配置人财物等核心资源，《指导意见》对城管队伍建设、城管执法水平等提出了战略性要求，为各地城管部门明确下阶段工作重点。

（三）有效性原则

原则要求：评价指标体系必须与所评价对象的内涵与结构相符合，要贴近实际、满足需求，能够真正反映城市管理的实际情况。

原则落实：（1）城市管理内涵的辨析。通过梳理各地城市管理职权范围，对城市管理范畴进行问卷调查，将城市管理考核的内涵外延界定清楚。（2）查找各地城市管理的模式和职能，搜集各地城市管理考核的现状，指标设计力图落地，满足各地考核需求。

（四）规范性原则

原则要求：程序规范，要符合现行国家要求，并形成相应的主体框架；内容规范，要充分体现城市管理工作的相关内容，突出重点，在保证评价信效度的基础上构建相对规范的内容体系；形式规范，形式要规范化、可操作化，避免由于各地考核形式不同所造成的考核结果有偏误的问题。

原则落实：建立城市管理综合考核评价的一套技术方法，落实规范性。

总的来说，城市管理综合考核评价的指标体系要遵循现代绩效考核的理念和技术方法；城市管理综合考核评价的指标体系要以《指导意见》为战略引领，促进各地建立现代城市治理体系；城市管理综合考核评价的指标体系要有城市管理相关法律条例的支撑；城市管理考核指标设计要贴近实际，吸纳各地城市管理的考核经验。

二、指标体系设计思路

首先，城市管理工作绩效评价指标体系构建的基础需要先进科学的绩效考核理念的支撑，这对设计出一套全面、结构合理的指标体系至关重要（见图5-1）。

其次，城市管理工作绩效评价指标体系的设计要以问题为导向。随着城市增量规划建立转向城市存量管理服务，城市管理工作日趋重要，但城市管理工作在地方所受重视程度不一，工作中遇到重重困难，而城市管理监督局的成立以及《指导意见》的出台为地方城市管理的难题破解指引了新的方向。因此，从考核的工作改进和工作引领目标来看，地方管理的难点重点就是城市管理改革的方向，指标设计过程中，需要关注地方管理的难点重点以及城市管理改革的方向。

再次，城市管理的考核又是自下而上生长的，各地都积累了丰富的经验。借鉴各地城市管理考核评价的成功经验，将进一步丰富和完善城市管理工作绩效评价指标体系。

最后，搭建出指标体系后，需要根据法规标准等文件依据，并根据绩效考核理论对指标规范性的要求，检验指标体系的可靠性。

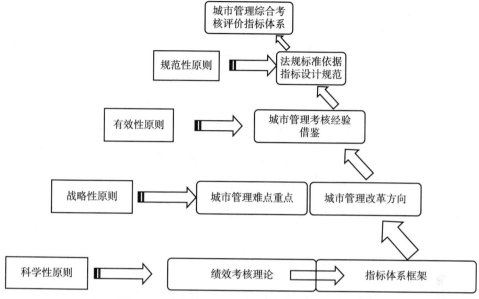

图 5 - 1 城市管理综合考核评价指标的设计思路

三、指标体系设计框架

为落实《指导意见》要求，发挥城市管理逐层指导监督协调的功能，需要建立国家对省级城市管理工作和省级对地市城市管理工作的绩效评价指标体系。根据绩效考核理论，绩效考核评价是一种用来测量组织在实现既定目标的过程中所取得的进展情况的方法，合理设置评价指标体系是核心。合理设置评价指标体系的前提是其中蕴含着正确的导向，需要由框架性的宏观指标来引导并统合各项微观指标，以避免其偏离考核评价目的。一般而言，这种考核导向主要体现在产出、效果、生产力、服务质量、成本效益和公众满意度等方面。

具体到城市管理领域，城市管理目的的实现会涉及相当多的环节和因素，评价城市管理的工作基础、工作过程和工作结果对于评价衡量城市管理水平都很重要。因此，借助波伊斯特教授的模型将城市管理工作绩效评价指标体系导向框架陈列如下，见图 5 - 2。

近年来，随着城市建设水平和人民需求水平逐步提高，加强和改善城市管理的需求日益迫切，城市管理工作的地位和作用日益突出。但城市管理尚未形成全国统一、垂直管理的管理体系，影响国家对城市管理顶层设计和统筹指导，给各地城市管理工作带来诸多困难。因此，提高城市管理水平的首要任务是强化城市管理工作基础。

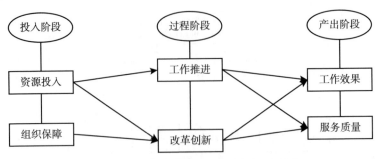

图 5-2　城市管理绩效评价指标的导向框架

绩效评价理论强调兼顾过程和结果的考核。城市管理工作绩效评价要覆盖城市管理工作过程，发挥评价指标的引导和督察作用，督促各地城市管理工作要落实上级的重要任务。此外，在提升国家治理能力的大背景下，关注城市管理工作过程的合法性、规范性和创新性非常重要。

城市管理工作结果是城市管理工作的最终产出。城市管理工作实效不仅体现在城市的品质，更体现在市民的服务获得感。城市管理工作最终是为了服务市民，城市管理工作实效应以群众满意为标准进行衡量。

自 2016 年住房和城乡建设部城市管理监督局成立至今，城市管理工作进入统筹规范时期，强化城市管理工作基础成为首要任务。因此，在进行城市管理绩效评价工作时，应强调对城市管理工作基础的考核评价，同时兼顾城市管理工作结果和城市管理工作过程的考核评价，形成城市管理考核的"微笑曲线"（见图 5-3）。

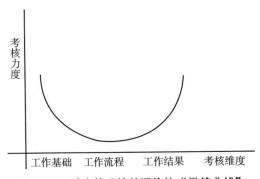

图 5-3　城市管理绩效评价的"微笑曲线"

城市管理绩效评价的微笑曲线：立足"基础+结果"两头，激励中间过程，随着城市管理工作的进步，综合评价的重点和权重可以动态调整，使其具有真正的指挥棒战略价值。

城乡管理绩效评价的"三段提升法"值得借鉴和推广，见图 5-4。

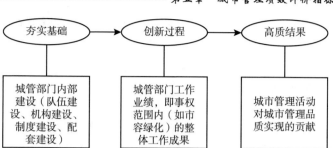

图 5 – 4　城市管理绩效评价的 "三段提升法"

夯实基础：城市管理工作的基础建设保障。主要反映城市管理部门内部的管理水平，主要包括执法队伍建设、廉洁从政、机关作风和效率等情况。

创新过程：城市管理过程的开展执行创新。主要反映城市管理部门的业务水平，主要包括市容环境卫生管理、市政设施运行管理以及公共空间秩序管理等。

高质结果：城市管理结果的高质影响和贡献。城市管理的品质实现包括现代城市治理体系初步形成，城市管理效能大幅提高，人民群众满意度显著提升。还需要考核城市管理战略的实现。

第三节　城市管理绩效评价指标体系的具体设置

一、评价层次设置

从全国到地方的城市管理考核体系，应该由国务院授权住房和城乡建设部牵头组织，对省级、市级、区县政府逐级考核，因此全国城市管理综合考核评价工作的考核层次应该为国家对省、省对市两级评价。

住房和城乡建设部对省级评价应注重各省对基层城市管理工作的支持和部里专项工作的落实；而由于各地城市管理工作实际情况差异过大、全国标准难以统一，省对市评价则应该根据各地实际情况，参照国家对省城市管理工作绩效评价指标体系，各自制定具体的省对地市城市管理工作绩效评价指标体系，对各市城市管理的工作基础、工作过程和工作实效进行评价考核。各省制定的省级城市管理工作绩效评价指标体系和工作办法应报住房和城乡建设部审核。

制定全国城市管理综合评价办法的目的是要促进城市管理工作。为充分发挥省一级承上启下的作用，区分省级和市级城市管理职责，国家对省和省对地市的城市管理评价指标体系设置共性指标和特性指标，并在指标体系的评价标准和指标权重上进行区分。

二、具体指标设置

城市管理综合考核评价指标体系需要兼顾城市管理的各个环节：基础—过程—产出。不同环节的指标设计导向不同：一是强化城市管理基础，对照《指导意见》和国家相关目标任务推动各地落实城市管理和执法改革，强化城市管理基础；二是规范城市管理工作，对各地工作推进、工作落实、工作创新等进行评价，加强对城市管理过程的规范；三是引领城市高水平管理，主动顺应国家治理体系现代化建设趋势，满足人民群众对于美好生活的需求，高标杆要求城市管理水平。

因此，城市管理绩效评价指标体系的一级指标包括：基础达标型指标"战略引领"和"资源投入"、过程规范型指标"工作推进"、结果品质型指标"工作成效"和底线约束型指标"刚性约束"，另有创新激励型指标则包括"过程创新"和"结果创优"，充分兼顾过程和目标，引领城市管理创新。

具体指标设置见附录《城市管理绩效评价指标体系》。

第六章

城市管理绩效评价地方实践

响应党中央"高质量发展、高品质生活、高效能治理"的要求，城市管理绩效评价工作已在我国各个城市广泛开展。各地依据实际情况以及城市发展管理中的具体问题，积极探索符合各自城市发展脉络的管理绩效评价方案与机制，促进和保障城市的可持续发展。在此，本书对北京、深圳、南京、杭州、厦门、太原、株洲、重庆、成都和南宁的实践经验进行梳理和总结。

第一节 北京城市管理绩效评价实践

一、城市管理评价工作开展历程

党的十八大以来，习近平总书记高度重视和关注首都城市规划建设管理。2017 年 9 月，党中央、国务院批复《北京城市总体规划（2016 年—2035 年）》，明确了"建设国际一流的和谐宜居之都"的首都城市发展目标。2019 年 1 月，北京市委市政府制定印发《关于加强城市精细化管理工作的意见》，提出了"三治五化"的总体要求，即坚持以人民为中心的发展思想，把提升市民满意度作为城市管理工作的出发点和落脚点，落实精治共治法治要求，推动城市管理法治化、标准化、智能化、专业化、社会化，推动城市管理向城市治理转变，构建权责明晰、服务为先、管理优化、执法规范、安全有序的城市精细化管理体系，使之与首都城市功能定位相适应、与经济社会发展相协调。其中，北京城市管理绩效评价经历了以下发展历程。

2011 年，首都环境建设委员会印发《首都城市环境建设考核评价办法》（试行），据此建立了首都环境建设评价制度。2012 年以来，首都环境建设办每年初组织相关行业主管部门，对评价的指标内容、所占权重、可操作性等内容进行研究，对首都环境建设评价指标体系进行修订完善，每年修订印发首都环境建设管理考核评价实施细则，并组织开展相关评价培训。每年底组织相关行业主管部门依据评价细则对全市各区开展考核评价，评价结果纳入市政府对各区的绩效评价体系，督促各区持续加大环境建设投入，不断提升环境建设管理水平。

按照市委、市政府《关于进一步加强首都环境建设工作的意见》的要求，2013年4月开始，首都环境建设委开始建立了"月检查、月曝光、月排名"工作制度。首都环境建设办将领导批示、媒体曝光、暗查、网格、微博、微信、网格化城市管理、小卫星监测、信访、满意度调查等多种渠道来源的问题形成环境建设市级台账，下发各区责任单位进行整改治理，首都环境建设办联合相关成员单位每月分四个组分别对首都功能核心区、城市功能拓展区、城市发展新区、生态涵养发展区四个功能区，以问题为导向进行环境建设月检查。通过"月检查、月曝光、月排名"工作制度，首都环境建设办充分发挥统筹协调作用，督促各区着力环境问题整治，健全完善环境建设管理体制机制，首都城市环境品质得到逐步提升。

自2011年起，委托第三方公司每季度开展首都环境建设公众满意度调查，探索社会公众共商共议环境建设的新途径新方法。定期开展对市容环境、设施环境、生态环境和秩序环境的社会公众满意度调查，完善公众对首都环境建设的满意度与考核评价体系的对接机制，将公众诉求纳入环境建设重点工作中，保证以市民为主体参与到环境建设中。

二、城市管理绩效评价主要内容

（一）评价定位

开展首都环境建设管理检查评价，建立一套科学、有效的环境建设管理检查评价体系，是城市管理在工作方法上由临时突击整治、粗放型管理向制度化、精细化管理的转变，实现长效管理的有效措施和必要手段。

（二）评价目的

通过对各区环境检查评价，可以不断推动各区履职尽责，着力解决群众身边的环境问题，推动首都环境管理长效机制建设，不断提升首都环境建设水平。

（三）评价原则

严格按照相关法律法规、标准规范，做到公平、公正、公开。强化日常检查和过程管理，注重工作任务推进的全程或重要节点的控制，能够反映各区环境建设整体水平和管理状况。

（四）评价范围

首都环境建设年终评价主要围绕四大环境、行业环境建设、规划建设管理运行服务等维度开展，从疏解非首都功能和环境可持续发展的角度，重大环境治理任务（如开墙打洞治理、背街小巷整治）和环境日常管控（如门前三包日常巡查）等内容被纳入评价范围。月检查考核事项包括市级环境问题治理、"门前三包"责任制、街面秩序及环境、专项工作及市民投诉与媒体曝光五部分内容。

（五）评价层级

首都环境建设检查评价立足现有城市环境监督检查资源，不断完善城市环境监督检查制度和运行机制，逐步建立起区街三级的城市环境监督管理体系。

市级监督检查制度逐步完善，依托现有的检查队伍和资源，不断充实城市环境监督检查力量，巩固"月检查、月曝光、月排名"工作机制，开展城市环境联合检查和专项检查；首都环境建设委成员单位之间的联席制度也已建立；各区对街乡镇的检查评价制度和机制已形成，有效激发了属地工作效能；不断加强监督检查方面的业务学习和培训，形成上下联动、紧密衔接、执行到位的城市环境监督检查层级管理体系。

（六）评价对象

以北京市 16 个市辖区作为考核对象：东城区、西城区、朝阳区、丰台区、石景山区、海淀区、顺义区、通州区、大兴区、房山区、门头沟区、昌平区、平谷区、密云区、怀柔区和延庆区。

（七）评价主体

首都环境建设管理委为检查评价主体，首都环境建设管理办具体组织实施全市环境建设考核评价工作，各专项评价由各行业管理部门依据职责具体执行。

首都环境建设管理委建立首都环境建设管理考核评价联席会议制度，联席会由首都环境建设管理委相关成员单位组成，首都环境建设管理委秘书长任联席会召集人。首都环境建设管理办负责评价日常管理工作，其主要职责是：第一，负责组织、协调首都环境建设管理评价，指导各区开展评价工作。第二，负责评价日常管理工作，对评价中存在的问题进行研究，提出相关意见和建议。第三，负责拟订评价计划，汇总评价数据，评审评价结果。第四，负责通报评价情况，接受社会监督，并做好评价结果应用工作。

（八）评价内容

首都环境建设检查评价内容涵盖市容环境、生态环境、秩序环境和设施环境四个方面，具体包括市容环境卫生、园林绿化、水环境、大气环境、旅游景区周边、交通秩序、黑车黑摩的治理、废旧物品回收等工作内容，重点考核评价各成员单位在首都城乡环境建设中的履职效率、管理效能、服务效果和创新创优等方面的情况[①]。

（九）评价指标及标准

月检查工作共包括市级环境问题治理、"门前三包"责任制、街面秩序及环境、专项工作及市民投诉与媒体曝光五个一级指标，占比分别为 30%、25%、20%、15% 及 10%。其中市级环境问题治理由整治达标率（15%）及整治情况（15%）两部分构成，"门前三包"责任制分为现场检查（20%）和基础管理（5%），专项工作具体有渣土运输规范管理（10%）、垃圾分类（5%）两项工作，市民投诉与媒体曝光根据各区当月市级台账中涉及垃圾、店外经营、占道经营、堆物堆料、媒体曝光问题，每发现一个问题扣 0.3 分（见表 6 - 1）。

表 6 - 1　　　　　　　2018 年首都环境建设专项检查评分标准

序号	分类		评分标准
1	市级环境问题治理	整治达标率	按照市级台账整治率（系统）×现场检查点位达标率×100 计分
2		整治情况	市、区级环境问题治理及管控整治达标不扣分，整治不达标扣 4 分，未整治扣 8 分
3			市级环境问题督办、媒体曝光事项、小卫星监测点位整治达标不扣分，整治不达标扣 6 分，未整治扣 10 分

---

　① 张春贵. 健全首都环境建设考核评价体系　提升政府城市治理能力［J］. 城市管理与科技，2016，18（5）：6 - 9.

续表

序号	分类		评分标准
4	"门前三包"责任制	现场检查	门责区域有白色污染、暴露垃圾渣土、废弃物1处扣2分
5			门责区域有地面油脂餐余、污水横流1处扣2分
6			门责区域有路面积水结冰扣2分
7			门责区域有违规广告牌匾（一店多匾、落地式灯箱广告、违规楼顶广告等）、广告牌匾破损等1处扣2分
8			门责区域有侵占破坏绿化及设施1处扣2分
9			门责区域树木上有拴、钉、刻、划现象扣2分
10			门责区域有非法小广告1处扣2分，散发小广告1处扣2分
11			门责区域有堆物堆料、店外经营、占道经营、私搭乱建等1处扣2分
12			门责区域有违法停车、僵尸车、私装地锁等现象1处扣2分
13			工地门前周边环境卫生较差1处扣2分
14		基础管理	满分100分，扣分制。"门前三包"责任制未签订1处扣5分；"门前三包"管理巡查未落实（每月至少巡查一次并做记录）1处扣5分；无证照经营1处扣5分（属地政府已明确列入拆迁计划的除外），未亮照经营1处扣2分。现场检查时，如出现集体关门现象按无证照经营、未签"门前三包"责任制处理。"开墙打洞"治理后出现反弹1处扣5分（判定标准：重复破坏屋体、损毁已封堵房屋周边护栏、绿地及其他公共设施、重新设置经营牌匾或经营标语、设置为从事经营活动提供便利条件的房屋外辅助设施、再次出现实体经营）
15	街面秩序及环境		发现白色污染、少量暴露垃圾渣土、废弃物1处扣2分，大型垃圾渣土脏乱点1处扣5分，道路遗撒、扬尘1处扣5分
16			地面有油脂餐余、污水横流1处扣2分
17			道路破损、路面积水结冰1处扣2分
18			违规广告牌匾（异地设立）、公益广告破损等1处扣2分
19			园林绿地有白色污染、暴露垃圾1处扣2分，绿化缺失、侵占绿地、绿化设施保持不好1处扣2分
20			缺株、死株1处扣2分；树木上有拴、钉、刻、划现象各扣2分
21			非法小广告1处扣2分，散发小广告1处扣2分
22			游商占道经营、堆物堆料现象1处扣2分
23			违法停车、僵尸车、私装地锁现象1处扣2分
24			早餐车未按规定时间移开，外观不洁，1处扣2分
25			河湖水系水面有少量漂浮物、河岸不洁1处扣2分；大量漂浮物、河岸不洁1处扣5分

续表

序号	分类		评分标准
26	街面秩序及环境		露天焚烧行为 1 处扣 2 分
27			非法一日游现象 1 处扣 2 分
28			黑车黑摩的 1 处扣 2 分
29			公厕环境脏乱、臭味难忍或未正常开放运行问题 1 处扣 2 分
30			城市道路公共服务设施（包括围栏设施、废物箱、行人导引类指示牌、公交车站设施、邮政设施、公用电话亭、自行车存车设施、座椅、活动式公共厕所）以及交通、环卫、排水、路灯等设施，设施附设广告，1 处扣 2 分；设施被喷涂、张贴小广告未及时清理，1 处扣 2 分；设施外观破旧、脏污影响市容环境，1 处扣 2 分；设施损坏影响使用，1 处扣 2 分；设施违规经营，1 处扣 2 分；设施废弃，1 处扣 2 分
31			施工（拆除）现场建筑垃圾没有采取覆盖、固化或绿化等措施直接扣 5 分，覆盖、固化或绿化一部分的扣 2 分
32			工地没有设置围挡扣 5 分，围挡破损扣 2 分
33	专项工作	渣土运输规范管理	采用全市渣土运输规范管理评价得分
34		垃圾分类	采用全市生活垃圾分类运行管理日常检查评价得分
35	市民投诉与媒体曝光		满分 100 分，扣分制。当月市级台账中涉及垃圾、店外经营、占道经营、堆物堆料、媒体曝光问题每件扣 0.3 分

资料来源：北京市城市管理委员会网站。

2018 年首都环境建设评价体系主要由绩效评价和社会评价两大部分内容组成，占比分别为 80%、20%。绩效评价包括七个一级指标，分别为市容环境（16%）、生态环境（4%）、设施环境（13%）、秩序环境（11%）、综合管理（7%）、重点任务（14%）、月检查（15%），社会评价包括三个一级指标，分别为社会参与（6%）、社会调查（10%）和热线统计（4%）。详见首都城市环境建设管理委员会办公室《关于印发 2018 年首都环境建设管理考核评价实施细则的通知》。

（十）评价方式

采取专业考核与社会评价相结合、日常考核与专项检查相结合、现场检查与专家评判相结合的方式。

工作机制主要有月检查、月曝光、月排名和全年评价两种工作机制。

第一，月检查、月曝光、月排名工作机制方面，由首环办年初制定检查工作计划，每月下发检查工作方案，工作计划工作方案中明确检查重点内容、明示检查评分标准；检查组成员对检查点位整治情况和沿途发现问题进行现场评议打分，首环办将检查组成员现场打分进行统计汇总，形成各区检查成绩和排名。采取"两暗一明"的方式开展检查，每季度前两个月"暗查"（即由首都环境建设办独立检查），第三个月采取"明查"的方式，由首环委成员单位局级领导带队，各区随车跟检，现场指出问题并集中讲评。月检查以问题导向，采取市级环境的"点位法"：从暗查、新闻媒体、领导批示、市长信箱、政风行风热线、城市管理热线等10余类来源渠道形成环境建设问题台账，每月从中抽取5~7个点位，分首都功能核心区、城市功能拓展区、城市发展新区、生态涵养区四组进行检查。

第二，全年评价机制方面，每年12月15日至次年1月15日，首都环境建设管理办公室组织各成员单位开展年度联合检查验收，并将组织各评价单位、部门进行评价，填报系统，编制评价报告。

（十一）评价周期

月检查考核周期为每月一次，年度评价考核周期为每年一次。

（十二）评价程序

月检查主要包括环境问题收集、台账建立、公开公示、问题处理、结果反馈、核查结案、绩效评价等环节，具体有各区自查、专项检查（月检查）、联合检查三种形式。

第一，各区自查。各区每月组织开展辖区内环境建设自查工作，于每月和每季度第一个月5日前将上个月和上季度自查情况登记表和自查报告，通过"首都环境建设绩效评价系统"报送首都环境建设管理办公室。

第二，专项检查（月检查）。成立专项检查组，采取每季度"两暗一明"的方式（前两个月首都环境建设管理办独立检查，第三个月会同各区联合检查），每月分别对首都功能核心区、城市功能拓展区、城市发展新区、生态涵养发展区四个功能区进行环境建设月检查。

第三，联合检查。成立联合检查组开展检查，包括现场检查、查看资料和听取汇报三项内容，每年于半年、年终开展联合检查2次。

首都环境建设年度评价流程包含以下几个步骤。

第一，实施专项评价。首都环境建设管理委各专项评价责任部门，结合每年环境建设特点，按照要求，依据评价实施细则设定考核内容和指标，分别组织实施相关专项的检查考核评价工作，并提交专项考核评价报告。

第二，汇报评价情况。每年1月底，首环办召开工作例会，专门听取各专项评价情况汇报，审定各项考核评价报告、结果，审核评价各区环境建设情况。

第三，网上提交评价结果。评价数据、报告经首环办工作例会审定后，2个工作日内由各专项评价责任部门登陆"首都环境建设绩效评价系统"填报提交，过期系统将自动关闭提交功能。

第四，评价结果汇总报告。各专项评价工作完成后，首环办将对评价的数据、意见进行汇总，形成年度首都城市环境建设考核评价报告，并按照有关规定，报首都环境建设管理委审议发布。

（十三）评价计分核分

首都环境建设检查评价计分均严格按照检查、评价指标体系计分规则进行，相关评价主体提交分数后统一由首环办汇总整理考核评价结果。

（十四）结果分析与反馈

首都环境建设检查评价在报告中对各区政府及环办在环境建设工作中取得的成绩及排名进行了详细分析，根据考核结果，对各区环境管理问题出具诊断报告，并针对排名靠后的区域出具个性化分析及改进建议，并要求相应单位分别回复改进建议落实情况，推动城乡环境问题得到有效解决。

（十五）结果运用与监督

月检查中各区自查、专项检查和联合检查结果最终形成综合检查成绩分别纳入年度首都环境建设考核评价和区政府绩效考核。专项检查结果每月将书面通报首都环境建设管理委相关成员单位、各区政府和各区环境建设办，同时在市委市政府电子显示屏、市城市管理委网站"城市管理公众服务平台"和北京日报等媒体向社会公示，每季度汇总提交市政府常务会审议。

首都环境建设年度评价年底组织相关行业主管部门依据评价细则对全市各区开展考核评价，首都环境建设管理办汇总全年检查、考核、评价结果，形成首都环境建设管理综合考核评价报告，报首都环境建设管理委并按要求进行通报。评价结果纳入市政府对各区的绩效评价体系，并对环境建设过程中表现突出的样本单位和先进个人进行表彰，督促并激励各区持续加大环境建设投入，不断提升环境建设管理水平。

（十六）评价保障

组织领导。首都环境建设检查评价是首都环境建设的重要内容，各级领导要高度重视，各单位、各部门要以全局思维想问题、办事情，各司其职，各尽其责，密切配合，协同作战。在检查评价的组织实施过程中，市区联动，属地为主，明确权责，严格落实目标责任制，将各项任务层层分解，统筹协调全系统、各领域、各行业发展的重大问题；涉及跨部门、跨系统的综合性工作，要充分发挥联席会议制度，主动作为，加强部门间联动协作。

统筹进度安排。围绕确定的检查评价目标任务，准确地把握实施的阶段、重点和工作节奏，按照进度要求和标准，制订并实施详细的年度工作计划。每年结合目标任务的实施情况，及时发现问题并提出改进意见，结合城市环境工作新情况、新问题，适当调整修订检查评价内容及指标体系，努力做到长远目标与近期任务相结合，促进各项重点工作任务的有机衔接、有序推进。

加强检查评价理论研究。当前首都城市环境建设检查评价积累了大量的实践经验，但工作开展过程中也遇到了体制、机制等诸多方面问题，在检查评价的实践过程中，不断加强与国内外科研部门、高等院校以及有关专家学者的沟通与合作，开展对城市环境检查评价的政策法规和运行机制等深层次研究，多次开展检查评价项目，不断总结经验，把握城市环境变化的规律，决策水平有所提高。

三、评价工作的主要亮点和成效

（一）主要创新亮点

第一，将"门前三包"责任制落实作为环境建设月检查重点。

2018 年，首都城市环境建设管理委员会对《首都环境建设管理考核评价实施细则》进行了修订，一是加大"门前三包"责任制落实在环境建设专项检查评价中的权重，由原来 20% 提升至 25%；二是增加对基础工作的检查，重点检查沿街商户"门前三包"责任制的签订与日常巡查管理情况，督促属地政府建立日常管控制度，积极推广社会治理模式，形成长效管理措施。

第二，建立了城市环境监督检查评价科技信息化体系。

2016 年，利用"北京二号"卫星遥感新技术，缩小遥感监控面积、提高监测精度，对全市大型垃圾渣土无序堆放点分布变化、在建工地等周边环境状况进行实时监测。运用配备 GPS 设备的机动车辆对城市环境开展定期巡查和不定期抽查，实时采集各种信息，加强随机抽查信息的时效性和针对性。

2017 年，结合首都环境评价内容扩展市、区、街三级评价体系，升级改造首都城市环境建设考核评价信息系统，实现对城市环境建设考核数据使用和台账审核公布信息的支持，规范城市环境考核评价流程。

（二）取得成效

在首都环境建设评价工作的推动下，全市各区逐步完善工作机制，加大人、财、物投入和环境整治力度，形成了你追我赶的工作态势，环境建设工作取得了长足进步。

第一，建立起市、区、街三级检查评价体系，有力推动环境建设工作的开展。参照市级检查评价机制和模式，各区相应建立了区、街两级检查评价体系，协调、解决重大环境建设事项的组织领导体系得到不断强化。建立了"1 + 1 + 1 + N"工作制度，各区政府每月至少召开一次环境建设工作协调督办会，每月在区政府常务会上播放一次环境建设问题曝光片，每月区领导带队拉练检查不少于一次。同时，各区围绕环境管理短板和年度重点任务，以重大活动为契机，打造亮点工程，紧密结合人口规模调控与环境治理、产业转型升级、城市管理服务等，整体规划，协同推进，从末端治理向解决深层次问题转变，不断探索、创新环境建设和管理的新模式，形成了不少适合本地区发展管理的好经验和好做法。

第二，市容景观品质不断提升，城乡环境面貌明显改善。环境整治提升取得新突破。开展长安街及其延长线市容环境景观提升，塑造长安街及其延长线"庄严、沉稳、厚重、大气"的形象气质。制定《北京市长安街及其延长线市容环境景观管理规定》，建立长效管理机制。开展背街小巷环境整治提升三年行动，提升 3123 条背街小巷环境。实施长安街、颐和园、奥林匹克中心区、大运河、雁栖湖等景观照明提升工程，首都夜景环境品质大幅提升。公共空间治理稳步推进。开展公共服务设施治理，城市道路和广场实现"八无一减"。深入推进城市道路公共服务设施二维码管理，完成 1000 余条主要道路近 10 万件设施"上码"。推进城市道路箱体"三化"和"多杆合一"治理。完成各类架空线入地及规范梳理 1400 余公里，拔除各类线杆 3.2 万根。规范治理违规户外广告牌匾 4.8 万余块，专项治理建筑物屋顶牌匾标识 2.8 万块。加强环境秩序治理，共立案处罚各类违法行为 116 万起，全市 343 个街道（乡镇）占道经营实现动态清零。公共空间环境更加清朗有序，城乡环境面貌持续改善。围绕违法建设拆除、地桩地锁清理、废弃汽车与自行车清理、绿化补建、破损道路修补、道路照明完善、信报箱补建等重点，集中开展老旧小区公共区域综合整治提升，市民生活环境品质大幅改善。

第三，综合统筹能力显著提高，城市运行更加安全高效。网格化城市管理体系更加完善。推进管理重心下移，基本建成覆盖全市的"1+16+33+N"网格化城市管理体系。建立网格化城市管理微循环工作机制，以及与各专业部门的协调处置机制，完善监督考评体系，网格化平台效能显著提升。生活垃圾分类取得重大进展。修订实施《北京市生活垃圾管理条例》，成立市、区两级生活垃圾分类推进工作指挥部，制定相关配套政策，创建生活垃圾分类示范小区、村，生活垃圾分类知晓率达到98%、参与率达到90%，生活垃圾回收利用率达到35%。环卫保障能力大幅提升。推进垃圾处理设施建设，生活垃圾焚烧和生化处理能力达到2.588万吨/日，生活垃圾无害化处理率达到100%，生活垃圾资源化率达到60%，建筑垃圾资源化处置和综合利用率达到85.5%。实施城市道路清扫保洁分级精细化管理，城市道路机械化（组合）作业率达到93.6%，城市一级道路路面尘土残存量年均值保持在10克/平方米以内。推进"厕所革命"，全市公厕达到20504座，提升改造公厕9549座，城市公厕等级达标率达到95%，基本实现农村地区三类及以上公厕全覆盖。

第四，创新取得重大进展，精细治理基础不断夯实。城市管理体制改革取得重大突破。组建市城市管理委，作为城市管理主管部门，承担对城市管理工作的业务指导、组织协调、指挥调度、专项整治和检查评价等职责。将首都城市环境建设委员会调整为首都城市环境建设管理委员会，市城管执法局调整为市城市管理委管理的行政执法机构。执法力量和职权下沉、下放到街道（乡镇），成立街道（乡镇）综合执法队，实现"一街（乡镇）一队"，基层执法能力得到加强。法规标准体系不断健全，出台《中共北京市委北京市人民政府关于加强城市精细化管理工作的意见》。制（修）订生活垃圾管理、市容环境卫生、燃气管理、建筑垃圾处置管理4项地方性法规和政府规章。修订完善城市管理领域标准化体系框架，开展能源运行、环境卫生、管线管廊等领域子体系研究与建设。制定地方标准40余项。城市基层治理模式不断创新。推进城市管理、社会服务管理、社会治安"三网融合"。制定出台街巷长、小巷管家指导意见，全市选派街巷长1.6万余名，招募小巷管家近3.6万名，实现街巷长制度全面覆盖。推进街巷长、小巷管家、网格员、协管员等基层力量整合，统一纳入网格化体系"组团式"管理。深化"街乡吹哨、部门报到"工作，依托12345市民服务热线，打通城市管理服务"最后一公里"。

科技支撑能力持续增强。统筹推进物联网、云计算、大数据等新技术在城市管理领域的应用与示范，完成城市管理大数据平台、网格化管理云平台建设方案设计。能源、水务、交通、环卫、市政等领域感知体系建设初具规模，全市大部分区已启动"城市大脑"建设，海淀区、通州区及昌平区"回天地区"等"城市大脑"应用已取得实质性的阶段成果。

第二节　深圳城市管理绩效评价实践

一、深圳市城市管理评价工作历程

1980 年，深圳经济特区成立，彼时的深圳市还是一个边陲小镇。随着城市不断发展，城市管理中的问题也日益涌现。1984 年，深圳市市容卫生监察队成立，深圳先行先试，在全国率先成立了第一支城管执法队伍。1998 年，罗湖区在全国率先开展相对集中行政处罚权试点，用一顶"贝雷帽"取代九顶"大盖帽"。2007 年，深圳市在全国率先全面推行街道综合执法，秉承"为民执法"宗旨，执法力量下沉至街道。2015 年，全市 74 个街道执法队开创性全面推广"律师驻队"工作模式，得到司法部、住房和城乡建设部认可并推广，在全国范围形成广泛影响。2017 年，深圳全市推行市容巡查勤务模式，组建 1 万人的市容巡查队伍，做到动态市容动态管控。2019 年，深圳全市全面推广"三化四有"（标准化、智慧化、规范化、人有精神、事有规范、权有约束、责有担当）队建模式，目前全市 74 个街道执法队外观标志整齐划一、办公场所规范统一、精神面貌焕然一新。2020 年，智慧执法系统建成并上线运行，实现了执法勤务、队伍管理、案件办理全流程监管，推进"数字城管"向"智慧城管"转型发展，让深圳城市运转更聪明、更智慧。

深圳市城市管理和综合执法局主要负责城市市容环卫、园林绿化、公园管理、灯光管理、行政执法和数字城管等。近年来，深圳城管紧紧围绕打造"全国最干净城市"和"世界著名花城"的工作目标，大力开展环境卫生、园林绿化、市容管理、城中村治理等工作，强基础、增优势、补短板、克难题。作为广东省"数字政府"综合改革试点城市之一，深圳全力推进城市管理精细化智能化，以数据资源共建、共享、共用为突破口，抢抓 5G、人工智能、区块链等"新基建"领域，大力推动"政府管理服务指挥中心"（即"城市大脑"）建设，为城市管理提供了"一图全面感知、一键可知全局、一体运行联动"的智慧化管理服务能力，助力城市治理从经验治理向科学治理转变，探索出了超大城市管理新路径。

2012 年，深圳市开始实施市容环境综合考核，替代了以前的"鹏城环卫杯"，每年会根据新的工作任务和更高的工作要求对考核内容进行调整。

二、城市管理绩效评价主要内容

为了切实推动深圳市打造"全国最干净城市"三年行动计划，建设国际一流标准的"美丽深圳"，每年根据修订的考核方案对全市开展市容环境综合考核工作。自 2020 年 1 月起，将根据该测评方案对深圳开展"深圳市环境卫生指数"测评工作，通过环境卫生的畅销测评机制，力争全面改善深圳的环境卫生。

（一）评价定位

以城市管理市容环境综合考核为提升城市管理工作的抓手、指挥棒，持续提升全市市容环境精细化管理水平和城市容貌景观品质，为人民群众提供精细的城市管理和良好的公共服务，彻底改变粗放型管理方式，努力打造"全国最干净城市"，让人民群众更方便、更舒心、更美好地在城市生活。

（二）评价目的

对深圳市展开全方位的、实时动态测评和考核，实时监测和发现深圳市各区域在市容环境各方面存在的问题，以评促建、以评促改，促使各部门正视管辖范围和区域内的市容环境领域管理工作，并及时加以改善，细上加细，精雕细琢，通过市容环境卫生的长效考核机制，力争全面改善深圳的市容环境状况。

（三）评价原则

按照公开、公平、公正的原则，通过考核发现城市管理的每一个问题，使城市管理工作达到全天候、全方位、全覆盖、无盲区、无缝隙的目标。

第一，公开。市局每年年初向各区公开发布考核方案，并组织各区学习和培训考核重点、工作重点，市局绩效办及时公开发布考核得分，各街道可查询详细得分，保证了考核工作的公开。

第二，公平。全市执行统一的考核指标、考核标准、考核程序，全市考核丈量一把尺，确保了考核工作的公平。

第三，公正。除了日常的明察暗访之外，考核测评由专业的第三方数据公司测评，保证考核过程的客观，避免人情分、关系分，暗箱操作的行为；同时通过主办单位的信息化系统生产客观、真实的专项考核得分，保证了考核的真实性、准确性。

第四，城市管理与城市治理相结合。考核以为人民群众提供精细的城市管理和良好的公共服务作为目标，推动城市管理彻底由粗放型的城市管理向长效性的城市治理转变，努力打造"全国最干净城市"。

（四）评价范围

考核对象为深圳市 10 个区（新区），包含深圳经济特区内 4 个区，即福田区、罗湖区、南山区、盐田区；特区外 2 个区，即宝安区、龙岗区，全市覆盖。其中"深圳市环境卫生指数"考核对象为以街道办管辖的地理范围为基本测评单位。

（五）评价层级

以街道办为基本考核单位，"市考区、区考街道"分级考核工作模式。

（六）评价对象

全市 74 个街道，以环境卫生、市容秩序、"互联网 + 城市管理"、督察督办 4 个方面，结合"行走深圳"和"回头看"工作机制，对全市统筹开展了市容环境综合考核。

（七）评价主体

深圳市住房和建设局办公室为牵头单位，具体实施部门为局办公室内设的绩效办，市容处、市监察支队、市环卫处、绿化处、城市管理监督指挥中心为主办单位。

（八）评价内容

深圳市城市管理市容环境综合考核共分为四大项，分别为环境卫生考核、市容秩序考核、"互联网 + 城市管理"、督查督办。

环境卫生考核。市环卫处委托第三方数据公司通过公共调查和现场检查方式对街道环境卫生指数进行测评，各区环境卫生指数得分为辖区各街道办得分平均值。

市容秩序考核。市容秩序由市城管监察支队负责考核，每季度下发一次执法情况通报，通报各区市容秩序及执法管理工作落实情况，问题通报到街道，考核项目分为市容巡查勤务管理、路面市容管理和日常督办三个方面。

其一，市容巡查勤务管理。包含统一指挥，勤务模式效果，勤务管理等考核项目。

其二，路面市容秩序管理。包含建筑外立面刷新，伸缩雨棚、超线和占道经营整治，户外广告整治，街道家具整治，人行道净化行动，三乱整治，共享单车整治，养犬管理，校园周边乱摆卖整治等，其他市容管理项目等考核项目。

其三，日常督办。对于市容秩序及信访投诉事项进行日常督办。

"互联网＋城市管理"考核。由市城管监督指挥中心结合"智慧城管"建设工作，负责按季度统筹组织对各区进行考核。考核对象为各区，各区考核分数由数字城管平台运行情况、处置单位信息采集案件、处置单位公众案件、主体责任制落实及公众参与情况等方面得出。

督查督办考核。各行业单位和督导组对涉及环境卫生和市容秩序方面的上级领导交办的问题，重点工作中亟待解决的问题，阶段性突出的问题，市民反映的热点问题等事项进行专项督察督办。

（九）评价指标

环境卫生（40分）：每月开展"环境卫生指数"测评，得出各街道"环境卫生指数"得分。根据各区（新区）所辖街道"环境卫生指数"年度得分计算得出各区（新区）年度环境卫生考核成绩。

市容秩序（40分）：包括市容巡查勤务管理（8分）、路面市容秩序管理（30分）、日常督办（2分）。其中，市容巡查勤务管理（8分）：共分为统一指挥（2分）、勤务模式效果（2分）、勤务管理（4分）。路面市容秩序管理（30分）：共分为建筑外立面刷新（4分）、伸缩雨篷、超线和占道经营整治（4分）、户外广告整治（4分）、街道家具整治（4分）、人行道净化行动（4分）、三乱整治（2分）、校园周边乱摆卖整治（2分）、共享单车整治（2分）、养犬管理（2分）。其他市容管理项目（2分）。日常督办（2分）：对于市容秩序及信访投诉日常督办事项，未整改或者整改不到位的，每1事项扣0.2分，累计扣分，2分扣完为止。

"互联网＋城市管理"（10分）：数字城管平台运行情况（3分）、处置单位信息采集案件（2分）、处置单位公众案件（2分）、主体责任制落实公众参与情况（3分）。其中，数字城管平台运行情况（3分）：共分为平台建设运行（1分）、操作员管理（1分）、信息采集员管理（1分）。处置单位信息采集案件（2分）：共分为信息采集案件处置（1分）、督查巡查（1分）。处置单位公众案件（2分）：共分为公众投诉案件处置（1分）、公众满意度（1分）。主体责任制落实公众参与情况（3分）：共分为主体责任制落实（1分）、优化城管案件情况（1分）、美丽深圳活动（1分）。

督查督办（10分）：由市城管局市容管理处、市环卫处、市城管监察支队、市城管监督指挥中心等考核单位，对各区市容环境管理中存在的重点问题和重要事项进行专项督查督办，根据整改落实情况进行评分。

（十）评价标准

为加强城市容貌的建设和管理，确保考核有效落实。深圳市城市管理和综合执法局制定了系列文件、规范、标准，具体包含：《关于巩固市容环境提升成果进一步加强城市管理工作的意见》；《关于印发〈深圳市市容环境综合考核方案（试行）〉的通知》；《深圳市市容管理规范与标准》；《深圳市市容管理负面清单》；《深圳市城中村综合治理规范与标准》；《深圳市城市规划标准与准则》6个数字城管地方标准（已发布4个，待发布2个）；《深圳市城市管理规范与标准系列》等。

（十一）评价方式

环境卫生考核。市环卫处委托第三方对街道环境卫生进行测评，以公共调查和现场检查方式进行评分。

市容秩序考核。由市城管监察支队负责考核，以"行走深圳""回头看"等现场检查方式反馈问题和评分。

"互联网＋城市管理"考核。由市城管监督指挥中心结合"智慧城管"建设工作，通过数字城管系统生成评价数据。

督查督办。各行业单位和督导组对涉及环境卫生和市容秩序方面的上级领导交办问题，重点工作中亟待解决问题，阶段性突出问题及市民反映热点问题等事项进行专项督察督办、评分。

各主办单位分别上报本专项的考核得分，深圳市住房和建设局绩效办汇总。

（十二）评价周期

市环卫处、监察支队、监督指挥中心分别于当年7月10日前及次年1月10日前将上半年、下半年考核成绩连同考核结果评析报告报送市考核办汇总；次年1月10日前还须报送年度考核成绩及考核结果评析报告。

（十三）评价程序

各项考核评分结果分别于当年7月10日前及次年1月10日前将上半年、下半年考核成绩连同考核结果评析报告报送市考核办汇总；次年1月10日前还须报送年度考核成绩及考核结果评析报告。

（十四）评价计分核分

按半年度对全市10个区（新区）进行市容环境综合考核。考核内容包括环境卫生、市容秩序、"互联网＋城市管理"、督查督办4个项目。考核采取百分制计分方式，总分100分，各考核项目分值分别为：环境卫生考核40分，市容秩序考核40分，"互联网＋城市管理"考核10分，专项督查督办10分。

按半年度和年度对全市10个区（新区）考核成绩进行统一排名。各区的半年度排名以上半年、下半年具体得分为依据；各区的年度排名以上半年、下半年得分的平均值为依据。根据考核成绩分为优、良、中、差4个等级。各区统一按照半年度考核得分和年度考核得分情况确定半年度和年度考核等级。

各考核等级评定标准见表6-2。

表6-2　　　　　　　　　深圳市考核等级评定标准

评定对象	优	良	中	差
全市10个区（新区）	得分≥90	85≤得分＜90	80≤得分＜85	得分＜80

资料来源：根据课题《城市管理工作综合评价研究》调研获得。

（十五）结果分析与反馈

上半年及全年度考核工作结束后，形成《市容环境综合考核单项指标年度评价分析情况的报告》，市考核办将全市10个区（新区）的综合考核得分排名在下半年初及下一年度初以文件形式对各区进行通报，同时抄送至各区城管局。

（十六）结果运用与监督

按照年度得分排名，市考核办向市财政委协调申请专项激励经费核拨给考核评定等级在良以上的区（新区），各区约谈排名靠后的街道主要领导。

（十七）评价保障

1. 机制保障。

建立综合督办整改机制：由市城管监督指挥中心代市局将"行走深圳"发现的问题纳入数字化城管系统，列为重点督办事项，督办相关区、街道及相关责任单位限期整改落实，并组织复核。

建立专业督办整改机制：充分利用现有各行业部门监督检查平台，通过专业督办，强化问题整改。由市容处通过市容考核督导组的平台，对"行走深圳"发现的问题进行督办，并纳入市容考核；由市监察支队通过监察督办函的形式，对涉及执法事项进行专业督办；市环卫处、绿化处结合现有的行业监督检查机制，对涉及环境卫生、绿化管理等方面问题，进行专业督办。

2. 技术保障。

深圳市市容环境绩效评价技术保障依托城管局建设的指挥调度平台、黑点地图、大数据分析平台、智慧城管展示平台、新型主体责任制、信息采集员调度系统等信息化系统，通过系统生成并调取客观的数据，为考核的准确性、权威性提供技术支撑。

三、评价工作的主要亮点和成效

（一）主要创新亮点

1. 线上＋线下，考核真实严格。

市容环境考核为改善城市环境、提高市民满意度的重要抓手，各项考核严格、真实，"线上"以信息系统自动生成数据的方式，"线下"以全面普查和巡查小组不定期检查等方式，通过线上线下的随机考核、联动考核、双重考核，严格确保考核的真实性、有效性。

2. 短板＋样板，持续完善考核目标。

市容环境综合考核坚持"抓短板"和"树样板"同时进行，对取得的样板成效予以持续保证，同时以城市管理的薄弱环节、难点环节、重点环节等短板为新目标导向，及时调整考核内容、考核指标，不断促进城市管理的改善，推动城市管理工作向精细化、源头化、长效化管理转变。

3. 奖励＋处罚，形成自加压力的工作格局。

市容环境综合考核按照年度得分排名，不仅对各区得分情况进行通报，考核办向市财政委协调申请专项激励经费，核拨给考核评定等级在良以上的区（新区），同时各区对排名靠后的街道主要领导进行约谈，连续两年排名考核靠后的街道主要领导调整岗位。通过奖励与处罚的方式，各区非常重视市容环境综合考核工作，积极督办名次靠后的街道和部门，各街道和部门形成自加压力的工作格局，保证了城市市容环境综合考核工作有效开展，保障了城市管理工作持续改进。

（二）取得成效

通过市容环境综合考核工作的开展，各区对城市管理工作高度重视，以市容环境综合考核为抓手、指挥棒，对弱项、重点、难点问题进行综合改进，倒逼城市管理和服务能力提升，有效地促进了城市管理的源头治理，城市面貌发生了显著变化，主要取得了以下成效。

一是环卫绿化养护工作日益精细化，机械化养护作业得到大力推广，促使各区建设环卫绿化作业精细化信息系统，促进各管养外包服务企业合理配置养护人员、作业车辆、作业计划，环卫绿化洁净度已维持在较高水平，以宝安区为例，2018 年人员出勤合格率从 45% 提升至 98% 以上，人均在岗时长从 6.28 小时增加至 7.7 小时，人均作业里程从 6.1 公里增加至 7.3 公里，机扫（洒水）合格完成率从 34% 提升至 99% 以上。

二是内街小巷、集贸市场等场所卫生状况明显改观，各区、街道全面整治"脏乱差"现象，街道执法队巡查到位，各场所管理单位加强巡回保洁和垃圾清运，散在垃圾和堆积垃圾现象已基本解决，全市 1700 多个城中村已经消除超门线摆卖等影响市容市貌的现象，市容秩序总体呈良好势态。

三是考核结果提高了城市管理外包服务的质量，全市各行业均以市容环境综合考核结果得分作为履约评价依据，对照合同和考核得分进行履约评判，促使企业加强内部管理、提高服务水平和服务质量，真正形成了优胜劣汰的局面。如宝安区 2018 年以环卫考核得分为依据对环卫外包服务企业扣款超过 4300 万元。

四是服务水平显著提高，市城管局秉承"服务至上，精益求精"的服务理念，以打造"全国最干净城市"和"世界著名花城"为契机，以市容考核为手段，加强市容环境的整治和提高，不断提升市民对深圳的获得感和满意度，增加其归属感和认同感。通过实施市容环境综合考核工作，2018 年，深圳市城市管理案件及时处置率达 98%、公众投诉满意度大幅度提高，与三年前相比提高了近 40 个百分点、公共厕所已 100% 全部配置免费厕纸、深圳重要公园场所已全部可网上预约购票。

第三节　南京城市管理绩效评价实践

一、南京市城市管理概况与评价工作开展历程

南京作为江苏省的省会，长江中下游特大城市和著名的历史文化名城，下辖 11 个行政区，其中主城区 6 个，1 个副市级的江北新区，5 个郊区，2 个国家级经济开发区，10 个省级高新园区，还包括中山陵、雨花台烈士陵园、夫子庙等在全国有很高知名度的窗口地区，管理对象多元，管理层级复杂，管理标准多样，给日常管理工作带来很大的压力和挑战。

21世纪初，南京以迎接十运会、青奥会等重大活动为契机，先后开展了全市大拆违、迎接第十届全国运动会环境十项整治、双拆专项整治、"263"环境整治、"9322"环境整治等，可以说每年都有整治，高位领导、高位组织、高位投入、高位考核，解决了一批平时想做而做不成的事，攻克了一批多年无法解决的顽症难题，城市管理水平有了显著提升。但整治后怎么办，随着力量的转移、重点的调整，一批刚整治的地域、一些已解决的难题又出现反复，形成整治回潮再整治再回潮的怪圈。究其根本原因还在于区街尤其是街道层面没有把城市管理作为一项重要工作，往往说起来重要、干起来次要、忙起来不要，上面抓一抓就紧一紧，一不抓又回到起点，急需一种长效的办法，确保区街把城市管理工作作为一项常态化的工作，常抓不懈，久久为功。为此，2018年，南京围绕这一主题进行了深入调研，学习借鉴杭州、南宁等城市的做法，在全市推进城市长效管理考核。具体方法是市级层面建设数字平台，招录信息采集员，分城区组和郊区组两个组别，以街道为基本单元，实施数字化评价，既考发现问题数量，也考基层整改效能。每月分城区组、郊区组、城区街道、郊区街道，进行大排名，并在南京日报上公开曝光，市政府每月召开点评会，由后三名的街道主要领导上台说明情况，特别是在迎青奥百日环境整治期间，对后进街道的领导还要问责，通过这些组合拳，在区街特别是街道层面形成了"重城管、抓城管、争先进"的浓厚氛围，城市管理的地位作用得到显著提升。

2012年，市城治办成立后，以加快构建"大城管"工作框架为目标，按照城治办高位协调、高位监督、高位评价的定位，制定《南京市城市管理考核工作实施意见》，对全市六城区、五郊区、街镇、六个窗口单位，以及市级相关部门履行城市治理职责和完成城市治理任务情况进行考核，建立了六大综合管理（环境卫生、市容景观、市政设施、园林绿化、爱国卫生、城管执法）、八大重点专项工作（拆违控违、渣土管理、停车设施、清洗管理、市容收费、工地扬尘、物管小区、热线办理）、数字化考核以及组织管理考核的体系。

2014年，为落实市委、市政府关于城市治理责任属地化、监管无盲区和考核全覆盖的工作要求，修订出台《南京市城市治理考核工作实施意见》，更加突出城市治理的原则，针对区（园区）、街镇实际情况实行差异化考核，充分调动区街两级争先创优积极性。

2016年，为争创省优秀管理城市，严格落实国家住房和城乡建设部标准，修订出台新的考核实施意见，在考核的方式上，主要是引入第三方采集，突出问题导向，强化流程管控，重点关注基层对问题的整改效能。同时，考核的对象不再进行街道全市大排名，强调分级管理，市对区、区对街，调动区级的积极性。

2019年，为全面落实精细化的要求，强化区街对城市管理的重视和关注，推出半年和年终绩效评价，主要是强化责任制在一线的落实，通过构建网格责任单元，明确网格长，构建执法人员、协管员、环卫作业人员、停车收费员、门前三包、社区工作人员联动的网格体系，明确各类人员职责、具体办事规则、流程、考核奖惩措施，实行挂牌公示，明确联系方式和投诉电话，真正实现人在网中走、事在网中办、责在网中尽、效在网中评，真正把服务群众的触角延伸到一线，把接受群众投诉的平台延伸到一线，把为民办实事的措施落实到一线。

二、城市管理绩效评价主要内容

（一）评价定位

市城治办以市政府名义对各区、园区、窗口地区政府（管委会、管理办公室）、市级相关部门、单位履行城市治理责任、提升城市治理水平的绩效每月进行监督考核。

（二）评价目的

通过构建公开、公平、公正的考核体系，对各区、园区、窗口地区实施分组分类、全面覆盖、相对均衡的考核，用以全面把握和评价基层管理现状和管理水平，并通过排序的"面子工程"，激发和营造各级"重城管、抓城管、争先进"的氛围，通过发挥考核的杠杆作用，推进城市治理长效化和精细化。

（三）评价原则

一是公开、公平、公正的原则；二是既重问题导向更重问题整改效能的原则；三是聚焦重点问题、重点区域和热点事件的原则。

（四）评价范围

实行城区、城乡一体化，全覆盖考核。

（五）评价层级

实行两级监督考核：市对区园区窗口地区考核，区对所属街镇和园区考核。三级管理网络：市、区、街（镇）。

（六）评价对象

6城区，6新区政府，12高新园区管委会，7个窗口地区管委会（办公室），

18 个市级机关部门和相关单位。

（七）评价主体

南京市政府（市城治办组织实施）。

（八）评价内容和标准

按照国家住房和城乡建设部颁布的标准，通过数字化平台实施部件类和事件类考核。

（九）评价方式

分数字化平台考核和业务考核，即"1＋8"。

"1"即数字化平台考核，按照国标要求，依托数字化平台，通过第三方采集问题，上传数字平台，立案、下派、基层整改、上报整改结果、数字平台审核并对不合格的实施返工派遣、组织现场核查，整改到位的结案、整改不到位的实施返工、两次以上返工实施督办，考核结果评价包括按时结案、超时结案、返工、督办四项，平台自动生成。

"8"即业务考核，因南京实行两级监督考核，市级平台无法实现全覆盖，只能采取抽查的方式，为全面提升考核的客观公正性，并发挥考核杠杆作用，有效推进重大业务工作的落实，在体系中保留八项业务考核，包括市容、市政、环卫、控违、停车、清洗、渣土、队伍，各家依托年度业务工作重点，特别是聚焦省市重点任务，制定详细的考核细则，其主要构成：一是大数据运用，就是依托数字平台，对涉及某个单项如市容类的问题，按照月度该类问题菜单总数量实施评价，数字化考核以街道为一个样本点，实施主城区每周三查，新区、园区每周两查，同频次、同范围、同内容、同标准，把这些数据经平台汇总，再考虑街道的数量，设定一个考核系数，得出的总数字基本能客观反映本月该区域某项业务工作的管理实际水平，大数据按个数扣分。二是重点数据，就是聚焦业务重点任务，如市容的街巷整治、环卫的垃圾分类、公厕革命等，这些工作都是省市明确的重点，仅靠以问题为导向的数字化考核，很难突出这些重点工作的权重，这也是实施业务考核的最主要原因。通过重点数据的运用，可以有效发挥考核的杠杆作用，保证重点任务、重要民生项目的有序推进。三是组织管理，占的比重很小，主要是针对机扫率、收费率等无法运用菜单表达的工作，但在具体管理中又十分重要，因其不能同步进入数字平台，有一定的主观性，因此分值受到严格控制。

考核实行千分制，数字化平台 500 分，其他八项业务 500 分。

（十）评价周期

考核工作以每月为单位，上月 26 日至本月 25 日为一个周期。

（十一）评价程序

第一，上月 26 日至本月 25 日，数字平台和各业务单位实施日常考核，建立考核台账资料。

第二，本月 26 日，数字平台自动生成数字考核成绩，同步按业务单元生成各业务当月考核数据（问题）量，由考核指导处分别交由各业务考核单位，作为大数据考核依据。

第三，各业务考核单位按评分细则实施评分，评分工作应于次月 5 日完成，并将各被考核单位本业务扣分点在考核内网（QQ、微信群进行公示），各被考核单位对当月扣分点如有疑问，可于次月 6 至 10 日向业务考核单位或考核指导处书面申诉，各业务考核单位对基层申诉，必须进行认真研究，形成申诉答复结果，书面向基层答复，申诉有效应及时调整数值。

第四，次月 10 日前将考核结果报考核指导处汇总，形成评价通报，报局领导审定后，下发各区、园区、窗口地区，并在媒体上发布。

第五，市政府定期召开考核工作点评会或现场推进会，总结推广城市治理特色亮点，对后进的单位和突出的问题实施点评。

（十二）结果分析与公布

考核结果分析主要是三个渠道：一是指挥中心每月对平台数据进行研判，对当月突出的问题进行分析评价，并以此为依据，对下个月采集的重点进行优化，既坚持问题导向促进发现问题的整改，也注重发挥考核的杠杆作用防范和制止热点问题的漫延。各业务考核单位定期对考核结果进行分析研判，分工作阶段进行点评。二是考核指导处的每月通报，总结当月城市治理亮点，点对点指出存在的问题，对考核结果进行公开排序，市考的项目，分城区组、新区组、园区组和窗口地区组，按得分实施排序，并公布各区对所属街镇的排序情况。三是每月在南京日报专版公布评价结果，各组前三名（园区前五名）红榜，后一名列黑榜。

（十三）结果运用与监督

考核结果除了公开排序，通过"面子工程"，激发基层工作动力，还注重在奖惩指导上下功夫。一是表彰，每年表彰考核工作先进单位、达标单位、先进个人，并依据各区考核结果，表彰优秀街镇，弘扬城管正能量。二是奖励，市财政设立 5008 万元的奖励基金，六城区按每季度考核分值，结合事部件的数量，实施以奖代拨；新区和国家级经济开发区按年度考核成绩实施一次性奖励；省级高新园区、窗口地区和各区上报的优秀街镇每年给予奖励。奖励经费必须全部用于城市治理，不得挪用，纳入年度综合考核项目。三是指导，设立末位指导制度，纳入市城管局内控系统，对各被考核单位连续两个月末位或位次波动很大的，实施预警提示，提示采取书面方式，由考核指导处牵头，主要提示内容包括：两个月各单项考核后两位的项目，主要的扣分点，两个月中考核波动较大的考核项目。连续三个月末位，实施上门面对面指导，由考核指导处牵头，参加单位包括三个月总评排名末位的业务单位、三个月中成绩波动大的业务单位，各业务单位要形成书面的分析评价意见，考核指导处形成总体评价意见，包括存在问题、原因分析和相关建议等，基层单位要形成评价报告和整改意见。四是点评，由市政府定期不定期组织大会或现场会点评。

三、评价工作的主要亮点和成效

（一）主要问题与对策

一是考核在着眼治本上使力不足。目前考核体系偏重问题导向，由第三方发现问题，通过平台高效运行推动问题整改，依托大量问题整改实现城市治理水平的提升，这实质上是一个从量变到质变的过程，见成效也有一个累积的过程。现代城市治理强调先期介入，掌握工作主动权，也是要我们多探索一些前置治本之策。针对考核治本不足的问题，突出一个"新"字，就是新问题从严，从严定规矩，从严树标准，从严巡查，从严处罚。

二是考核对重大活动的推进上保障乏力。数字考核强调普遍性、均衡性，主要是对总体状况的客观评价，而城市治理工作分区域、分重点、分时段、分标准，还承担着大量的活动保障、扫雪防汛等任务，对这些工作，数字考核成效体现具有滞后性，杠杆作用发挥相对迟缓。针对考核对重大项目保障不力的问题，突出一个"重"字，就是重大保障，重点关注，重点介入，从重查处，从重扣分，倒逼推进。

三是发挥区街作用上发展不平衡。实行的两级监督考核，区街均建立完善数字平台，但发展不平衡，有的区街自身要求高，作用发挥好，区域城市治理水平高，在市考中名列第一方阵；也有的区街把应对市考作为管理的重中之重，对自身平台的运行仅保持最低标准，满足于不扣分，区域的管理水平提升不快，反过来，在市考中也疲于应付，被动应对。针对区街平台作用发挥不到位的问题，突出一个"联"字，就是市、区、街三级联动，通过数字平台考核，增强区街对市级菜单应对效能；通过大数据考核，强化区街平台的自我运行，双轮驱动。

（二）主要成效

一是公正透明的考核体系初步构建。考核排序十分敏感，基层看得重，考核如果不公正，伤害很大，将直接影响权威性。为此，南京坚持从建章立制入手，制定落实了按时报送评价结果、扣分菜单公示和考核结果申诉三项制度，基本构建了市级考核每一个菜单都能通过平台跟踪到实施整改，各区对每个扣分点都能通过平台逆向核查扣分的原因，双向透明，互相监督的考核体系。在结果运用上，坚持重得分排序，更重帮助指导，制定落实了末位指导制度，把刚性的考核与柔性的指导结合起来，真心实意帮助基层解决困难。目前，基层对考核工作总体是服气认可的。

二是争先进位的氛围已经形成。考核实行公开排序，并在媒体上公布红黑榜，直接影响到各区园区的"面子"，对此，各区委区政府十分重视，很多区提出要进入第一方阵的硬性要求，大部分区建立了每月的点评制度，区委区政府主要领导参加，这也给各级城管部门形成很大的压力，各级争先进位的意识和动力都很强。

三是市区联动的数字平台运行高效。按照市统一部署，目前市、区、街三级都建立了数字化平台，为有效发挥平台作用，实施了大数据评价，就是每月对各区平台运行进行评价，包括采集的数据量、整改效能、平台作用发挥等，防止基层把主要的精力放在应对市级考核菜单上，形成三级联动、各有侧重、齐抓共管的格局。

（三）主要创新点

第一，实施了平台数据的二次运用。一方面，因为南京实行的是两级考核，大量问题的发现是依据区街平台，市级以抽考为主，样本点设计即使再科学合理，都必然带有一定的偶然性或者"运气"，如何真正把握基层管理的现状，如前述分析，以每月某项业务的总体菜单数量，再考虑样本点数量实施加权，通过时段和地域的广覆盖，提升考核的客观性，达到准确评价的目标。另一方面，业务考核植入大数据，也可增强客观性，减少主观性，使业务考核成绩更加科学公正。

第二，落实考核三项制度。即按时报送、明细公示和问题申诉制度。现行考核制度以问题为导向，以过程为牵引，以整改为目标，每个时间节点对应相应的绩效，以违建为例，受理举报，基层就进入查处阶段，包括任务受理是否及时，到达现场是否达标，文书反馈是否规范，组织拆除是否按时等，如果不能划分一个明确的时段，将给个别单位带来更充足的整改时限，这样就对其他单位不公正，通过设定按时报送制度，对不能按时报送的在通报中注明，接受基层监督。明细公示和问题申诉，主要是给基层一个申辩的机会，考核是通过平台运行的，这其中有很多不可预测或偶然性的因素，如市区平台不统一导致照片上传发生变化，时间的误差等，还有一些跨部门、跨区域的问题，平台每天处理两千多个问题，要求每件都处理得很客观、很公正，难度大，通过扣分明细公示，让基层知道本月扣分点在哪，以及扣分是否合理，给予其申诉的机会，市评价单位重新对申诉问题进行研判，结果将更加客观，更加令人信服，这也是构建一个双向透明、相互监督的考核体系必备的条件。

第三，强化了对考核的指导。刚性的考核排序是发挥考核杠杆作用，营造各级"重城管、抓城管、争先进"氛围的基础，但考核排序不是唯一目的，更重要的是通过考核，促进问题整改，提升区域精细化管理水平，提升城管服务能力。这就要求考核部门要做好指导，带着问题、带着分析、带着建议，与基层面对面交流，帮助他们理清思路，明确目标，坚定信心，这才是最主要的。近年来，通过实施末位帮助，基本消除了连续末位现象，形成了比学赶帮的氛围，考核的作用和考核部门形象都明显改善。

第四，优化了半年和年终绩效评价。传统考核尤其是数字平台考核，是以问题为导向，采取背对背的方式，基层信息都是点对点的分析，每月和每个工作阶段形成的数字评价也是笼统的、滞后的，对原因的研判多就事论事，对下一步的优化缺乏系统性、前瞻性。为提升考核效能，进一步优化了半年和年终绩效评价，其主要内容为四位一体，包括综合类项目六项，即组织管理，主要聚焦区委政府对城市管理的重视；目标任务完成，主要聚焦重大任务推进；经费保障，主要聚焦城管经费是否充足；宣传工作，主要聚焦城管正能量的汇聚；标准化，主要聚焦城管标准体系建设和落实；网格化责任体系，主要聚焦城管在基层责任体系的构建和作用发挥，这六项工作都是城管最核心、最基础的工作，把这些抓住，城管长效化、精细化才有保证。

第五，统筹了多种评价方式。充分发挥各种评价方式的优点，加以集成互补。群众满意度测评每半年一次，由第三方实施，真正把群众的评判作为检验工作绩效的依据。现场检查，就是在实施考核时，分城区、新区组，组成6个检查组，采取同时、同频次、同标准检查，确保在统一的条件下检验基层管理现状。虽然是一种明察而非暗访，但样本点是随机的，靠突击很难应对，其评价结果相对真实。每月数字评价成绩运用，就是分半年和全年，数字评价每月成绩累积，除以月份，占考核一定分值，这和现场评价与日常评价结合起来，评价更加全面。绩效评价采取面对面方式，及时全面检验也是城管宣传，防止各级出分排序时重视一下，过了又"涛声依旧"，同时这些设置的项目抓住了城市管理的基础和关键，形成问题导向治标与责任落实治本的双轮驱动。

第四节　杭州城市管理绩效评价实践

一、杭州市城市管理评价工作开展历程

杭州市城市管理构建了"大部门""大综合""大协调""大执法"的"大城管"格局，实行"两级政府、三级管理、四级服务、多方参与"的城市管理重心下移体制。按照简政放权、放管结合、优化服务的要求，杭州市实行管理重心下移的城市管理体制，合理划分市、区、街三级城市管理事权，实现事权和支出相适应、权力和责任相统一。市级城市管理部门主要负责城市管理和综合行政执法工作的指导、指挥、监督、考核，以及跨区域及重大复杂违法违规案件的查处和重要设施的管养工作；各区（县市）政府对本行政区域范围内的城市管理工作全面负责，落实责任、综合协调、督促实施；各街道（乡镇）除专业性技术性较强的工作内容外，一般城市管理职能均下放到街道（乡镇）层面，由街道（乡镇）对辖区内城市管理工作承担组织领导、推进实施、综合协调和监督检查职能。2003 年以来，杭州市城市管理经历了以下阶段的发展。

（一）以奖代拨考核评比阶段

杭州市从 2003 年市政府办公厅印发了《转发市建委等部门关于杭州市城市长效管理以奖代拨考核评比办法（试行）的通知》，考核的目标是坚持"块块负责、条条保障、属地管理、绩效挂钩"的城市管理考核评价原则，有效整合城市管理资源，创新城市管理理念，进一步建立和完善我市城市管理的责任机制、投入机制、激励机制，实现城市管理效能的最大化，保证全市城市管理各项目标任务的全面完成。考核对象包括各区政府（管委会）：上城区、下城区、江干区、拱墅区、西湖区、萧山区、余杭区政府，杭州市高新开发区（滨江）管委会、政府，杭州经济开发区管委会，杭州西湖风景名胜区管委会（市园文局），杭州之江度假区管委会；市级相关部门：市贸易局、工商局、交通局、林水局、规划局、房管局、环保局、电力局、城管执法局、广电局，市城建资产经营公司，杭州电信公司，市公安局交警支队，铁路杭州站等承担城市管理职能的市级相关部

门。城市管理考核主要内容包括：养护作业方面（绿化养护、环卫保洁、市政（含设施）养护情况）、秩序管理方面（交通秩序管理、市容秩序管理）、基础设施方面（涉及市政公用设施的维护改善和高效、优质、安全运营）、城管执法方面（城市管理行政执法机制及执法保障的及时性、有效性）。奖惩办法：凡考核综合得分在75分以上（含75分）的城区政府、杭州西湖风景名胜区（市园文局），按照得分高低，分别评出一等奖1~2名，二等奖2~3名，三等奖若干名，由市政府以"以奖代拨"形式，按各区政府除城市专项整治工程以外的养护作业、市容市貌、市政设施改善等日常经费的增加额（以各区财政2002年直接安排用于城市市政市容、环卫、绿化养护保洁经常性经费为基数，基数核定范围详见附件），分别增加城市管理经常性经费的40%、30%、20%的奖励额度。"以奖代拨"资金的80%用于贴补区城管工作经费；5%的资金用于奖励区政府（管委会）领导班子；15%的资金用于奖励对辖区城市长效管理作出贡献的区属相关部门和个人。考核综合得分在75分以上（含75分）的杭州高新开发区（滨江）管委会、政府，杭州经济开发区管委会、杭州之江度假区管委会及萧山区、余杭区政府，按照得分高低，分别评出一等奖1名，二等奖1~2名，三等奖若干名，分别奖励3万元、2万元和1万元。其中一半奖励经费用于奖励区政府（管委会）领导班子，其余奖励经费用于奖励对辖区城市长效管理作出贡献的区属相关部门和个人。凡年度考核分在80分以上的市相关部门，由市政府奖励给牵头部门35万元。对年度考核成绩名列前6名的市相关部门分别给予奖励，其中第一名奖励1.5万元，第二名及第三名分别奖励1万元，第四名至第六名分别奖励0.5万元，并予以通报表彰。凡考核分在75分以下（不含75分）的不予奖励。对连续两年名列末两位且考核分均低于75分（不含75分）的区政府（管委会）和市级相关部门，将予以通报批评。对市相关部门在城市长效管理中存在的管理不力行为且在社会上造成强烈反响的，一经查实，由市城市管理考核领导小组进行严肃处理。

（二）城市管理综合考核阶段

2004年，在总结以奖代拨考核经验的基础上，杭州市委办公厅、市政府办公厅联合印发了《杭州市城市管理考核办法》，进一步推进城市化战略，确保"洁化、绿化、亮化、序化"（以下简称"四化"）等城市长效管理目标任务的完成，提高公众对城市管理工作的满意度。考核指标体系：一级指标主要设置城管绩效指标与过程指标两类。其中：绩效指标包含公众满意度、城管问题及时处理率、社会监督指标、管养指标四项二级指标；过程指标包括集中考核与日常考核两项二级指标；每项二级指标又包含若干三级指标。考核方法及时间安排：

通过层次分析法，在低层级指标权重分值基础上计算高一级指标的权重分值，最终算出综合评分。需进行社会调查的部分指标，于11月底前调查完毕；需采用考核组评议分值的部分指标，各考核组在11月底前提供考核分值；需相关单位提供的管养指标，要求在11月底前提供数据。各层级指标设定不同权重，部分指标的权系数通过群体决策（德尔菲法）确定，部分已在相关考核办法或目标考核责任书中明确。考核结果的运用：城市管理考核的综合评分作为城市长效管理"以奖代拨"考核的唯一依据。市委、市政府根据这一考核结果，依照市政府办公厅《转发市建委等部门关于杭州市城市长效管理以奖代拨考核评比办法（试行）的通知》对各单位实施奖惩。考核结果纳入市委、市政府对各区领导班子的政绩考核内容。考核结果作为城市管理白皮书内容，通过新闻媒体予以公布。

二、城市管理绩效评价主要内容

（一）考核原则

1. 考核设置的考虑。

杭州城市管理考核体系与杭州市城市管理体制机制相适应。首先，杭州市大城管的管理体制，城管局承担了大量的协调职能，需要通过对相关部门的考核，来构建大城管的管理格局，加强部门的协同治理。其次，杭州市城市管理重心下移的体制，具体的城市管理职能大都由区政府承担，所以要对区县（市）政府进行绩效考核。最后，因为城市管理是政府的职能，并不仅仅是区城管局职能，城市管理实行属地为主，所以考核是市政府对区县（市）政府的考核，而不是市城管局对区城管局的考核。

2. 考核目的。

杭州市根据自身禀赋以及区位环境，市委市政府把"环境立市"作为杭州市城市发展的战略性目标，推进"三城一样本"（历史文化名城、创新活力之城、东方品质之城，美丽中国的杭州样本）建设，建设独特韵味、别样精彩的世界名城，全面提升城市管理水平，完善城市管理"五化"长效机制，着力破解城市管理领域"四治"难题，实现城市管理高效、科学、精细、卓越，实现"城市管理，让生活更美好"。

3. 考核原则。

一是公平、公开、公正原则，确保考核的客观性、说服力；二是推进工作原则，充分发挥考核的指挥棒作用，确保指挥的顺畅；三是绩效提升原则，通过考核，开展地区间竞赛，促进各地区间城市管理水平提升；四是能力提升原则，通过考核的过程管理，加强城区之间交流，促进各城区管理能力的提升。

（二）考核对象和内容

1. 考核范围和层级。

杭州市城市管理绩效考核分为市级部门（单位）和区政府（管委会）考核两个层级。市级部门（单位）主要是针对承担城市管理职能和相关工作的 29 家市级部门。区政府（管委会）考核主要是针对 13 个区（风景名胜区、开发区、集聚区）中的城市化管理区域。

2. 考核对象分类。

市级部门根据承担城市管理工作量大小分为 A、B 两类。A 类 10 家：市城乡建委、市国土资源局、国网杭州供电公司、市城建投资集团、杭州电信公司、市地铁集团、市公安交警局、杭州移动公司、市运河集团、市路灯所。B 类 19 家：市公安局、市邮政公司、市民防局、市住保房管局、市民政局、市商务委、市环保局、市林水局、市规划局、市市场监督管理局、市旅委、市交通运输局、市商旅集团、市交投集团、杭州联通公司、铁路杭州办事处、市钱江新城管委会、市钱江新城投资集团、华数传媒网络集团有限公司。

区政府（管委会）根据新、老城区的管理标准分为 A、B 两类。A 类 7 区：上城区政府、下城区政府、江干区政府、拱墅区政府、西湖区政府、西湖风景名胜区管委会、高新开发区（滨江区）管委会（政府）。B 类 6 区：萧山区政府、余杭区政府、富阳区政府、临安区政府、杭州经济技术开发区管委会、大江东产业集聚区管委会。

3. 考核主体。

杭州市城市管理领导小组，由分管副市长任组长，市政府分管副秘书长任副组长，各相关职能部门分管领导任小组成员，办公室设在杭州市城管局。考核工作具体由杭州市城市管理领导小组办公室实施。

4. 考核内容。

市级部门（单位），设置"城市管理"专项考核，并纳入杭州市市直单位绩效评价体系。区、县，设置"城市管理"专项考核，其中治理固体废弃物、"数字城管"等内容纳入杭州市区县绩效评价体系。

5. 考核方式。

定性与定量相结合。以定量指标为主，对于能量化的指标，通过量化直接进行评价。对于定性指标，探索具有可操作的"量"化技术：一是对定性指标进行量化分解；二是在定性分析的基础上，以测评打分等方式作出定量评价量化方法。

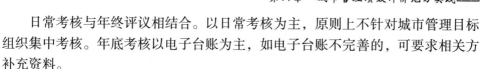

日常考核与年终评议相结合。以日常考核为主，原则上不针对城市管理目标组织集中考核。年底考核以电子台账为主，如电子台账不完善的，可要求相关方补充资料。

（三）考核指标体系

1. 指标类别。

杭州市城市管理的绩效考核指标可以分为战略性指标、职能性指标、自身建设指标、非权重指标和评议指标五大类。

（1）战略性指标。根据上级党委、政府关于城市管理的重大战略规划和重大决策、重点工作任务，细化分解到各职能部门或下一级党委、政府的关键业绩指标，以确保战略目标的实现。

（2）职能性指标。根据各单位的法定职责制定的反映本单位履行职能情况，体现效率、效益、效果等结果性内容的指标。

（3）自身建设指标。主要包括领导班子建设、党风廉政建设、机构编制评价、财政绩效评价等反映各地、各单位自身建设方面的评价指标，一般由组织、纪检、编制、财政等职能机关负责考核。

（4）非权重指标。非权重指标包含特色加分指标和问责减分指标两类。一方面，设置加分指标，为创新创优或临时性任务提供激励；另一方面，对于城市管理过程中出现的违法违规、工作严重失职、造成社会负面影响的行为予以惩罚。

（5）评议指标。委托第三方以电话、问卷调查等方式，组织市民和相关方就城市管理工作整体情况或专项工作情况开展满意度评价。

2. 市级部门（单位）专项考核指标。

市级部门（单位）专项考核指标由共性目标（60%权重，计60分）和个性目标（40%权重，计40分）构成，共性目标分为两级指标，其中一级指标（见表6-3）包括了数字城管（15%，计15分）、投诉受理（5%，计5分）、品质提升（20%，计20分）、配合保障（20%，计20分）。

表6-3　　　　市级部门（单位）专项考核指标（共性目标）

项目	目标	考核细则
数字城管（15分）	问题及时解决率达96%以上	未达到考核指标每下降1%扣2分
投诉受理（5分）	投诉问题综合处置满意率达96%	未达到考核指标每下降1%扣2分

续表

项目	目标	考核细则
品质提升 （20分）	1. 做好户外广告管理工作	未按要求做好相关工作，被督查抄告，每次扣2分；推诿或不按要求整改，每次（件）扣4分
	2. 各部门根据各自工作职责，做好已整合及新建、改建道路杆件及标识整合工作	发现问题被督查抄告的每次扣2分
	3. 根据行政管理职能，督促所属行业及下属企事业单位，配合属地政府，做好污水管网排查、截污和雨污分流工作	对城管部门抄告问题未及时协调处理的，扣2分
	4. 加强产权井盖的检查和维护，及时覆盖或维修缺失、破损、下沉井盖	产权井盖导致安全事件的每件扣3分；窨井未及时提升修复的每件扣0.5分
	5. 做好地铁站口、客运中心站等重点区域综合秩序长效管理	未按要求做好相关工作，抄告后仍未解决的，扣2分
	6. 做好"厕所革命"相关工作。因旧城改造、道路拓宽等原因拆除城市公厕的，须报经城管部门审批，坚持先建后拆，拆一还一。在拆迁和重建过程中，应设临时公厕，明确公厕还建日期，并向社会公示。鼓励沿街单位、商业服务窗口单位、加油站、宾馆饭店的内部厕所对社会免费开放。除特殊情况外，沿街公共建筑内厕所原则上对外开放	未按要求落实相关工作的，每件扣1分
配合保障 （20分）	1. 按防汛抗台和抗雪防冻应急预案要求，人员、物资、措施落实到位，应急处置得力，无责任事故。落实专人负责系统操作与维护，应急期间信息及时上报	检查发现未按要求做好应急准备和应急处置的每次扣2分
	2. 对数字城管、信访投诉及日常监管各类抄告问题按要求及时整改并反馈处理结果，不得推诿扯皮	对信访投诉和日常监管抄告问题未及时整改并反馈的，每件扣2分；对交办事项经核实存在有责推诿情况的，每件（次）加扣2分
	3. 按照相应工作职责做好燃气、供水、道路桥梁、排水等市政设施抢修抢险的配合工作	未配合做好市政设施应急抢修抢险的每次扣2分
	4. 落实条条保障，区政府（管委会）城市管理重点工作保障配合到位。配合做好对城市管理中各类违法行为的查处	各区在管理中发现问题抄告相关部门，相关部门处理不力的，或相关部门在执法协同中配合不力的，每件扣2分

项目	目标	考核细则
配合保障 （20分）	5. 按职责做好各类重大活动保障工作	未按要求做好相关工作，被督查抄告的，每次扣2分
	6. 年底由各区对各部门城市管理工作配合满意情况进行绩效评价	评价结果在85分以下的，且排名在最后三名的，扣2分

资料来源：根据课题《城市管理工作综合评价研究》调研获得。

　　个性目标根据单位承担的城市管理具体任务进行个性化设置，并依工作量和工作难度分配每项指标任务的权重。以市建委为例，共有5项指标任务（见表6-4），涵盖规范建设单位行为、项目整改与移交、公共停车场库建设、公共基础设施建管衔接、建设工地管理等，均采用倒扣制计分。

表6-4　　　市级部门（单位）专项考核指标（以市建委个性目标为例）

考核内容	扣分细则
配合行业监管部门，督促建设单位在开工前办理渣土处置、施工排水、临时占用挖掘城市道路（河道）许可手续，督促建设单位在开工前落实地下供水、排水、燃气管道查明及安全保护措施，及时办理雨污水管线迁改审批手续、燃气监护手续。施工阶段做好现有市政道路、河道、环卫、亮灯设施的安全维护工作和排水、供水、燃气管道安全保护工作，按要求处置渣土、泥浆，确保正常运行。加快七格污水处理厂四期建设工作	直属单位未做好相关工作的，造成严重后果的每件扣1分； 抄告后及时进行核查，确有问题的仍未配合督促建设单位、施工单位做好相关工作，每件扣2分； 因建设单位、施工单位未办理燃气监护手续导致管道燃气设施被破坏的，每件扣2分
会同相关部门及各区政府做好市政、河道、停车场库项目移交工作的指导协调工作；督促建设单位做好"带病移交"遗留问题的整改工作	未督促建设单位、施工单位做好相关工作，每件扣2分。直属单位未做好相关工作的，每件扣1分
按照《杭州市道路交通安全管理条例》第二十九条规定，督促新建公共停车场库经营单位，将公共停车场库停车泊位实时信息，纳入市城管委停车诱导服务系统。配合做好地下综合管线的信息共享工作，督促建设单位提交新建工程符合入库要求的排水管线实测实量数据（包含CAD图纸和GIS格式数据）	未督促建设单位、施工单位做好相关工作，每件扣2分。直属单位未做好相关工作的，每件扣1分
建设阶段积极落实城管部门提出的设计审查意见。落实亮灯工程"三同时"、环卫设施"三同步"、节水设施"三同时"制度	城管部门提出的合理的设计审查意见无合适理由未采纳的每件次扣1分。设计审查未明确相关要求的，每件（次）扣1分

续表

考核内容	扣分细则
督促建设工地做好工地出入口车辆冲洗设施设置工作，工地出入口无严重影响环境问题。督促建设、施工企业规范施工排水行为。将建设工程文明施工（焚烧垃圾、污水乱排放、渣土乱倒）情况纳入建筑市场信用信息管理	抄告后及时进行核查，确有问题的仍未配合督促建设单位、施工单位做好相关工作，每件扣2分

资料来源：根据课题《城市管理工作综合评价研究》调研获得。

3. 区政府（管委会）专项考核指标体系。

考核设置 10 大类指标（见表 6 - 5），主要包括"五化"长效（35%，计 35 分）、执法建设（10%，计 10 分）、社会共治（5%，计 5 分）、社会评价（20%，计 20 分）、实事工程（20%，计 20 分）、宣传公关（5%，计 5 分）、管理创新（5%，计 5 分）、专项工作（不超过 20%，计 20 分）、综合督查（倒扣制）、组织保障（倒扣制）等内容。其中，实事工程属于战略性指标；五化长效、执法建设属于职能性指标；社会共治、宣传公关属于自身建设指标；综合督查、组织保障属于非权重指标，社会评价属于评议指标。

表 6 - 5　　　　　　　　　　A 类城区城管目标考核内容

类别	目标内容	目标要求	分值	考核细则
"五化"长效（35分）	清洁城区	城区清洁度 95 分以上	6	
	序化街面	城区序化度 95 分以上	6	
	市政管理	市政设施完好度 90 分以上	8	
	河道管理	河道长效管理 90 分以上	5	
	亮化管理	亮化长效管理 92 分以上	4	得分 = 单项得分 × 赋分值 × 0.01
	停车管理	停车收费服务管理 95 分以上	3	
	广告管理	广告考核得分 90 分以上	3	
执法建设（10分）	执法业务规范化	执法业务考核 95 分以上	3	
	城管队伍正规化	队伍建设考核 95 分以上	5	
	综合执法平台	综合执法平台考核得分 95 分以上	2	

续表

类别	目标内容	目标要求	分值	考核细则
社会共治 (5分)	社区城管 服务室	足额配齐社区城管服务室人员，组织开展培训；组织开展社区城管服务，发现并协调解决辖区内城市管理问题	1	实际在岗社区城管服务室人员比例不足95%的，扣0.5分；未开展人员培训的，扣0.2分
	城管志愿者服务	规范建设"贴心城管"志愿者队伍，并开展活动	1	根据各区城管志愿者队伍建设及活动开展情况的评价结果折算计分
	执法"三进三亮"	深化"三进三亮"行动	1	未建立工作机制，印发活动方案的，扣2分，未做到全覆盖的，每少一处，扣0.1分
	城管驿站	按照建设计划，完成设立任务	2	任务未完成，每少一个扣1分；不符合要求的，每一个扣0.2分
社会评价 (20分)	公众评价	信访投诉考核95分以上	5	得分 = 单项得分 × 赋分值 × 0.01
		城市管理满意度市民评价	10	根据评议结果赋分
		两代表一委员对城市管理评价	3	根据评议结果赋分
		由城市管理领导小组对各区城市管理水平进行评价	2	根据评议结果赋分
实事工程 (20分)	公厕提改	按要求完成公厕提改任务	4	任务未完成，每少一项扣2分
	道路增亮	按要求完成任务	4	任务未完成，每少一项扣2分
	截污纳管	按要求完成截污纳管、雨污分流项目任务	3	任务未完成，每少一项扣1分
	河道治理	按要求完成河道清淤、生态河道、美丽河道任务	3	任务未完成，每少一项扣1分
	道路有机更新	按要求完成道路有机更新任务	3	任务未完成，每少一项扣1分
	二次供水	按要求完成高层住宅小区二次供水设施改造任务	3	任务未完成，每少一项扣1分
宣传公关 (5分)	宣传工作	大力开展宣传活动，及时应对化解负面舆情	3	根据宣传工作考核办法折算得分
	领导媒体肯定	中央省市领导批示、省级以上主流媒体肯定、省级以上党委政府表彰加分	2	按件加分，总加分不超过2分

续表

类别	目标内容	目标要求	分值	考核细则
管理创新（5分）	创新创优	选择一个方向开展城市管理创新，建立一套有效的制度解决一方面突出问题	3	年底由市城市管理领导小组办公室组织评审
	精细化管理品牌	选择某一方面或某个区域开展精细化管理品牌创建	2	年底由市城市管理领导小组办公室组织评审
专项工作（20分）	年度专项工作	年度专项工作	—	采用追加目标方式进行明确，具体赋分值见考核办法，在具体工作布置方案中明确，原则上单项任务分值不超过3分，总分值不超过20分
综合督查（倒扣制）	业务督查	不定期开展综合业务督查	—	对重大问题，根据综合督查办法直接扣分
	执行督查	落实上级工作要求情况	—	区城管部门在落实市城管委工作要求或执行市城管委工作决策中存在不作为现象，被督查谈话的，视情节严重扣1~2分
组织保障（倒扣制）	管理体系建设	城市管理纳入区政府目标管理体系，发挥好区城市管理领导小组考核、监督、协调职能	—	未成立城市管理领导小组的，取消评优资格；未建立对街道和部门的城管目标考核体系的，扣1分
		完成综合执法改革任务；完善亮灯管理体制	—	未按要求完成综合执法改革任务的，每项扣0.5分；未明确亮灯行政管理部门的扣0.5分，未明确亮灯日常监管部门的扣0.2分
	廉洁自律	无违法违纪案件	—	区城管系统处级领导干部违纪行为扣0.3分，违法行为扣0.5分；处级非领导干部、科级领导干部违纪行为扣0.1分，违法行为每件扣0.2分；同一人员同一案件就高扣分
	安全运行应急保障	做好防汛防台、抗雪防冻、应急保障和突发事件处置；做好重大活动重要节日保障工作；不发生重大设施安全事件	—	各类保障工作不到位被市里通报批评的，每次扣0.5分；发生各类有责安全事故扣0.5分，造成人员死亡的，扣1分；市里下达任务未及时办理反馈被二次督办的，每件扣0.5分；重大设施安全问题未及时发现的，扣0.2分；未按要求及时整改修复的，扣0.5分

资料来源：根据课题《城市管理工作综合评价研究》调研获得。

4. 区、县专项考核指标体系。

包含治理固体废弃物与数字城管两个方面，由此形成区、县专项考核指标体系。

（四）考核程序

1. 考核办法制定。

杭州市城市管理领导小组办公室于每年年初制定完成当年度城市管理专项考核指标，并就每个考核项确定相应的牵头考核单位（处室）具体实施考核。由各牵头考核单位（处室）依据党委、政府关于城市管理方面的决策部署和相关工作要求，进一步细化考核内容，制订和完善考核细则，经报市城市管理领导小组办公室备案后发布。

2. 日常考核。

与被考核部门要建立日常工作沟通对接机制，定期召开专题会议，对目标实施情况进行督促、指导、协调，解决目标实施过程中的各类问题。每月 20 日前，各牵头考核单位（处室）将上月考核结果（属扣分的，应说明扣分具体事由）以书面和电子文档形式报送至市城市管理领导小组办公室。市城市管理领导小组办公室每月对城区目标的主要指标进行集中通报，定期召开城管目标管理工作例会，总体督促、协调城管目标推进工作。

3. 年终考核。

对部门的年终考核，除数字城管、投诉受理考核数据截止时间为每年 11 月底，其他项目考核数据截止时间为每年 12 月底，所有扣分项应作扣分原因说明，并附《抄告函》或其他印证材料。对城区的年终考核主要通过查阅电子台账的方式进行，考核数据原则上截止时间为每年 12 月底。根据各区各部门上报的电子台账，结合日常监督考核情况，由牵头考核单位（处室）提出初步考核意见，经分管领导审核并统计汇总后，提交城市管理领导小组办公室。

（五）考核保障

1. 组织保障。

绩效管理是一个涉及面广、协调层面高、专业性强的系统工程，要持续深入地推进这项工作，需要强有力的组织保障。建立专门机构，更有利于推进城市管理绩效考核的规范化、制度化、专业化。杭州市城管局专门设置规划科技处，负责杭州市城市管理领导小组办公室日常工作，组织拟订并实施城市管理目标管理责任制工作，为持续深入推进绩效管理工作提供了强有力的组织保障。

2. 技术保障。

依托较为强大的信息技术实力，杭州城管局自主开发了"城管目标考核通报系统"，通过设置规范化的流程和电子表单，统一明确工作标准和工作步骤，突出对绩效管理流程节点的控制，实现对各类工作目标的动态跟踪和实时监督。未来，依托杭州"城市大脑""智慧城管"等工程的建设，将会建立城市管理大数据平台，使数据资料更加全面，政府部门间的数据信息调用将更加方便快捷，有效地提高城市管理信息的收集、分析和整理的效率。同时，以大数据印证城市管理绩效考核的结果，实行数据驱动的管理模式，让数据说话，尊重客观事实，从而提升绩效考核的客观性、公正性。

三、评价工作的主要亮点和成效

（一）主要创新亮点

1. 稳定性与动态性的统一。

城市管理绩效考核指标设计主要依据政府以及政府部门城市管理职能。城市管理重大战略和决策在一定时期内具有稳定性，同时也会因经济和社会环境的变化而有所调整。杭州城市管理考核的实践中，一级指标一般在较长的时间内保持稳定，二级指标稳定的期限相对短一些，三级指标及进一步细化的指标根据城市管理实践的发展而进行相应的调整。当然，指标权重和评分标准也会根据其价值导向的变化而进行相应的调整，从而确保绩效考核符合城市管理实际和发展趋势，进而确保考核的信度和效度。

2. 共性与个性的统一。

杭州城市管理考核的实践既坚持规则的通用性和指标的整体平衡，又充分考虑评价对象的个性特点和差异。在设计市级部门（单位）和区政府（管委会）绩效指标时，根据当地政府管理的现状和特点，因地制宜，遵循绩效指标设计的基本规律和要求，并体现层次性，突出一些重点领域和关键性工作的特色指标。一方面要从应承担的职责出发，设计"五化"长效、城市品质提升、自身建设等普适性指标；另一方面，通过评价对象的科学分类，设置个性化指标，实行差别权重，体现差异性、特色性，从而更好地体现导向引领作用。

3. 内部考核与外部评价的统一。

人民群众是城市管理的主体，管好城市必须依靠人民群众。杭州城市管理考核从市民的需求出发，切实反映人民群众的愿望和要求，做到源于群众、服务群众、惠及群众。对组织内部考核与外部评价两种评价方法的整合，既可以保证组织内部考核的有效性，又有利于提升绩效评价的公信度，这种"内外结合"的城市管理评价机制有利于实现对单一维度考核的"调校"，保证评价结果的全面、客观、公正。

（二）考核取得成效

1. 工作效能明显提升，队伍作风明显改善。

在浙江省住建系统目标责任制考核中，杭州市城管局连续第七年获优秀。在杭州市直单位绩效评价中，市城管局（原市城管委）排名由原先的 60～70 名，提升至 2013～2015 年的 40 余名，又进一步提升至 2016 年的第 14 位和 2017 年的第 17 位，2016 年开始连续 2 年进入"先进单位"行列。市城管局多次获得"市政府为民办实事"（2015 年、2016 年）、"G20 峰会服务保障工作"（2016 年）、治理固体废弃物（2016 年）、"剿灭劣五类水"（2017 年）等重点工作单项奖。"打造杭州公厕国内一流品牌"等项目获得政府创新奖和政府服务质量奖。

2. 市民满意度明显提升，参与意愿明显增强。

杭州市积极倡导"人民城市人民管"，通过运用多元、有序的社会评价参与方式，不断提升人民与政府间交流的广度和深度，不断提高人民群众参与城市管理的责任感、使命感，为城市发展提供强大动力。

市民对杭州市城管局的平均满意度连续多年保持在 95% 以上。作为市民最易感知的"身边事"，城市管理问题在杭州市绩效评价社会评价环节征集到的市民意见中的比重却呈逐年下降趋势。

3. 治理能力明显提升，创新能力明显增强。

有效的公共治理，突出强调社会公共事务的多方协作治理，需要政府、社会组织和市民的多元参与，形成稳固的合作伙伴关系网络，最终实现公共利益的最大化。杭州市持续推动城市管理事务中的多元共治，让杭州市民广泛参与城市管理的全过程，在实践中形成了以社会公众为主体的，包括广大市民、企业、专家、社会组织、行业协会等在内的服务于城市管理的社会网络，促进了政府与社会公众之间的良性互动。

为推进城市管理方面的政府创新积极搭建平台，并进行了持续深入的探索。在考核中设置"创新创优"项目，鼓励市级部门（单位）和区政府（管委会）选择一个方向开展城市管理创新，建立一套有效的制度解决一方面突出问题。在精细化管理中，开展"一行业一品牌""一城区一品牌"评选，选择某一方面或某个区域开展精细化管理品牌创建。这些都成为政府创新的"孵化器"。杭州市以清晰明确的创新导向指引各级城市管理部门的实践，鼓励解决影响城市发展的深层次问题和回应公众诉求，提升创新行为的积极性和有效性，培养和提升政府创新的勇气和能力。

第五节　厦门城市管理绩效评价实践

一、厦门市城市管理评价工作历程

厦门市在全国第一次卫生城市检查评比中排名倒数，被戏称为"美丽的脏厦门"。痛定思痛，厦门市于 1994 年 3 月首开全国城市治理先河，系统建立了评价制度。综合性城市管理检查考核机制的建立和良好运作，推动城市治理往纵深发展，也为厦门市获得国家卫生城市、联合国人居奖、全国文明城市等一系列殊荣提供助力。

1994 年 3 月，厦门市委、市政府为响应国家卫生城市创建需要，创设厦门市市容环境卫生评价委员会，主要职责是对全市市容环境卫生等进行检查、考核、监督、指导，提出这一系统的城市管理机制在当时是属于首创行为，它集评价、监督、协调、指导几大功能为一体，在综合监督城市市容环境卫生管理工作，协调解决多头管理、职责不清、推诿扯皮等城市难题方面起到的巨大促进作用，得到各方充分肯定，为厦门市在 1995 年获得全国卫生城市第一名做出巨大贡献。

2003 年，厦门市政府对评价机制进行完善，把厦门市市容环境卫生评价委员会更名为厦门市市容管理评价委员会，将城市容貌作为检查评价的主要内容，评价工作的中心从治"脏"转向治"乱"，为 2005 年厦门市获得国家文明城市第一名做出重大贡献。

2015 年，为适应城市高速发展的需求，厦门市市容管理评价委员会更名为厦门市城市综合管理评价委员会。把城市管理的更多方面纳入评价内容，评价工作的中心从"市容管理"转向"城市综合管理"，并进一步完善了评价机制，通过评价督促，推动城市管理逐步走向精细化、规范化管理。2017 年金砖国家领导人会议期间，厦门市被习近平总书记赞誉为"双高（高颜值、高素质）城市"，评价机制发挥了应有的作用。

二、城市管理绩效评价主要内容

（一）职能定位

评价机制是厦门市城市综合管理的重要抓手之一，主要职责是，针对城市管理各个行业、部门和单位，以考促管、以评推优，履行市委、市政府赋予的评价、指导、监督、宣传、协调的职责，推动了城市管理制度化、规范化、长效化。

（二）工作目的

城市综合管理评价工作的目标在于，切实提高城市综合管理水平，改善城市形象，打造城市环境品牌，提升市民百姓的幸福指数和文明素质。一是代表市政府对各区城市管理进行绩效评价，激发竞争，为市政府对区政府的绩效评定提供依据；二是推动局部突破，配合市政府的中心工作开展专项评价，用评价的手段助力市政府各项治理工作的推动；三是鼓励各区、各部门在城市管理工作中进行创新，挖掘各单位在城市管理工作中成绩突出、取得明显成效的典型，并总结经验加以推广；四是及时掌握和评判城市管理动态，为市政府决策提供参考依据。

（三）评价原则

以块为主，条块结合；分级评价，全面覆盖；公开公平，客观公正；发动群众，社会参与；定期纠偏，促进长效。

（四）评价内容

厦门市市级评价包括市容、市政、园林绿化、环卫、扬尘防治、两违治理、车辆整治、美丽乡村建设、广告治理、二次供水等方面的城市管理内容。厦门市评价办共设置7项常规评价项目、7个专项评价项目和10个行业评价项目，评价范围覆盖了全市的城区和农村，涉及城市管理的各个方面。

（五）评价层级

在评价运作实践中，厦门市逐步形成了一套较为完整的市、区、街三级评价网络，市级的评价主要由市评价委组织开展，主要对各区和各市直部门进行抽查评价；各区评价机构对下辖的街道办和职能部门进行全面评价；各街道按要求开展自评自查。

（六）评价对象

评价对象包含全市6个区和鼓浪屿管委会以及市建设局、市市政园林局、市住房保障和房屋管理局、市交通运输局、市地铁办、市水利局、厦门港口管理局、各开发区管委会、各建设指挥部、市公路局、市政集团、路桥集团、厦商集团、国网厦门公司等多个市直职能部门和单位。

（七）评价主体

1. 厦门市城市综合管理评价委员会（以下简称"市评价委"）。

市评价委为议事机构，目前由副市长担任评价委主任，市政府副秘书长和城管执法局局长担任副主任，相关职能部门的分管领导担任委员，领导和指挥评价办和特邀评价团开展工作。

2. 厦门市城市综合管理评价委员会办公室（以下简称"市评价办"）。

市评价办隶属市城市管理行政执法局，性质为事业单位，设有综合科、市容评价科、园林绿化评价科、专项整治评价科、户外广告科和市容协管大队；在市评价委和城管执法局双重领导下开展工作。

3. 特邀评价团。

特邀评价团共有 30 人，由热心城市管理事业的副处级以上离退休老干部、老专家组成，按市评价委规定，参与评价监督、协调、指导，并协助市评价办完成各项评价任务；在市评价委和城管执法局双重领导下开展工作。

（八）评价内容

当前，厦门市城市综合管理评价项目依据评价类型，分为常规评价、专项评价与行业评价。

常规评价：包括日常管理考核、城区社区市容、城乡接合部市容、海岸线市容、城区道路养护、公园绿地、过境公路市容 7 个评价项目。

专项评价：包括"门前三包"管理、集贸市场及周边市容、城市车行隧道养护、城市公交候车廊容貌、窗口单位市容、铁路沿线市容和环境卫生 7 个评价项目。专项评价各项目将根据城市管理阶段性工作和重点治理工作开展，需要适时增减评价项目。

行业评价：包括"两违"绩效评价、扬尘防治、农村村容和环境卫生管理、二次供水、户外广告设施设置、环卫设施设备、道路清洗保洁精细化作业等 10 个评价项目。行业评价项目是根据厦门市委、市政府主要工作任务而设置，由厦门市评价委牵头或指导组织实施评价，相关行业部门提供评价工作需要的行业规范和必要保障，如扬尘防治评价会同厦门市环委会共同开展、户外广告设施设置管理评价会同厦门市行政执法局共同开展。

（九）评价标准

根据国家城市容貌标准、行业规范、政府公告、法律法规、规范性文件以及厦门城市管理实际状况，对每个评价项目分别制定评价标准。

（十）评价方式

评价工作采取明查和暗访相结合、常规评价和错时评价相结合、日常评价和动态巡查相结合的评价方式。

（十一）评价周期

除了部分重点的评价项目每月组织一次外，大部分评价项目是以季度为周期，在每个周期内开展若干次评价活动。

（十二）评价组织及流程

1. 评价人员组成。

每个项目每次评价由 2 名以上评价人员组成评价组，评价组人员由厦门市城市综合管理评价委委员单位、市评价办、特邀评价团、各区和相关职能部门派员组成，并适时邀请人大代表、政协委员、市民代表参加，实现评价过程的协同执行和相互监督。

2. 评价流程。

各评价项目在相关人员监督下，随机抽取评价点，并派发评价任务；通过城市综合管理评价平台采集评价问题事件，评定现场评价分数；评价情况通报需经评价小组和科室负责人审核后下发，将评价情况通报给受检单位。

3. 问题整改反馈。

各受检单位在通报送达第二天起 5 个工作日内完成整改并反馈，整改反馈资料由区城管办或市直主管部门统一收集、核实、汇总、报送。

4. 成绩异议复核。

评价对象若对评价、巡查所通报的问题、评价方式或成绩有异议的，可于收到通报的 2 日内，通过专门渠道申请复核，市评价办将组织调查落实，并于 3 个工作日内回复。成绩异议复核采取回避制度，评价部门将另行组织专人收集评价活动异议情况。

（十三）分数评定

1. 成绩档次。

各评价项目均采取百分制，评价成绩分成优秀（90 分以上，含 90 分）、良好（80 分 ~ 89.9 分，含 80 分）、及格（70 分 ~ 79.9 分，含 70 分）、不及格（70 分以下）四档。

2. 各评价项目成绩组成。

除个别评价项目外，大部分评价项目成绩由现场得分、整改反馈得分共同组成，如有加分的在项目评分中直接体现。

3. 综合成绩评定。

每季度对各区城市管理状况进行综合成绩评定，综合成绩由常规评价与专项评价的各评价项目依照不同比例加权计算确定，综合成绩组成及比例可按规定的组织程序，视城市管理工作需要做适当调整。

（十四）结果分析与反馈

每次评价结束后，评价小组必须在 12 小时内向评价对象发放评价情况通报，评价对象在 5 个工作日内向评价小组反馈存在问题的整改情况。

每轮评价结束后，评价小组会组织相关专家对评价情况进行总结，分析个别评价单位的工作亮点、存在的问题及原因以及提出下一步建议，并会同月份成绩通报告知各评价对象。

每季度评价结束后，市评价委组织委员单位对季度评价情况进行点评分析，根据评价成绩表扬或批评相关管理单位，总结阶段工作经验，视情向市政府提出工作建议。

（十五）结果运用

通报评价成绩。一是在《厦门日报》、《厦门晚报》、厦门电视台、厦门人民广播电台等本地主流媒体公布刊播《城市综合管理评价台账》，向全市公开评价成绩；二是以专件《评价成绩通报》的形式向市、区两级主要领导通报评价情况；三是针对个别问题突出的单位，在厦门电视台《特区新闻广场·市民与城管》给予曝光。

年度绩效评价成绩纳入市对区绩效考核成绩评定，部分评价项目成绩还与单位信用评价体系、工作经费、以奖代补经费挂钩。

针对个别管理后进单位，提请相关权限单位给以督查督办、效能问责、行政处罚等。

（十六）评价保障

1. 评价制度保障。

为了进一步规范评价活动，增加评价的公正性，树立评价工作的权威性，厦门市制订了大量规范和制度，如《厦门市市容评价情况通报制度》《特邀评价团管理规定》《评价操作规范》《分组划片评价巡查方案》《重点问题跟踪督办》

《评价培训制度》等。

2. 评价公正性保障。

一是电脑随机抽签确定评价点，评价点一经抽出不得随意更改，确保受检公平；二是量化评价，将每个扣分标准写入程序，每个项目在现场检查时长、评价轨迹距离、评价内容等方面均一视同仁，确保成绩公正；三是开展互评，邀请各区、各市直部门派人参加评价活动，确保评价公开；四是每个评价小组必须有两名以上评价员，且均有厦门市特邀评价团专员参与评价，确保相互监督；五是打分明确，每个微小的扣分点均有图文并茂的说明，确保精准到位；六是厦门市评价办每个月召开办公例会，对月份评价成绩进行集中讨论，确保严格审核；七是评价系统自动记录评价流程，任何更改必须留下更改理由和记录，确保全程留痕；八是每年在广泛征求相关单位意见建议的情况下，对评价方案纠偏修订，确保有效优化。

3. 计划部署。

一是制定年度评价实施方案，实施方案包含评价办法、评价标准、评价对象和分数评定，每年会根据市政府的工作重点，对评价机制和评价内容进行修正。二是每次制订计划，要求每名评价人员熟练掌握评价项目相关的评价办法、评价标准和评价范围，熟悉评价项目的总体管理概况和各评价对象的管理特点、历史评价情况，熟练掌握各评价项目的量化设计，熟悉各评价对象的管理责任范围，明确区分交接部位的管理责任单位。三是每个评价项目开展之前都进行周密部署，项目负责人必须召集小组成员（含特邀评价团专员）开会，制定该项目现场评价方案（含评价数量、评价重点、时间长度、覆盖范围等），确定人员分工及明确应注意事项等。

三、评价工作的主要亮点和成效

（一）主要创新亮点

1. 在全国率先创建智慧评价平台。

厦门市评价活动开展多年，取得一些成绩，但是也遇到一些瓶颈，如手工操作过多导致评价效率不高、评价情况信息直观体现不够、评价幅度和深度难以量化以及如何进一步体现公平、公正等问题。为破解这些难题，厦门市评价办结合当前社会已经进入"互联网＋"时代的背景，率先创新了"互联网＋评价"模式，利用移动互联技术和厦门市二十余年积累的城市市容管理评价经验，组织人员开发城市综合管理智慧评价平台。近年来，城市综合管理智慧评价平台也被逐步推广到各地市和各相关管理部门，如云南省大理市、海南省东方市、福建省文明办、福建省泉州市等先后启动评价系统。

2. 在全国率先制定《评价操作规范》。

为进一步提高评价工作效率，规范并统一现场操作流程，树立评价工作的权威性，确保评价公开、公平、公正，厦门市评价办于2018年1月份起草了《厦门市城市综合管理评价委员会办公室评价操作规范（试行）》（以下简称《评价操作规范》），并于2018年末进行修订完善，以督促评价员不断规范和完善评价操作，使评价工作流程更具科学性、严密性和严肃性。

《评价操作规范》从评价准备、评价实施、结果处理、工作原则、监督管理五个方面对评价过程进行严格细分，并要求按照步骤严密组织实施。特别是针对评价实施制定三会制度，即评价前部署会、评价现场认定会、评价后总结分析会，充分发挥评价组集体评议作用。此外，考试实施过程中，通过平台终端的使用强化对评价轨迹的记录，将评价实施过程全方位纳入监控当中，便于上级随时进行检查、监督，确保评价公开、公平、公正，更加有据可依。

3. 长期坚持第三方监督。

在评价机制的设置中，厦门市特邀评价团是一支特殊的队伍，他们以老专家、老党员的身份积极参与各项评价活动。市评价办每次举办的评价活动，每个评价组至少有1名特邀评价团老同志参与评价，尤其是在暗访评价的项目中，这些老同志全程参与抽签、评价、分析评议等各个环节，发挥专员的监督、指导、协调作用，有效保障评价的公开公正。

4. 免检天天检。

1995年，厦门市获得国家卫生城市评比第一名，1997年厦门再次获得第一名，并获得免检称号。为了巩固这一荣誉，厦门市委市政府提出了"免检天天检"的号召，要求评价部门与媒体联合开设"每日市容巡查"栏目，对城市管理的好人好事或典型经验进行表扬，对存在问题进行曝光，利用媒体对城市管理进行有效监督，强化了责任单位、市民的市容环境卫生意识。从1998年开始，二十几年如一日，该栏目从没间断过。实践证明，这一机制有力地促进了厦门城市管理品位的提高，为巩固和发展厦门市创建国家卫生城市、国家园林城市、国家环保模范城市、国家优秀旅游城市、国际花园城市的成果，进一步促进城市管理"条""块"责任单位的配合，促进经济建设和环境保护相协调起到了积极的媒体监督作用。

（二）取得的成效

激发竞争，创造一流成果。评价项目、标准和方法等制度设计，能有效激发各区、各部门的竞争主动性，推动各区、各部门加强管理，促进城市综合管理水平不断提升，在历次创建国家卫生城市、全国文明城市等活动中，为厦门市争得好名次。

综合协调，实现齐抓共管。评价制度设计打破了部门分界和行业界限，可以跨区、跨部门协调，并且有相应的制度保障整改落实到位，有效减少了管理交叉、推诿扯皮等现象。

引导创新，提升管理成效。评价标准高于一般的业务要求和作业标准，突出指导、引导、规范管理行为和管理水平，同时设定点评、现场会等制度，适时发现和推广先进经验，指导促进各区、各部门改进方法、完善制度、提高管理水平。

全面覆盖，推进城乡一体。评价制度设计和评价工作运转，始终坚持标准统一、方式统一、一起评分、一起排名，互相促进，有力地推动了城乡综合管理的一体化进程。

第六节　太原城市管理绩效评价实践

一、太原市城市管理评价工作历程

太原市城市管理在遵循城市化快速发展规律的基础上，不断进行理论探索和体制机制创新。从 20 世纪 90 年代中期推行城市管理服务承诺制，到 2004 年推出 12319 城建服务热线，再到 2009 年推行数字化城市管理新模式，再到 2011 年，太原市数字化城乡管理指挥中心挂牌运行，经历了城市管理的三步式发展。城市管理水平从自我约束到公众参与和监督，再到主动发现与解决问题，上了三个台阶，形成了具有"太原特色"的管理模式。

太原市是全国第一家以政府名义发文明确考核细则和按月公布考核结果的城市。指挥中心成立后，贯彻"几个渠道进来、一个口径出去、一套机制考核"的要求，以市政府办公厅的名义下发了《太原市数字化城市管理信息系统——城市管理部件事件立案处置和结案规范》。同时，将 12345、12319 服务热线的考核办法与数字化监督考核办法统一，出台了《太原市数字化城市管理工作考核评价办法》，采用内部评价和外部评价相结合的绩效评价体系，内部评价由系统自动生成，设置工作过程、责任主体、工作绩效、规范标准等评价指标，确立"日统计、周分析、月考核"评价机制，运用标杆管理方法，每月以前十类城市管理问题日均发案数为基点，进行绩效评价，以比照当前管理水平，成为引导城市管理工作的指挥棒；外部评价参考领导批示、群众举报、媒体监督、网站投诉等因素指标，建立社会评价档案，形成外部评价机制；内外部评价"统一依据、统一实效、统一应用"，定期以专报的形式向市委市政府领导、市城乡管委、市文明办、市清洁办汇报，并通过网络、报纸等各种媒体向社会公布。2009～2017年，每年由财政安排100万元奖励资金用于对各城区、各部门的数字城管考核兑现；各二级平台利用评价结果对下属责任单位进行分级奖惩兑现，形成系统评价考核应用机制，调动了城市管理各部门的工作动力，根本上转变了"有人发现、没人解决"和"干多干少一个样"的情况。太原市住房和城乡建设局积极参与市城乡管委内部目标责任制考核体系建设，数字化城管评价结果占到一定权重比例。2012年，太原市住房和城乡建设局曾承担全市城乡管理"一事一表"工作的汇总分析，实施项目化流程管理和"活力曲线"评价。

二、城市管理绩效评价主要内容

依据国家住房和城乡建设部《数字化城市管理信息系统第4部分：绩效评价》中，评价指标（基本指标26项、扩展指标15项）和比率指标（基本、扩展指标各16项），结合太原市实际，按照科学合理、客观公正、注重实绩、绩效评价的工作原则，建立了定期公示制度、日常管理绩效评价机制，对城市管理各相关责任单位和部门，进行月度、年度评价。其中，客观评价以系统自动考核结果为依据；主观评价以督查督办、发函催办、媒体曝光、推诿案卷等考核结果为依据。

（一）评价对象

太原市下属的古交市（县级市）、6个城区、2个开发区、19个市直委局办、39个社会相关责任单位共67个。并通过各城区政府，间接协调和联动45个区级部门、49个街办、15个乡镇、509个社区、323个村庄。

（二）评价内容

《太原市城市市政综合监管信息系统——城市管理部件事件立案处置和结案规范》（以下简称《规范》）所涉及的市政公用设施、道路交通设施、市容环境、园林绿化、其他设施5大类134小类部件；以及市容环境、宣传广告、施工管理、街面秩序、突发事件、其他事件6大类112小类事件。逐年将新增的城市管理对象纳入考核范围，将城市管理部门纳入考核系列。

（三）评价方式

1. 月度评价。

各二级平台月度考核分值，满分为 100 分，具体计算公式如下：

月度评价得分（100 分）= 系统评价（80 分）+ 日常评价（20 分）

（1）系统评价 = 按期结案率 × 30 + 结案率 × 40 + 一次完成率 × 20 +（1 − 延期率）× 10

（2）日常评价 = 督查督办（10 分）+ 发函催办（2 分）+ 媒体曝光（3 分）+ 推诿案卷（5 分）

①督查督办。市数字城管中心对案件履行督察程序时，根据二级平台单位实际配合情况及问题处置情况进行考核，并对积极配合数字城管工作的单位，在月度考核中给予加分。

a. 案卷督办时，二级平台单位不配合督查工作未到现场参与协调督办的，每次扣除 1 分；未按约定时间到场，影响案件协调工作的，每次扣除 0.2 分。

b. 案卷督办时，二级平台单位到场人员不积极配合督办工作，对督办事项不了解或隐瞒案件真实情况，影响案件及时处置的，每次扣除 0.5 分。

c. 经督办确认，二级平台反馈情况与案件实际情况不相符，造成案件推诿的，每次扣除 0.5 分；对督办确认属于其职责范围，但拒绝处置的，每次扣除 2 分；对以无能力处置为由，不采取任何措施，也不进行处置的，每次扣 1 分；对无正当理由延期处置造成重复投诉的，每次扣除 0.2 分。

d. 经现场督办，对产权责任难以界定的问题，有关部门愿意积极承担牵头处置工作，市数字城管中心将在月度考核中作为加分项予以加分。一般性事件，每次加 0.2 分，需要采取工程性措施处置的每次加 0.5 分。

②发函催办。市数字城管中心针对督查巡查发现、信息采集员三次上报、市民反复投诉未处置的问题，以及集中普查需批量处置的问题，经发函催办，二级平台单位未积极安排对问题进行处置的，每次扣 0.2 分；问题已处置，但未按时回复的每次扣 0.1 分。此项累计扣分满 2 分。

③媒体曝光。城市管理问题被电视台、电台、报纸等新闻媒体负面曝光后，经市数字城管中心立案派遣，责任单位在《规范》要求时限内，仍未进行处置的，每次扣 0.1 分；造成恶劣影响的，每次扣 0.5 分。此项累计扣分满 3 分。

④推诿案卷。市数字城管中心派遣案件，二级平台工作人员不积极配合，对属于本部门处置的案卷不认真了解、不按上级部门要求协调处置，或者对属于本部门处置的案卷以各种理由拒绝处置的，每件扣 0.2 分。此项累计扣分满 5 分。

2. 年度评价。

年度评价得分包括年度社会公告得分、年度综合评定得分。

（1）年度社会公告考核（满分80分）

年度社会公告考核得分 = 全年月度社会公告得分均值×80%

（2）年度综合评定考核（满分20分）

市数字化城乡管理指挥中心对各二级平台单位系统日常工作配合情况的绩效评价。包括平台业务协作，工作态度，节假日值班安排，绩效评价考核经费使用，参加中心统一组织的学习、培训、活动以及重大活动保障情况等。

（四）评价指标

1. 应结案数。

市数字城管中心派遣至各二级平台单位应结案的案卷数量。（包括：省市领导批示、人大代表政协委员督导建议提案、市级以上新闻媒体或网络曝光、市政府便民热线转派、信息采集监督员巡查发现、市民通过12319城管热线举报投诉的各类城市管理问题，在《规范》规定时间内应该结案的案卷数，包含已结案案卷和超期未结案案卷）。

2. 按期结案数。

应结案案卷中，各二级平台单位按照《规范》规定时间结案的案卷数。

3. 结案数。

市数字城管中心派遣至各二级平台单位的所有案卷中办结回复，并经核查属实给予结案的案卷数。

4. 返工数。

由于未按照《规范》要求处置，核查未通过而退回各二级平台单位重新处置的案卷数。

5. 处置数。

派遣至各二级平台的案卷中，各二级平台单位按照《规范》处置要求已经完成处置的案卷数。

6. 应处置数。

派遣至各二级平台单位的所有案卷数。

7. 延期数。

派遣至各二级平台的案卷中，各单位在《规范》要求时限内无法办结，且未超过《规范》要求时限提出申请，经市数字城管中心同意给予延期的案卷数。

各二级平台应处置的案卷中，超过《规范》要求时限申请回退处置的案卷，视为超期结案进行考核。

市数字城管中心对各二级平台申请延期的案卷进行审核，每次给予延期的时限原则上不超过原处置时限，如因各二级平台单位不认真核实，造成案卷反复延期，延期超过三次的（不含三次），市数字城管中心将拒绝给予延期。

8. 缓办数。

在统计时段内，因处置难度较大或责任不清暂无法解决，提请暂缓处置的案卷数。缓办期限由市数字城管中心根据问题处置难易程度进行综合确定，缓办时限最长不得超过 6 个月。各城区、开发区缓办数不超过应结案数的 1%，市直部门、社会责任单位不超过应结案数的 10%。

9. 超缓办数。

在统计时段内，超过允许范围的缓办数，视为超期未结案进行考核（即考核结案率和按期结案率）。

10. 比率指标（共 4 项）。

（1）按期结案率 = 按期结案数 ÷ 应结案数

（2）结案率 = 结案数 ÷ 应结案数

（3）一次完成率 = 1 − 返工数 ÷ 处置数

（4）延期率 = 延期数 ÷ 应处置数

注：本月考核中二级平台结案率为 0 时，本月度评价得分为 0。

（五）考核结果应用

市数字城管中心对各二级平台单位处置情况，每月形成月度考核公告，经分管市长审定后，通过电视、报纸向全社会公布；各城区、开发区的考核结果作为城乡清洁工程提档升级综合评定指标，占城乡清洁工程考核分值的 40%。

市数字城管中心对各二级平台单位处置情况形成月度分析报告、年度运行分析报告，呈送市委、市政府、人大、政协主要领导和相关政府部门，作为行风建设、行政效能、机关作风建设的重要参考依据。

年度评比工作中，市数字城管中心结合月度评价、年度综合评定情况，在各城区中选出三名、开发区中选出两名、市直委局办选出六名、社会责任单位选出八名授予数字化城市管理优秀单位或先进单位称号，并在每年召开的太原市数字化城市管理工作会上予以表彰。

各二级平台单位以中心考核结果为基础，不断引申本部门的考核评价。例如：晋源区对六镇（街）、区直单位、市垂直管理部门考核，明确工作第一责任人、分管领导、具体承办人，形成合理的组织结构及案卷办理流程；尖草坪区将数字城管年考核成绩列入区委考核办对全区 14 个乡街的年度考核，占 1 分；杏花岭区每月月初编制区数字城管专报，送至区四大领导班子及各街乡、职能部门；万柏林区将数字城管工作纳入区政府目标任务考核，占1分。

三、评价工作的主要亮点和成效

（一）创新亮点

1. 创新方法，打造数据分析与挖掘平台。

2017年11月，市数字城管中心从城市管理需求的实际出发，为有效解决信息采集人工上报分类不准确、录入效率不高等问题，启动历史数据分析与挖掘系统平台建设，结合城市管理事部件问题上报、指挥调度、处置反馈和事后总结汇报等业务流程的所有数据，运用数据智能分类加工、自然语言处理、全书检索和统计分析等技术，搭建城市管理词库，完成主题词、实体文本挖掘提取、自动分类、探索研究、直观展示，逐步生成城市管理行业词库，形成城管部件和事件描述分类规范，为逐步建立用数据说话、用数据决策、用数据管理、用数据创新的新机制，提升城市管理难点热点问题、城市管理指标及各类城市管理专题的智能分析和预警奠定了基础。

一是建立城管业务词表。基于当前系统运行和业务工作的具体情况，从城管业务的实际出发，建设太原数字城管数据分析平台，根据事件上报提交、指挥调度处理和事后总结汇报等业务流程的所有数据建设了城市管理词库，在数字城管信息化系统建设和数据积累基础上，将信息采集员、市民反映、微信、微博、城市帮手软件、"太原市民通"微信小程序、互联网等渠道的信息汇聚，根据当前业务需求和未来创新发展目标，进行行业基础数据的探索研究，对现有业务数据通过文本挖掘技术进行主题词、实体文本提取，并通过自动分类手段，逐步生成建设城市管理行业词库，形成城管部件和事件描述分类规范，如事部件细类库、道路词库、小区词库、标志性建筑词库、专项活动词库，节约了数字城管中心的人力资源，又降低了人工分类的工作强度和错误率。

二是事件快速查询。基于ETL工具、文本挖掘技术、搜索引擎技术，对现有业务数据清洗、加工、入库，方便工作人员在后续处理类似案件的时候，通过关键词、时间段、二次检索、相似性检索，实现快速、准确地找到想要的结果，并通过输入关键词对案件进行快速搜索，支持类型、区域、问题来源和时间筛选，便于事件快速查询和回溯，提升了工作效率和服务质量。

三是多维度数据统计分析。对数据进行多维度分类统计、比对和分析展现，实现数据多维度（如问题类型、所属区域、问题来源、时间段等）分析挖掘，可对全市6个区域按年、月、周数据对比统计，同时对检索结果进行类别、区域、道路等维度的统计分析；可对话务系统数据查询，方便统计某类案件的投诉次数及投诉人数以及投诉高发道路或小区；可对特定专项活动事项进行归类查询，设置相对应的专项活动关注的案件类型，进行分类统计，以达到直观查看该专项活动中高频类案件及案件高发道路或小区；提供对案件进行分类统计的功能；可对道路、小区、标志性建筑、采集公司、采集人员、大类、小类等不同维度进行分类统计，统计结果按案件数量进行倒序排列，每个统计数字均可进行回点，查看相应的案件信息。提供对案件数量进行按周、月、季、半年、年时间段的比对功能。通过科学数据为城市管理者做出科学的决策提供依据，提高决策的准确性、科学性和可靠性。

2. 多措并举，完善考核评价体系。

一是从 2012 年开始，数字城管年度评价结果纳入市城乡管委对委直系统的内部评价体系，占比 5%。2015 年，数字城管考核结果在太原城乡清洁工程评价体系中占比由 10% 提升至 40%。

二是 2016 年，太原市政府明确将太原市城市精细化管理工作纳入全市经济社会发展绩效评价和领导干部政绩考核体系，其中在市城管委配套制定的《太原市城市精细化管理评价办法》中规定，日常检查考核由太原数字城管中心具体负责。

三是市数字城管中心围绕文明城市创建，以打击市容九乱为突破口，联合太原市文明办对背街小巷乱象、张贴小广告乱象、集贸市场乱象等问题开展专项普查，分类整理后全部移交太原市创城办"挂牌督办"。此外，中心将超时未反馈、三次派单未处置、超时未反馈案卷发函至各相关责任单位督促解决。

四是每月形成《考核月报》报送市委、市政府、市人大、市政协主要领导，在《太原新闻》《太原日报》上向社会公布考核结果，并与省内主流媒体合作，充分发挥群众、社会、政府监督的合力作用。

五是按照市城乡管理局"强化热点难点问题督办力度，寻找突破口，实实在在为老百姓解决问题"的指示，以清理查处小广告、整治垃圾等热点问题为突破口，借助现场督办、发函督促、考核通报、舆论监督等有效手段，发挥应急联动指挥作用，实现由传统被动受理督办向主动上路巡查发现转变，做到提前干预，有效制止，推动城市管理突发、疑难问题解决，提高案件办结率，打好整治城市管理疑难问题的"组合拳"，努力解决市民群众反映强烈的突出问题。首先，坚持每月组织各城区、开发区以及相关部门召开业务工作例会，根据部门责权清单和事权范围，共同探讨解决工作中存在的问题。

（二）取得成效

数字城管绩效评价体系是保证数字城管健康运行的核心和生命线，是数字城管技术、城市管理体制机制和城市管理体验的综合反映，也是城市精细化管理成效的检验依据。太原数字城管考核评价工作依据科学合理、客观公正、注重实绩、绩效评价的工作原则，以数字城管系统自动生成的数据为基础，采取定量考核与定性考核相结合的方式，建立了科学完善的"日统计、周分析、月考核"制度体系，在做好每月、每季度、每年度系统总体运行情况考核分析的基础上，重点以周为单位，从工作角度出发，每周对各环节工作进行梳理和分析，帮助和指导各相关部门不断改进工作，提升了城市管理工作质量和效率，推进城市管理的数字化、精细化。

通过十余年不懈的努力，太原数字城管从服务城乡管委重点工作的角度，结合全市城市管理提升行动中城市环境问题综合整治及文明城市创建工作目标，以数字城管绩效评价为牵引，调动了城市管理各部门的工作积极性和主动性，提升了城市管理部件问题的处置效率和质量，推动了城市管理重点难点问题、反复问题、历史遗留问题的有效解决。

下一步，太原数字城管将依据《中共中央 国务院关于深入推进城市执法体制改革改进城市管理工作的指导意见》中，"加快数字化城市管理向智慧化升级，实现感知、分析、服务、指挥、监察'五位一体'。建立用数据说话、用数据决策、用数据管理、用数据创新的新机制"的要求，以创新为动力，对标一流，充分发挥数字城管协调管理、应急联动、便民服务的功能作用，综合利用云计算、大数据、物联网、移动互联等现代新兴技术，突出数据资源智能分析和预警，建立健全职责清晰、管理到位、处置及时、运转高效的数字化城市管理工作机制，着力构建科学、规范、高效的数字化城市管理绩效评价体系，实现城市管理工作的科学化、精细化、智能化。

第七节　株洲城市管理绩效评价实践

一、湖南省株洲市城市管理评价工作历程

2000 年，株洲市设立市城市管理委员会执行委员会，为市政府管理城市的工作机构。2001 年，设置市城市管理局，为市政府组成部门，是全市城市管理工作的主管部门。2006 年，启动城市管理相对集中行政处罚权工作，市城市管理局更名为市城市管理行政执法局。2012 年，更名为市城市管理和行政执法局。2017 年，根据城管体制改革要求，市城市管理和行政执法局更名为市城市管理

和综合执法局。

　　株洲市实行的是"两级主体、分级管理"的模式。市、区分别成立城管局。市城管局主要负责对各县市区城市管理工作的指导、协调、监督、考核；根据"属地管辖、重心下移"的原则，区城管局负责组织落实辖区环境卫生管理、市容管理、道路绿化等城市管理具体工作。

　　从 2008 年 3 月以来，由市城管委牵头组织对各区城市管理工作进行严格的考核排名，逐月兑现奖惩，至今已经 10 余年。在评价对象上，从最开始考城区，到现在扩展到既考城区，又考市直单位和相关企事业单位，实现了全覆盖。10年来，根据新形势新要求，几乎每年都会对评价办法进行修订完善，累计修订的评价办法版本就有 11 版。评价内容的变化始终紧扣住房和城乡建设部、省住建厅和市委、市政府关于城市管理的重大决策部署、重点工作安排，确保评价工作有的放矢，增强时代感和针对性。现行的评价办法是 2019 年 1 月 8 日最新修订的《城区城市管理考核评比办法（2019 版）》。

二、城市管理绩效评价主要内容

　　1. 评价定位。
　　将城管评价工作定位于提升城市管理水平、推动城市管理向城市治理转变的主要抓手，是提升城市品位、推动株洲市创建更高水平全国文明城市的有力杠杆。
　　2. 评价目的。
　　推动县市区和市直部门落实城市管理工作责任，进一步构建大城管格局，健全城市管理长效机制，为株洲市经济社会高质量发展创造条件。
　　3. 评价原则。
　　坚持"公平、科学、廉洁""谁管理、谁监督、谁评价、谁负责"的原则。
　　4. 评价范围。
　　城市五区（天元区、芦淞区、荷塘区、石峰区、经开区）行政区域。
　　5. 评价层级。
　　市级考核区级、区级考核镇办、镇办考核社区、社区考核辖区单位。
　　6. 评价对象。
　　城市四区人民政府和经济开发区管委会。
　　7. 评价主体。
　　株洲市城市管理委员会办公室负责组织实施株洲市城市管理考核评比。
　　8. 评价内容。
　　城市五区城市管理工作，包括市容市貌管理、环境卫生管理、市政设施维护管理、园林绿化养护维护和建设监管、城市管理综合执法等方面的内容。

9. 评价指标。

主要有以下 19 个方面的具体工作。

（1）环境卫生（生活垃圾处置）管理工作；（2）市容市貌管理工作；（3）市政设施维护管理工作；（4）园林绿化养护维护和建设监管工作；（5）城市管理综合执法工作；（6）执法中队规范化建设工作；（7）数字城管工作；（8）道路机械化清洗工作；（9）党建引领（党务＋业务＋服务）工作；（10）爱国卫生工作；（11）宣传、信息工作；（12）安全生产工作；（13）舆情工作；（14）重点工作；（15）评价办督查评价；（16）月度集中检查评价；（17）交办、督办和重点督办；（18）领导督查；（19）月度亮点工作。

10. 评价标准。

对照国家卫生城市和全国文明城市测评标准，结合城市管理工作实际，制定株洲市城市管理评价标准。

11. 评价方式。

月度评价分明检、暗检；年度绩效评价主要是明检、查看资料等。

12. 评价周期。

每月开展一次明检；每两个月开展一次双月讲评。

13. 评价程序。

（1）市城管委制定评价办法；（2）根据评价办法规定，市城管委办公室委托相关单位（科室）组织开展评价工作；（3）相关单位（科室）将评价成绩交至市城管局评价督查办公室汇总整理；（4）原则上，每月 20 日左右由市城管委办公室牵头组织开展月度集中检查。（5）市城管委办公室将城区月度评价成绩汇报市城管委后统一公布，接受社会监督。

14. 评价计分。

采用百分制计分方法。

（1）城区月度评价总成绩 =［专项工作评价（75 分）+ 评价办督查评价（10分）+ 月度集中检查评价（15 分）］+ 安全生产工作倒扣分 + 舆情工作评价倒扣分 + 交办、督办和重点督办评价倒扣分 + 领导督查评价倒扣分 + 月度亮点工作加分。（2）城区年度评价总成绩 = 月度评价平均成绩 ×70% + 年度综合检查评价成绩 ×30%。

15. 结果分析与反馈。

（1）每月采取名次和档次相结合的办法进行奖罚。城区月度评价成绩排名第一的，奖励 100 万元；排名第二的，奖励 60 万元；排名第三的，奖励 30 万元；排名第四的，不予奖罚；排末名的，罚 30 万元。另，月度评价成绩在 90 分（含

90 分）以上的，评定为优秀档，在名次奖的基础上再奖 30 万元；城区月度评价成绩在 70 分（不含 70 分）以下的，评定为不合格档，在名次罚的基础上再罚 30 万元。（2）根据年度评价总成绩排名，第一名为"城市管理优秀城区"，第二名和第三名为"城市管理先进城区"，视年度奖励基金节余情况予以奖励。如年度总成绩相同，则全年累计获得第一名多的城区名次列前。

16. 结果运用与监督。

（1）每月评价成绩以书面形式向市委、市政府、市纪委监委、市委组织部、市委宣传部主要领导和市人大、市政府、市政协分管（联系）领导报告。（2）每月评价成绩以书面形式向各区区委、区政府、区纪委监委、区委组织部、区委宣传部主要领导和区人大、区政府、区政协分管（联系）领导反馈。（3）每月评价结果通过市级新闻媒体公开发布。（4）连续两次排末名的城区政府主要负责人由市城管委领导进行警示约谈，连续三次排末名的由市城管委向市委、市政府提出行政效能问责或组织调整建议。（5）城市管理评价结果纳入市绩效评价的重要内容。

17. 评价保障。

市财政给予资金保障并从下拨到城市五区的经费中分别提留一定的经费，共同组成城市管理评价奖励基金。

三、评价工作的主要亮点和成效

（一）主要创新亮点

1. 评价内容的创新。

2019 版评价办法将"执法中队规范化建设工作"和"党建引领（党务 + 业务 + 服务）工作"首次纳入城管评价，突出城管执法中队的建设，做到执法力量重心下移，同时强调党建引领的作用，加强党务、业务和服务的融合，打造一支政治坚定、作风优良、纪律严明的新时代城管执法队伍。并对月度评价重点工作和亮点工作进一步细化和优化，将亮点工作申报流程进行调整，在抓好日常工作的同时通过亮点工作切实解决重难点问题，让亮点工作更亮。

2. 评价方式的创新。

更加注重城市管理信息化技术的应用，将数字城管运用到城市管理评价的各个方面。城管评价由以专职评价人员普查为主转变为依托数字城管平台信息采集为主、人工抽查为辅的方式。

3. 结果运用的创新。

每月评价结果采取名次与档次相结合的办法进行奖罚。在原有名次奖罚的基础上设定优秀档和不合格档，根据档次评定再进行相应的奖罚。

（二）取得成效

1. 城市管理水平显著提高。

通过加强城市管理评价，有力推动城市各区及相关单位城市管理工作责任落实，环境卫生更加干净整洁，城区主次干道、背街小巷可视范围内基本不见暴露垃圾；市容秩序井然有序，户外广告、招店牌设置统一，停车管理规范，临时摊担定点管理；市政设施功能完善，园林绿化管养更加精细化专业化；渣土运输源头治理，滴洒漏现象基本消除；在地级市率先完成城市管理综合立法；城管执法严格规范文明高效；率先在全省出台城管体制改革实施方案并完成改革任务，在住房和城乡建设部委托中国社科院发布的全国 295 个城市的城管体制改革绩效评价中，株洲市位居全国第六、全省第一；2018 年 11 月，株洲市承办了住房和城乡建设部城市管理监督局片区工作会议，有力展示了株洲城管队伍良好形象，城管系统连续两年（2017 年、2018 年）蝉联住房和城乡建设部"强基础、转作风、树形象"专项行动全国先进单位。

2. 城市品质得到有效提升。

通过加强城市管理评价，提升城市管理水平，推动城市环境发生蝶变，在 2012 年 11 月 5 日新华社刊发的《党的十六大以来党中央治国理政纪实》对株洲是这样描述的，"湖南株洲，几年前，这里烟囱林立，气味刺鼻，五颜六色的污水直接排入湘江……今天，这些都不见了。曾经黑乎乎、灰蒙蒙的城市变得绿油油、水灵灵，完成了从全国十大污染城市向国家卫生城市的蝶变"。近年来，株洲市成功创建了全国文明城市、国家森林城市、国家园林城市，国家卫生城市、国家交通管理模范城市、国家创新型城市等。株洲市连续三年跻身全国百强城市，成功入选"改革开放 40 年来经济发展最成功的 40 个城市""中国大陆最佳地级城市 30 强"和"产业竞争力百强城市"。

3. 市民幸福感明显增强。

在评价中始终坚持问题导向，发扬钉钉子精神，解决群众最关心的城市管理热点难点问题，市区开展了建设工地扬尘污染、露天烧烤油烟污染、城区行道车辆违停、非法小广告、占道占绿宣传牌指示牌招牌等 25 项专项整治行动，啃掉了一批影响人民群众生活品质的"硬骨头"。针对"如厕难"问题，大力开展城区"厕所革命"，严格落实"四有"要求，坚持"华而不奢、艺而不拙"原则，明确了"新建 200 座、改造 200 座、开放 200 座"的目标任务，创新选址，突出

"街两旁、江两岸、桥底下、公园里、市场中"。推行"站长制""所长制",出台了公厕改造导则标准,编制了管理手册、员工手册。整合了环卫休息岗、城管执法岗亭,设置了智能监控系统、高效节能系统。创新"厕所＋幸福"驿站模式,提供基础功能的同时,突出8大便民服务功能和便民商业功能,"建宁驿站"成为文明株洲的形象窗口。针对市政公用设施"重建轻管""有钱建没钱管"的历史问题,出台并落实《株洲市市政公用设施移交管理办法》,符合条件的全部移交到位。开展了城区门店、建筑物立面、屋顶招牌及大型户外广告安全隐患排查整治工作,有力保障人民群众生命财产安全。

第八节　重庆城市管理绩效评价实践

一、重庆市城市管理评价工作历程

重庆位于我国西南部、长江上游地区,是中西部地区唯一的直辖市。基于重庆多山丘陵、山水分割、多中心组团、大城大乡的城市特点和城市管理实际需要,重庆市城市管理提出"大城细管""大城众管""大城智管"的"大城三管"创新性城市管理理念,在"大城三管"管理实践中,不断创新举措,促进城市管理更加科学化、精细化、人性化和智能化。

重庆市城市管理局是重庆城市管理的主管部门。按照习近平总书记对重庆提出的重要指示要求,又成立了城市综合管理工作领导小组,强化对城市综合管理工作的组织领导和统筹协调;完善市、区、街道、社区"两级政府、三级管理、四级服务"的城市综合管理体制;强化区县政府主体责任、市级部门协同责任,统筹安排、系统推进、上下联动;建立了以城市管理"马路办公"、专项工作、城市管理民意调查和第三方考核评价等为主要内容的评价监督体系。

重庆市城市管理评价工作自20世纪80年代开始,历经30多年,助力重庆市城市管理工作实现跨越式发展,全面提升重庆城市品质和管理水平,向"加快建设内陆开放高地、山清水秀美丽之地"稳步迈进。为了顺应我国城市规模不断扩大,城镇化飞速发展的时代潮流,应对随之而来的更高水平的城市管理工作的实际要求,重庆市城市管理考核工作在2012年度开始纳入市里统一考核,这也成为重庆市城市管理评价工作的一个分水岭。发展至今,重庆市积极践行中央指导,树立正确考核导向,完善重庆市城市管理考核评价制度,城市管理评价工作在考核指标、考核方式、考核内容、考核参与者方面越来越优化,考核主体越来越明确。评价体系的不断完善全面助力实现城市管理事业全面协调、高质量发展。

二、城市管理绩效评价主要内容

（一）评价主体

重庆市城市管理评价，主要是由重庆市城市管理局依据市委、市政府的安排部署和区县经济社会发展年度实绩考核有关指标任务的规定，牵头组织实施对各区县（自治县）政府在城市管理工作绩效方面进行评价。

（二）评价目的

按照习近平总书记对重庆提出的重要指示要求，围绕"干净整洁有序、山清水秀城美、宜业宜居宜游"的目标，发挥考核指导、引导作用，不断提高城市管理精细化、智能化、人性化水平，加快推进城市管理和服务高质量、高水平、高标准发展，深化大城细管、大城智管、大城众管，不断推动城市管理提效、环境提质和功能提升取得新进展，努力实现城市让生活更美好。

（三）评价原则

坚持以人为本、关注民生。牢固树立以人为本、以人民为中心的发展思想，着力解决人民群众最关心、最直接、最现实的问题，努力使城市管理基本公共服务惠及广大百姓，增强人民群众的获得感、幸福感、安全感，让城市成为人民追求更加美好生活的有力依托。

坚持问题导向、分类指导。以"抓重点、补短板、强弱项"为指导，坚持问题导向，以破解重点、难点问题为着力点，分类指导城市日常管理工作，实行差异化考核，增强考核工作的针对性、有效性，力求品质提升和日常管理两者同步推进。

坚持公平公正、客观评价。坚持考核公开、公平、公正，坚决杜绝形式主义、官僚主义和人情考核，不弄虚作假，用客观事实和科学数据说话，务求考核结果与工作实际相一致、与各方认可相一致、与市民评价相一致，确保考核结果的公正性和公信力。

（四）评价对象

评价对象为全市 38 个区县人民政府和两江新区管委会、万盛经开区管委会。

（五）评价内容

2019 年，考核内容为城市综合管理水平一项指标，主要包括城市日常管理工作评价和年度重点工作评价两部分内容。

城市日常管理工作评价。实施"月排名、季考核"，包括城市管理"马路办公"、七大工程、城市管理民意调查、第三方机构评价城市管理、视频曝光城市管理问题办理、市民群众反映城市问题办理、新闻媒体反映城市管理问题办理、城市日常管理效果专业检查等内容。

年度重点工作评价。包括市政基础设施建设管理、城市公共供水监督管理、城市照明设施管理、市容环卫设施建设管理、户外广告和招牌规范设置管理、城市园林绿化建设管理、城市执法管理、安全生产监督管理、数字化城市建设管理等内容。

（六）评价方式

通过日常管理检查考核与重点目标任务考核相结合的方式进行。日常管理检查考核主要针对不同分组在检查内容上进行差异化制定，实行月度检查评价。重点目标任务考核方面，则主要是检查考核报经市政府同意后下达给各区县的区县经济社会发展（城市管理）实绩考核指标重点目标任务完成情况，采取平时工作情况掌握、项目检查跟进、督查督办和年终资料要件评价相结合的方式组织实施。

（七）结果分析与反馈

注重考核结果的反馈和应用，定期以会议或者书面形式通报考核结果，根据季度考核的总成绩，给予各区县资金奖励，进一步提升绩效考核的作用。

城市管理考核奖励机制和结果定期反馈机制相结合，对促进城市管理问题的改进具有积极的作用。

（八）结果运用与监督

年度实绩考核与定期效果考核紧密结合，正面激励导向与责任倒逼机制紧密结合，为持续推进城市管理水平提升提供动力支撑。通过定期通报跟踪现状及效果，并对实绩考核结果计分纳入市委、市政府对区县经济社会发展实绩考核成绩运用。

考核监督方面，引入第三方力量共同参与重庆市城市管理考核评价工作。坚持以人民满意为标准的原则，官方民调机构以及第三方社会评价机构参与城市管理的考核评价，同时结合12319热线电话互动平台以及建立新闻媒体曝光城市管理问题办理机制的方式来共同监督、参与城市管理考核工作。

三、评价工作的主要亮点和成效

(一) 主要创新亮点

重庆市城市管理绩效考核取得了丰硕的成果，在以下几个方面值得充分肯定：一是政府较为重视，形成了较为完善的制度体系；二是考核指标和标准比较完善，包含了城市管理主要年终实绩类考核指标、效果类考核指标和相应的标准体系；三是强调公众参与和第三方评价的作用，提升考核的权威性和公正性。

第一，重视城市管理工作，形成了较为完善的考核体系。重庆市非常重视城市管理工作，专门成立了重庆市城市综合管理工作领导小组，由市长亲自挂帅担任组长，对重庆市的城市管理工作进行全面指导和监督。同时形成了一套"平时看效果、年终看实绩"的绩效考核评价体系，对绩效考核工作起到了积极的推动作用，提升了城市管理考核的有效性和可操作性。

第二，考核内容较为全面，指标较为完善，标准较为清晰。年终实绩考核指标通过年度城市管理重点工作目标任务进行分解，包含了市政基础设施建设管理、城市公共供水监督管理、城市照明设施管理、市容环卫设施建设管理、户外广告和招牌规范设置管理、城市园林绿化建设管理、城市执法管理、安全生产监督管理、数字化城市建设管理等10个方面内容近30个指标，考核项目涵盖道桥处、市容处、水务处、灯饰处、广告处和执法处等城市管理主要业务部门。专门设置了年终实绩考核指标和效果类考核指标的考核标准，效果类标准包含了市容环境卫生、市政设施、广告店招、秩序管理四个方面，整体来说，指标体系较为完善，标准清晰，对城市管理工作起到了一定的指导作用，增强了城市管理的可操作性。

第三，考核手段多样，重视中介评价和公众参与。重庆市城市管理绩效考核方式多样，涵盖年终绩效目标行政考核、职能部门专业检查、单项效果检查、社会中介评价等多种形式，仅月度考核过程中，就采用市民投诉与处理、数字化运营平台、媒体曝光、第三方调查、专业检查等多种信息收集方式，年度综合成绩结合年终实绩考核指标得分和效果来考核指标得分，不仅重视"量"的建设，同时注重"质"的提升，增强了考核的实效性。尤其是依托官方调查机构，每季度对各个区县市民满意度进行调查，发挥了中介机构的独立性，充分保障市民的参与作用，保障了考核过程的顺利实施，促进考核的公正性和权威性。

第四，初步实现分类考核，全面提升考核的针对性。市管理考核过程中，充分考虑地区之间的差异性，首先是主城和主城之外的区县相对分开进行考核，主要体现在年终实绩类指标和效果类指标的考核权重分配、效果类指标的考核形式和权重分配上，增强了考核的科学性与针对性。年度考核中，根据领导小组的工作要求，对城市管理"月排名、季考核"做了进一步的考核调整，都市区（主城和渝西）月度考核内容与渝东北渝东南不同，渝东北地区和渝东南地区以第三方评价结果为主要评价依据，每季度加入民调成绩，具有一定的合理性。

（二）取得的成效

第一，制定完善了城市管理考核办法。认真贯彻落实修订完善后的《重庆市市政设施管理条例》《重庆市容环境卫生管理条例》《城市排水节水管理条例》等城市管理地方性法规，依法研究制定科学规范的全市城市管理考核办法。考核办法作为考核工作的顶层制度设计，由市城市综合管理工作领导小组发布，体现了权威性，提高了执行力。在考核办法出台的基础上，制定完善了相应的考核实施细则以及分类考核意见（如市政设施、环境卫生、行政执法等分类考核意见），健全了城市管理考核评价体系。

第二，健全城市管理考核组织体系。加强城市管理考核工作的组织领导，是健全城市管理考核长效机制的有力保障。成立了市城市综合管理工作领导小组，由市政府主要领导担任组长，市政府分管领导担任副组长，市级相关部门主要负责人为小组成员，负责领导、指导城市管理工作，审定相关制度，研究重大问题，部署重要工作。领导小组下设办公室在市城管局，负责城市管理工作日常事务。

第三，优化细化城市管理考核内容。建立平时工作"月排名、季考核"机制，改变了城市管理考核内容依照城市管理部门职能处室对应分类的方法，采取城市管理科学分类的方式，将城市管理考核内容规范为五大类。一是马路办公。由区县政府领导带头开展，以路为岗，服务基层，在一线发现问题、研究问题、解决问题。二是专项工作。主要是检查评价对区县落实推进治乱拆违、街净巷洁、路平桥安、灯明景靓、江清水畅、整墙修面、城美山青七项工程有关情况。三是社会公众满意度调查和第三方评价。主要包括市民群众对城市管理的满意度调查、社会评价机构对城市管理的评价情况。四是督办曝光和反映问题办理。主要包括视频曝光、督查督办、城管热线市民反映问题办理、新闻媒体反映问题办理等方面情况。五是专业检查。主要包括市容卫生、市政设施、园林绿化、数字城管、灯饰照明、广告店招、城管执法等日常管理方面情况。

第四，有效规范城市管理考核手段。综合采取各种考核手段，有利于考核结果更能客观、真实、全面反映城市管理工作实绩。一是行政考核手段。由市城管局考核职能处室负责组织对各区县城市管理定期考核。二是技术考核。利用城市数字化管理系统，采取网格化、信息化方式，对各区、街道、社区、单位等城市管理责任主体进行考核和监督。三是单项考核。社会评价机构对窗口单位、农贸市场、居民社区、固定公厕等单项考核内容进行专门考核。四是民意调查。委托重庆市社情民意调查中心定期对各区县的市民对辖区内城市管理工作满意度进行调查，民调结果按比例换算分值后纳入考核结果。

第五，科学制定城市管理考核标准。考核标准的制定，由各考核责任处室负责制定，然后由专家小组审定后颁布。考核标准分为综合考核标准、专业考核标准、单项考核标准。综合考核标准主要包括：年度城市管理工作实绩考核标准、城市环境综合整治月度（季度）考核标准。专业考核标准主要包括：环境卫生管理考核标准、市政设施管理考核标准、灯饰照明管理考核标准、户外广告管理考核标准、城市管理行政执法考核标准等。

第六，严格城市管理考核结果运用。首先，城市管理工作考核成绩纳入了市委、市政府对区县经济社会发展和区县党政领导干部工作考核运用。其次，确定考核等次，每季度评价排名由市政府办公厅向区县公布。再其次，实施资金奖励，每季度进步明显的区县给予资金奖励，提高区县重视城市管理和考核运用，提高区县加强城市管理的积极性和主动性。最后，对考核中反映出的具体问题，向区县政府进行反馈，确保整改落实到位。

第九节 成都城市管理绩效评价实践

一、成都市城市管理评价工作历程

2015 年，成都市委、市政府作出实施城市管理转型升级的重大部署，推进城市管理向城市综合管理转变，撤销市城市管理局，建立市城市管理委员会，赋予城市管理"统筹协调、监督检查、考核评价"的职能，并组建了副局级行政执法机构——成都市城市管理数字化监督管理中心（以下简称"成都市城管监管中心"）。成都市城管监管中心参与对区（市）县政府、市级城市管理行业主管部门落实城市综合管理职责的监督考核，负责对区（市）县数字城管运行情况、中心城区数字城管协同单位问题处置情况的评价和考核等。此举，为全市数字城管更加有效地监督城市综合管理工作奠定了体制基础。

成都作为全国首批数字化城市管理试点城市之一，成都市城市管理评价与数字城管建设共同发展，大致可分为三个阶段。

一是起步期。2007 年 7 月，以集中部署的方式建成市级和 6 个中心城区数字化城市管理系统平台，同年通过了住房和城乡建设部组织的验收。

二是发展期。到 2012 年，14 个郊区（市）县数字城管系统以分布方式建设投成运行，实现了数字城管全市域覆盖。

三是转型期。2015 年，按照市委、市政府全面推进城市管理转型升级的重要部署，大力实施数字城管转型升级工作。到 2016 年，实现了数字城管标准、系统和机制的全面升级。中心城区 80 个街道办事处建成综合管理指挥平台。2021 年前完成违法建设综合治理平台建设并试运行，加快建设城市管理综合执法指挥系统，利用现代信息技术手段提高执法监管能力。

二、城市管理绩效评价主要内容

（一）评价主体

成都市城乡环境综合治理工作领导小组是负责全市城乡环境治理的指挥机构，市长任组长，办公室设在成都市城市管理委员会，城管委主任任办公室（以下简称"市治理办"）主任。

（二）评价对象

考核对象为全市 13 个中心城区（四川天府新区、成都高新区、锦江区、青羊区、金牛区、武侯区、成华区、龙泉驿区、青白江区、新都区、温江区、双流区、郫都区）、9 个郊县（市）人民政府和成都天府新区管委会、成都高新区管委会。

（三）评价内容

在市一级目标考核框架中，市治理办和市城管委分别对各区（市）县党委、政府城市综合管理工作实施考核，市治理办组织城乡环境综合治理考核，市城管委组织城市管理行业考核。其考核结果纳入市委市政府对区（市）县年度综合目标考核体系，分别占 1 分，共 2 分。

市治理办将市级相关责任部门（单位）办理数字城管案件的处置情况纳入城乡环境综合治理考核。同时，在"最美街道""最差街道"的评选、"门前三包"月度评价中，数字城管监管数据作为重要依据之一。

市城管委组织的城市管理考核体系中，涵盖了环境卫生、市容秩序、城市道桥设施维护、广告招牌与城市照明、固体废弃物处置、综合行政执法管理、执法队伍建设、机动车清洗站管理、扬尘治理、"厕所革命"、治理非法书写广告、

"门前三包"、井盖监督管理、"两拆一增"及数字城管15项专业管理内容。同时，业务处室与成都市城管监管中心加强对接，充分运用监管检查结果，原则上每期应用市数字城管监管数据评价占专业评分的30%。在考核办法中，数字城管将从两个渠道说话：一是数字城管工作本身，占6%；二是在城市管理专业中用数字城管数据说话，占环境卫生管理、市容秩序管控、市政设施管护、广告招牌及城市照明管理四个专业管理考核权重的30%。折合后，数字城管占市城管委对各区（市）县城市管理工作考核权重为25.5分。

在区（市）县级层面，督促各区（市）县将数字城管对相关责任部门（单位）的评价结果纳入区政府（管委会）城市综合管理工作目标评价，发挥考核"指挥棒"作用。

（四）评价方式

成都数字城管建立了"两级监督、一级指挥、三级协同、三级处置、多部门协作"的管理模式。

市级以购买服务的方式，组建了300余人的市级监督评价员队伍，考核评价责任单位或部门的城市管理质量和水平，加强高位监督。区级组建监督员队伍监督街道一级落实属地责任，强化中位监督。街道建立综合管理指挥平台，通过自查自处，实现微循环治理。

按照成都城市发展的区域特点，实行分级分类监管，在各区（市）县实行属地常态监管的同时，市级监督员队伍对中心城区进行"早七点半晚十点半"（冬春季晚九点半）的常态监管，对郊区（市）县政府所在地每周实地监督抽查一次。

市、区两级监督上报的所有案件交由区级平台进行统一派遣。针对城市管理领域中各类疑难问题，利用区级、市级、联席会议三级协同机制，通过网络协同、现场协同、会议协同等方式，进行统筹协调，促进各级各部门落实自身城市管理主体责任。

（五）评价指标

高位考核是倒逼各级各部门责任落实的重要手段。成都市城管监管中心根据城市综合管理要求，修订完善了数字城管工作评价细则，构建了对各区（市）县政府、城管部门以及市级相关部门的考核指标体系，形成了以"监督轴"驱动"处置轴"（属地和部门）的局面。

对各区（市）县数字城管工作的评价由月度评价和年度评价两部分组成，分别占80%和20%。按照精细化管理的要求，在月度评价中，设置了监督员综合指标、受理员综合指标、值班长综合指标、派遣员综合指标、视频监控、有效上报数、上报时段均衡性、漏报问题、监督员上岗数、自行处置、常态化监管、案件质量、案件处置、协同工作、系统数据上传、无线对讲值守、培训工作、数据分析及信息报送、绩效评价、额外扣分情形 20 项月度考核指标，以及数字城管评价结果运用、监督员网格轮换、信息采集市场化、绩效评价、年度考核加分情况 5 项年度考核指标，指标体系更加精细全面。

考核是指挥棒、信号灯，但也是"双刃剑"，稍有不慎就可能"伤已"。数字城管的力量在于数据。做实、做细、做深数字城管工作本身的考核，确保数据真实、准确、科学，是用数据说话、用数据决策、用数据管理、用数据创新有力有效的关键所在。成都重点从三个方面下功夫，促进数字城管考核公信力不断提高。

1. 注重公正性。

公正是提高考核公信力首先要解决的问题，是考核制度设计的关键所在，也是难点所在。

（1）分类制定考核标准。坚持同类区域相比的原则，将中心城区、近郊区和远郊县（市）县城建成区进行分类，按照全面覆盖、突出重点的原则，通过监督员巡查上报、视频监控、领导交办、媒体曝光等多种渠道进行考核。

（2）系统打分公开透明。每月考核分值以百分制计，其中由成都市数字化城市管理信息系统根据考核计分公式直接打分的，中心城区有 52 分，郊区（市）县有 54 分，实打实地让数据说话。信息系统直接打分的指标有：监督员综合指标、受理员综合指标、值班长综合指标、派遣员综合指标、视频监控、有效上报数、上报时段均衡性、监督员上岗数、自行处置、常态化监管、案件处置、系统数据上传 12 项指标。以涉及岗位评价的部分指标为例：

监督员综合指标（3分）。监督员综合指标分值 =（监督员有效上报率 × 100 × 40% + 按时核实率 × 100 × 20% + 按时核查率 × 100 × 40%）× 3%。

受理员综合指标（2分）。受理员综合指标分值 =（按时受理率 × 100 × 40% + 受理准确率 × 100 × 40% + 按时派发核查率 × 100 × 20%）× 2%。

值班长综合指标（2分）。值班长综合指标分值 =（按时立案率 × 100 × 40% + 准确立案率 × 100 × 40% + 按时结案率 × 100 × 20%）× 2%。

派遣员综合指标（2分）。派遣员综合指标分值 =（按时派遣率 × 100 × 40% + 准确派遣率 × 100 × 40% + 按时督查率 × 100 × 20%）× 2%。

成都市数字化城市管理信息系统可根据上述公式，直接计算出监督员、受理员、值班长、派遣员的岗位考核分数。

各区（市）县均可登录信息系统查询考核相关的统计表单及得分，并可反查详细的基础数据信息，考核数据公开化、透明化。

（3）处室扣分必讲证据。由信息系统直接打分的指标之外，漏报问题、案件质量、协同工作、无线对讲值守、培训工作、数据分析及信息报送、绩效评价、额外扣分情形8项指标由各处室根据日常管理情况进行打分。每一项扣分必须出示详细的扣分理由，并接受区（市）县的申述与监督。

以漏报问题考核指标为例。漏报指标是倒逼信息采集人员自觉公正按标准履职尽责的必要指标。漏报问题的大量存在，使数据无法真实反映出城市管理和城市运行的质量、水平和状况，影响考核的公平性、公正性，而且影响城市政府或研究部门通过数字城管数据来对城市管理质量和城市运行状况的正确评价，对用数据说话、数据决策、数据管理、数据创新的应用效果产生影响。

因此成都市城管监管中心确立了漏报检查的原则，将对城市管理基本面影响大、社会关注度高、群众反映突出的体积大和涉及面广的城市管理问题纳入漏报检查内容。考核办法规定：市城管监管中心对多种渠道收集到的城市管理问题与系统内各区案件进行比对，确认为漏报的，部件类问题每件扣0.05分，事件类问题每件扣0.02分。此项扣分最高不超过10分。在实际操作过程中，一是采用"双随机"方式进行漏报街面巡查：即检查人员随机、检查地点随机，检查当天临时抽签决定，避免通风报信；二是运用统一的检查标准，在检查时间段（上下班高峰、午间就餐高峰、周末节假日、其余时间段）、检查区域类型（一类街道、二类街道、三类街道）、巡查工作时长等方面，各区保持一致，避免抽查的随意性，保证公平；三是利用信息系统进行漏报比对，成都市城管监管中心将漏报检查案件录入信息系统并批转至各区（市）县，各区（市）县在系统中进行自查并回复自查结果，最后成都市城管监管中心在系统中判定该案件是否属于漏报，各环节均在信息系统中留下痕迹，有据可查；四是将领导带队街面巡查的案件纳入漏报检查、扩宽检查的渠道。通过上述操作，尽量避免人为干预，保证漏报检查公平公正，真实反映各地的信息采集上报水平。

2. 注重真实性。

真实性是数据力量的基础，也是考核的基本要求。

（1）案件质量指标。监督员信息采集发现的各类问题是数字城管系统运行的基础，是数字城管深加工的"原材料"。"原材料"足不足、好不好直接影响数字城管运行的质量和水平。成都市城管监管中心制定了案件质量抽查规范，明确了对案件质量的详细要求，这既明确了案件质量抽查的方式，也指导了各区（市）县的业务工作。成都市城管监管中心每月对各区（市）县抽查600条案件，既检查案件是否按规范上报，也检查案件是否按标准结案，杜绝疑难案件被人为操作结案。案件质量不符合要求的，每件扣0.01分，此项最高扣分不超过10分。

（2）监督员定期轮换指标。在年度考核中，区级监督员在本区监管范围内，网格人员至少每半年轮换一次责任网格，每次轮换人员不得低于50%。未按照要求实施轮岗，每发现一次扣5分。此项扣分最高不超过25分。通过网格轮换，防止监督员与属地处置人员的利益勾结。

（3）诚实信用指标。考核对象当月发生一例弄虚作假的，视情节轻重扣1～10分，对于影响恶劣、后果严重的情形当月该区不纳入考核。对考核对象起到震慑作用，要求考核对象实事求是地接受考核。

（4）系统数据上传指标。目前成都市数字化城市管理信息系统在中心城区为集中式部署，郊区（市）县为分布式部署。郊区（市）县数字城管系统的数据每天实时（定时）上传至成都市城管监管中心，对于未按要求上传系统数据的，每缺一次数据扣0.2分，此项扣分最高不超过3分。确保目前尚未集中部署的郊区（市）县系统上传数据的真实。

3. 注重全面性。

数据覆盖面越宽，考核维度才可能越多。一般而言，维度越多，考核就越趋于合理。

（1）有效上报总量指标。从某种角度上讲，数据量越大越有说服力。在信息采集阶段，关键指标应该是监督员有效上报数指标，只有符合数字城管监管标准规范采集上报的数据才是有用的数据。有效上报数据可以反映出一个城市存在的城市管理问题的数量、类别、时段、分布等状况。各区数字城管监督员每月的有效上报数应大于或等于该区最低问题基数（基数＝面积×当月考核天数×7条），以100%为基准，每下降1%（含1%）扣0.1分。此项扣分最高不超过5分。

（2）时段均衡指标。强化监督员上报问题的均衡性，提升数据的合理性。对重点监管时段，即早上7点半到9点半、中午11点半到下午2点、下午4点到晚上10点半（冬季提前至晚上9点半），要求每名监督员每小时至少上报1件有效案件，未上报每发现一次扣0.01分，此项最高不超过5分。

（3）自行处置指标。在众多的城市综合管理问题中，极个别小类是可以随手处理的"举手之劳"问题。例如，垃圾箱箱门未关闭，监督员在发现时可以随手关闭箱门，如果该问题也经过"上报、立案、派遣、处置、核查、结案、评价"七个闭环流程，势必造成资源的浪费。因此，成都市城管监管中心结合实际情况，选取了9个小类，作为监督员自行处置的小类，监督员发现这类问题时，随手处置，并作为自行处置案件录入信息系统备案，而不再作为常规问题进行上报。考核办法规定各区监督员每月的自行处置工作量，应大于或等于该区监督员每月自行处置问题量基数，以100%为基准，每下降1%（含1%）扣0.2分。此项扣分中心城区最高不超过5分，郊区（市）县最高不超过3分。

（4）案件处置指标。同时考核市、区两级发现案件的处置情况，尤其是市级发现案件的处置情况更能反映当地专业部门的处置效能。按期处置率、处置率、返工率都是衡量专业部门处置效能的重要指标。考核办法规定：处置情况评价分值（20分）＝市级发现案件区级部门处置情况评价分值（10分）＋区级发现案件区级部门处置情况评价分值（10分）。其中，市级发现案件区级部门处置情况评价分值＝［按期处置率×100×50%＋处置率×100×30%＋（1－返工率）×100×20%］×10%，区级发现案件区级部门处置情况评价分值＝［按期处置率×100×50%＋处置率×100×30%＋（1－返工率）×100×20%］×10%。

（5）对特殊情况的补充规定。针对工作中的特殊情况，为保证考核的科学性，成都市城管监管中心制定了一系列考核规范，作为考核办法的补充。如针对停电、断网、洪涝等突发事件，系统升级停服、政务云升级、天网系统故障等技术调整，某地刚引入信息采集市场化模式尚需适应期等情况，均制定了相应的考核规范。

（六）考核结果运用

月度考核统计周期为上月19日至本月18日。每月20日，成都市城管监管中心在信息系统下载考核相关的统计表单，获取系统直接打分的分数。同时，涉及考核的各处室按照考核办法，提供打分情况及扣分依据。汇总各项考核指标得分后，加总得出当月考核总分。考核情况经成都市城管监管中心党总支委员会审核后，报市城管委汇总综合，通过内部通报、新闻媒体双向公示全市。

市城管委根据月度考核结果，对中心城区、郊区（市）县两个区域分别进行排名，每月向各区（市）县城管部门制发月度考核通报，并抄送各区（市）县人民政府分管领导。考核结果在每月城市管理工作点评会议上通报，同时在市城管委门户网站、市级媒体公开。年度考核结果报市委市政府办公厅，作为市委市政府授权市城管委对各区（市）县政府的年度目标绩效考核结果，并抄送各区（市）县人民政府主要领导。年度考核结果与对各区（市）县城市管理"以奖代补"资金拨付挂钩。

三、评价工作的主要亮点和成效

（一）创新亮点

1. 全市集中部署。

鉴于历史形成的市及中心城区（5＋2）数字城管信息系统集中部署、郊区

（市）县分布式部署现实，为实现全市域数字城管标准统一、底图统一、系统统一、数据集中，在市级数字城管信息已迁入市政府政务云的基础上，加快数字城管信息系统全市域一体化集中部署，目前方案已报经市政府有关部门批准。同时，开展中心城区数字城管基础数据普查、更新及建库工作，拓展开发建设智能感知、智能管理、综合指挥等应用系统，为精准管理、智能管理、科学管理奠定基础。

2. 标准常态修订。

根据管理要求变化、部门职能调整、创建验收复查等需要，以年度为单位，调整修订监管标准、优化完善高位监督机制，不断促进数字城管与业务工作的紧密结合，推动常态监管与考核评价更加科学公平，实现用数据说话、用数据管理、用数据决策、用数据创新的目标。

3. 指标适时修订。

考核办法及指标体系的公正性、合理性有待实践和时间检验，加之城市综合管理理念的调整和工作重点的变化，都对考核机制有新要求，每个年度作适当修订完善很有必要，说服力、信服度、科学性才会不断提高。目前，成都市城管监管中心已按照全市城管工作部署，同步调整考核办法，进一步发挥考核"指挥棒"作用，更好地提升数字城管工作水平，为成都建设全面体现新发展理念的城市贡献数字城管力量。

（二）取得成就

成都数字城管考核办法实施以来，有效发挥了考核的"指挥棒"作用，促进了全市数字城管工作水平的提高，为城市综合管理提供了更高质量的服务。

1. 促进了问题发现能力增强。

一是通过考核漏报指标，上报案件的类别更加全面。以市级监督员发现的案件类别为标准，各区上报案件的类别覆盖率达到100%，城市综合管理问题的反映更全面。同时，对城市管理基本面影响大、社会关注度高、群众反映突出的体积大和涉及面广的城市管理重点难点问题的上报更加及时。二是通过考核时段均衡性指标，重点监管时段的监管力度明显加大，常态化监管工作制（早七点半晚十点半、不分节假日）执行度达到100%，实现了对城市管理问题高发时段的有效覆盖。

2. 促进了案件处置效能提升。

各区（市）县努力探索出适合自身特色的协同方式，提高复杂疑难案件的处置率。成都数字城管案件处置率、按期处置率保持在99%；案件挂账率降低至1‰，部分区域案件挂账率长期保持为0，有效杜绝了不合理挂账。

3. 促进了队伍专业素质优化。

一是通过考核各岗位的办理速度及准确性，客观量化了各岗位的工作质量，为各岗位有针对性地改善工作提供了客观依据，为岗位管理提供指导。例如，部分地区较为重视案件处置之前的相关办理环节，受理、立案、派遣等环节均按时办理，但案件处置之后的督查、核查、结案等环节超时较多。通过考核量化反映实际情况后，各岗位所有环节的按期办理率从考核初期的97%提升至100%，办理准确率从92%提升至99%。二是通过抽查各区的案件质量，将错误案件及相关内容反馈至各区。同时，结合一对一业务指导、每月开展业务培训、每年举办全市业务技能竞赛，极大地提高了全市的案件质量。各区案件合格率从考核初期的75%提高至99%。

4. 促进了精细管理水平提高。

在常态化高位考核的同时，成都市城管监管中心紧紧围绕城市管理中心工作、重点工作和难点问题，定期不定期开展专项普查和专项分析，深入挖掘数字城管数据，撰写数据分析报告和专项普查报告，提出管理建议，为城市精细化管理工作提供数据支撑，促进城市管理精细化水平提升。成都市城市管理精细化工作受到中央、省领导的充分肯定，得到了业内同行认可和市民群众、外来宾客的称赞。成都市连续四届蝉联全国文明城市，荣获了中国最佳旅游城市、全国环保模范城市、中国最具幸福感城市、中国宜居城市等荣誉称号。

第十节　南宁城市管理绩效评价实践

一、南宁市城市管理评价工作历程

南宁是广西壮族自治区的首府，素有"中国绿城"的美誉，是联合国人居奖获得城市、全国文明城市四连冠城市、国家生态园林城市。2007年9月23日，南宁市城市管理监督中心正式挂牌成立，为市人民政府直属，相当于正处级事业单位，主要承担南宁市开展数字化城市管理工作职能，2010年2月，调整为市城市管理局直属事业单位。2013年10月，市委、市政府将市城市管理监督中心恢复为市人民政府直属事业单位，更名为南宁市城市管理监督评价中心，与市城市管理指挥中心合署办公。全市8个城区（开发区）设立了相当于正科级事业单位的城市管理指挥中心，负责指挥街道、社区的城市管理问题处置工作；全市涉及城市管理的50多家单位都组建了城市管理问题处置工作小组。

南宁数字城管从 2007 年运行以来在构建城市管理长效机制方面进行了积极探索与实践。2007 年南宁建成数字城管系统，系统覆盖全市 50 多个责任单位、6 个城区、2 个开发区。2017 年南宁完成数字城管系统整体升级改造，构建"资源整合、信息共享，应采尽采、全面覆盖，高效监督、精准指挥，科学评价、为民服务"的数字城管综合信息平台。2017 年 12 月，完成数字城管系统整体升级改造；2020 年初步建立市级城市综合管理服务平台，实现与国家平台联网；2020 年 12 月，南宁市数字城管系统获认定为数字广西建设标杆引领重点示范项目；2021 年实现与自治区级平台联网和数据共享对接，实现与县级平台数据共享对接。2013 年，南宁开展"美丽南宁·整洁畅通有序大行动"活动，建立起高位统筹、高位指挥，高位组织、高位协调，高位监督、高位评价的城市治理推进机制，依托数字城管系统开展严格的评价问责工作，有效激发街道、社区及各责任主体的数字城管工作力量，大量的城市管理问题在社区得到及时发现和解决，切实提高与加强数字城管处置能力这一系统运行核心，为完成市容服务保障工作、打赢蓝天保卫战、提升城市宜居环境做出重要贡献。

基于南宁市数字城管系统的评价实践，其历程大致包括以下几个阶段。

2007 年 9 月开始：推行国家住房和城乡建设部推广的以处置率、按期处置率、结案率、返工率等为评价指标的数字城管评价机制。

2013 年 9 月至 2018 年 9 月：推行《南宁市"美丽南宁·整洁畅通有序大行动"工作目标专项考评办法（试行）》。

2016 年 7 月至 2018 年 9 月：推行《南宁市扬尘污染治理专项行动考评方案（试行）》。

2018 年 10 月开始：推行《南宁市"美丽南宁·整洁畅通有序大行动"暨扬尘污染治理工作目标专项考评办法的通知》。

2021 年 5 月至 2021 年 12 月：推行《南宁市对自治区绩效考评 2020 年度社会评价意见建议整改方案》。

二、城市管理绩效评价主要内容

（一）评价定位

坚持以人民满意为标准，以转变机关作风和提高服务质量为目标，进一步明确各级各部门的工作目标和职责任务，健全绩效评价工作机制，把抓整改与抓绩效有机结合起来，推动目标实施，解决群众关切问题，切实转变机关作风，让人民群众的获得感幸福感安全感更加充实、更有保障、更可持续，构建南宁市新型城市综合治理长效评价机制。

（二）评价目的

为巩固提升南宁市"美丽南宁·整洁畅通有序大行动"（以下简称"大行动"）和扬尘污染治理专项行动的工作成效，打赢蓝天保卫战，确保各项工作目标任务的全面完成，形成南宁市城市综合管理的长效评价机制。

（三）评价原则

科学评价原则。评价内容综合性、可量化、可报告、可核实。
客观公正原则。统一标准，规范方式，力求客观公正。
奖惩结合原则。公布评价结果，运用评价结果，做到赏罚分明。
公众参与原则。公众参与，社会监督，扩大影响，走群众路线。

（四）评价范围

南宁市建成区范围，即南宁市现辖兴宁区、江南区、青秀区、西乡塘区、邕宁区、良庆区、武鸣区7个城区和横州市、宾阳县、上林县、马山县、隆安县5个县（市），设有南宁高新技术产业开发区、南宁经济技术开发区、广西—东盟经济技术开发区3个国家级开发区。

（五）评价层级

以市级层面作为考核层级。

（六）评价对象

城区（开发区）、市直重点责任部门（单位）、市属重点建设平台公司。

（七）评价主体

由市"大行动"指挥部委托国家统计局南宁调查队作为第三方组织实施评价，市"大行动"指挥部办公室统筹协调，市城市管理监督评价中心作为独立监督机构参与日常评价。

（八）评价内容

按照"市容环境大提升""交通畅通大提升""文明秩序大提升""扬尘污染治理大提升""管理工作大提升"五大提升工程要求所制定的《"美丽南宁·整洁畅通有序大行动"暨扬尘污染治理城区、开发区工作目标专项评价细则》

《"美丽南宁·整洁畅通有序大行动"暨扬尘污染治理工作目标专项评价市直重点责任部门评价方案》《"美丽南宁·整洁畅通有序大行动"暨扬尘污染治理市属重点建设平台公司工作目标专项评价方案》《环境空气质量指标评价方案》进行量化评价。

（九）评价指标

一级考核指标4项：市容环境整治工程、扬尘治理整治工程、实施交通畅通工程、文明有序提升工程。

二级考核指标26项：违法占道、市容管理、环卫保洁、户外广告治理、市政设施、照明设施、广场绿地管理、桥梁管理、门前三包、城中村管理、建设工地治理、农贸市场整治、居住区环境综合整治、沿江沿湖治理、消纳场扬尘治理、搅拌站扬尘治理、运输车辆管理、联合执法、开展道路交通秩序综合大整治、提高城市交通执法管理效能、交通设施维护、道路交通事故预防、开展"讲文明树新风"公益广告宣传、实施"种文化工程"及设置"遵德守礼"提示牌、志愿服务、"道德讲堂"建设。

三级考核指标138项，包括：占道经营、人行道车辆乱停放、乱涂写乱刻画乱张贴乱悬挂、乱摆乱放、绿化带完整无缺失、超高土整治、井盖（含雨水箅子）、工地围挡、场区进出口环境管理、车辆密闭等。

（十）评价标准

每一项三级考核指标都对应有相应的目标要求和扣分标准。

"占道经营"的目标要求为无违规占道摆摊设点现象（含露天烧烤、经营性露天演出、露天洗车场或点），扣分标准为以单个摊点作为1处，每处扣0.05分。

"市政道路"的目标要求为市政道路无坑凼、拱抬、错抬、沉陷等明显破损，扣分标准为以$1m^2$及以上为1个评价单位，每处扣0.05分。

（十一）评价方式

采取明察、暗访、社会监督、公众评议、环境空气质量情况五种方式。明察：组织相关专业人员和各城区（开发区）人员，以及人大代表、政协委员、市民代表、义务监督员、离退休老同志等组成联合评价组进行评价；暗访：由市"两重两问"办、市"大行动"办、国家统计局南宁调查队、市城市管理监督评价中心、扬尘治理视频监控系统等分别对评价对象进行日常评价；社会监督：市属媒体曝光、市民真实有效的投诉举报等；公众评议：组织开展市民满意度调查等；环境空气质量情况：市环保委办公室根据各城区（开发区）环境监测站点数据结合任务目标值计算得出结果。

(十二) 评价周期

考核周期为按月考核。

(十三) 评价程序

评价程序为：考核主体采集数据——评价系统每日公布上一日采集的评价数据——评价责任单位通过评价系统对有异议的数据进行在线申诉——考核主体每个工作日处理申诉数据——考核主体每月组织一次数据仲裁——评价责任单位对评价数据签字确认——评价结果分数测算——评价结果报告发布。

(十四) 评价计分核分

1. 城区（开发区）评价总分。

城区（开发区）评价总分 = 明察得分×25% +（"大行动"督查暗访得分 + 国家统计局南宁调查队专项调查员暗访得分 + 市城市管理监督评价中心暗访得分）×40% + 社会监督得分×10% + 公众评议得分×10% + 环境空气质量评价得分×15% + "三车"评价扣分 + "创卫"评价叠加扣分 + 加分奖励分数

其中，在计算城区（开发区）暗访得分和社会监督得分时，针对数字城管日常采集的数据在各城区（开发区）网格分布不平衡和各城区（开发区）面积大小，群众维权意识不一的情况，用网格系数进行折算，将各城区（开发区）的数字城管案件扣分总和除以网格系数后再汇总进入暗访部分和社会监督部分。网格系数的计算方法为：以 4 个网格数作为系数 1，则各城区（开发区）的网格系数就等于本城区（开发区）的网格数除以 4。以青秀区为例，该区网格数为 30，其网格系数则为：30/4 = 7.5。用网格系数折算后，意味着各城区（开发区）均是平均抽取 4 个网格的扣分分数，这样对于每个城区（开发区）都是公平的。

2. 市直部门评价总分。

市直部门评价总分 = 变化率得分×45% + 贡献率得分×45% + 公众评议得分× 10% + 奖励加分

变化率：本部门当月（关联扣分 + 自身扣分）与本部门前三个月（关联扣分 + 自身扣分）的平均值相比。

贡献率：本部门当月关联扣分在各城区（开发区）的扣分值占比与前三个月占比平均值相比。

计算原理：综合考虑市直各重点部门每月相关联项目的扣分总值和前三个月平均扣分值之间的变化关系（即变化率）和市直各部门对各城区（开发区）评

价结果的贡献情况（即贡献率），利用正态分布函数，并选取城区（开发区）当月评价结果的最高分和最低分作为取值区间，计算市直各重点部门的当月评价得分。

3. 平台公司评价总分。

平台公司评价总分=问题解决率得分×40%+单位面积最大案件密度变化率得分×60%+奖励加分-督查扣分

问题解决率得分计算方法：应得分=处置率×20+按期处置率×20+结案率×50+（1-返工率）×10+应处置总数比例加分值-扣分项分值

单位面积最大案件密度变化率得分计算方法：每个平台公司本月最大案件密度与前3个月平均最大案件密度的变化率，以正态分布函数映射计算得出。

单位面积最大案件密度概念解释：单位面积——固定宽度（200米）的正方形。所有平台公司在计算案件密度时都选用相同的单位面积；案件密度——以一个月为周期，在单位面积内，某平台公司当月该面积发生的案件数量。如某公司，当月在固定宽度（200米）的正方形内共发生了23件案件，则计案件密度为23；最大案件密度——公司在全市范围内，案件密度最大值。

单位面积最大案件密度的测算：从数字城管系统中提取每月各平台公司的案件信息，包括案发地点、经纬度、案件类型等，根据经纬度进行聚类分析，从案件几何分布信息中找出案件密度较高的工地。经纬度信息可以直观反映出案件所发地点，对经纬度进行聚类分析，可以分析出案件数量较多即案件密度较高的簇（工地）。计算工地中的流形长度，从而计算出同等单位面积下的最大案件密度。

（十五）结果分析与反馈

南宁市城市管理监督评价中心每月提供市直重点责任部门评价结果分析报告、市属重点平台公司评价结果分析报告、城区（开发区）数字城管暗访数据及12319市民举报的社会监督数据。

国家统计局每月汇总生成"大行动"暨扬尘评价结果分析报告；市"大行动"办每月通过市属媒体公布评价结果。

（十六）结果运用与监督

实行评价问责制度。月度评价得分在85分以下且排名末位的评价对象，该评价对象分管领导在当月全市"大行动"专题会议上做检讨；连续2次评价得分在85分以下且2次排名末位的，该评价对象主要领导在全市"大行动"专题会议上做检讨，并通过新闻媒体向全市人民检讨，同时对该主要领导及分管领导诚勉谈话，年度内不得授予全市绩效评价优秀单位和文明单位荣誉称号；连续 3 次评价得分在 85 分以下且 3 次排名末位的，该评价对象主要领导及分管领导按任免权限免职。

实行奖惩制度。对各城区、开发区（不包含青秀山风景旅游区）排名前两位的分别奖励 50 万元、30 万元，排名最后一位的处罚 30 万元；每半年对表现突出的市直部门及平台公司实施一定奖励。

纳入年度绩效评价。评价情况纳入城区（开发区）、市直部门及平台公司的年度绩效评价。

对各相关责任人评价结果运用。评价结果作为相关责任人提拔任用或追究问责的重要依据。

（十七）评价保障

组织保障：成立"大行动"指挥部，下设办公室，各城区（开发区）及市直部门、平台公司也设立相应的"大行动"组织领导机构。

人员保障：各参与评价的单位安排专人负责评价相关工作。

资金保障：市财政局负责提供评价结果奖励资金。

技术保障：评价系统软件开发公司负责提供技术支持。

三、评价工作的主要亮点和成效

（一）主要创新亮点

1. 高位城市治理机制强化责任落实。

为强化责任落实，2013 年南宁市成立市"大行动"指挥部，指挥长、副指挥长分别由市委副书记、副市长担任，指挥部一般每两个月召开一次专题工作会（见图 6 - 1），实现高位统筹指挥；成立"大行动"指挥部办公室，负责开展"大行动"及扬尘治理工作的日常指导协调，实现高位组织协调；为避免在"大行动"专项评价中出现既当运动员又当裁判员的问题，南宁市委、市政府决定由南宁城市管理监督评价中心作为独立监督机构参与"大行动"日常评价工作，监管分离，实现高位监督评价，突出南宁数字化城市管理监督、评价两大重要职责。国家统计局南宁调查队作为第三方评价机构共同承担评价任务。各城区（开发区）也相应成立"大行动"指挥部，形成城区相对高位指挥、高位协调、高位评价的城市治理机制。南宁数字城管高位评价机制在全国数字城管中属于创新举措，在国家住房和城乡建设部对全国数字城管组织架构的评分项目中是得分最高的组织架构形式。

图6-1 南宁市召开全市"美丽南宁·整洁畅通有序大行动"推进会

资料来源：根据调研获得。

2. 构建多维城市治理评价体系。

2013 年以来，南宁数字城管依托两套评价体系实施城市治理评价。一是数字城管评价体系，二是"美丽南宁·整洁畅通有序大行动"暨扬尘污染治理专项评价体系。

其中：数字城管评价体系以国家住房和城乡建设部推广的处置率、按期处置率、结案率、返工率等评价指标进行分数计算，对城区、开发区、市直部门、建设平台公司、移动联通等管线公司及共享单车公司等 63 个责任单位的案件处置情况进行评价。

扬尘污染治理专项评价体系对 8 个城区、开发区，10 个市直重点责任部门及 6 个市属建设平台公司进行评价，并根据不同的评价对象，建立了 4 类不同评价模型——城区（开发区）评价模型、市直部门评价模型、平台公司评价模型、城区责任网格评价模型。和数字城管评价相比，扬尘污染治理专项评价的城区（开发区）评价的明显区别是不给责任单位处置时间，实施"发现即扣分"的严格评价标准；市直部门评价的特点是评价案件分为自身案件和关联案件，自身案件是市管道路、市管公园广场及市管建筑工地等市直部门直接管理范围内的案件，关联案件是城区（开发区）作为责任单位的案件，根据市直部门职能对相关市直部门进行关联扣分，并建立了"变化率＋贡献率"数学模型进行分数计算；平台公司评价的特点是允许有整改时间，评价指标采用了数字城管评价的处置率、按期处置率、结案率、返工率等，并建立了"单位面积最大案件密度变化率"数学模型进行分数计算；城区责任网格评价的特点是责任网格案件处置情况与个人绩效直接挂钩，网格员通过主动发现、积极领取处置网格案件可以挣"工分"，最后根据"工分"排名评定绩效评价等级，分配绩效工资。

扬尘污染治理评价于 2018 年 10 月并入"大行动"评价中。扬尘污染治理采取"源头治理"模式，对涉及工地、道路运输、消纳场、堆场、搅拌站等责任单位进行评价，并将环保 PM2.5、PM10 监测数据作为考核指标。

南宁市构建多维城市治理评价体系，通过评价抓手，凝聚了城市多方治理主体的力量，促使全市上下形成城市环境综合治理一盘棋的行动自觉，达到了运用评价杠杆作用撬动城市治理，实现市容环境整体跃升的效果。

3. 建立数学模型破解"差异化"难题。

针对评价对象差异化形成的评价案件数差异较大的问题，南宁市创新引入"网格系数"概念破解城区（开发区）的区域差异化问题；通过建立"变化率＋贡献率"数学模型破解市直部门的职责差异化问题；通过建立"单位面积最大案件密度变化率"数学模型破解市属平台公司的业务差异化问题；通过项目关联扣分体现市直部门与城区（开发区）的"同网同责"；通过同一个评价项目子项关联扣分体现配合部门与牵头部门"同项同责"，使评价工作更显科学和公平。南宁市破解差异化的举措，在城市管理考核评价领域为全国首创。

4. 精细化叠加"创城"数据，打造"评价＋"模式。

为保障南宁创卫生城、创文明城、创生态园林城工作需要，在城市管理常态化评价基础上，分别叠加创卫生城、创文明城、创生态园林城数据，形成"评价＋"模式，服务各项专项整治行动。

5. 深化网格管理机制，夯实数字城管解决问题能力。

南宁以社区为基本单元划分 490 个工作责任网格，明确责任部门和网格责任人，建立"纵向到底、横向到边"的城市管理责任落实体系。每个网格由社区负责人、城区相关职能部门负责人担任，网格员由包括城管、食药、工商、住建、交警、市政、环卫、社区工作人员和志愿者等城市管理一线人员组成，既厘清专业分工，又明确合作要求，形成网格内联动的"基层一张网"。实行同网同责，任务到网、责任到岗、奖惩到人的网格管理制度，充分调动一线工作人员的积极性，激励立足岗位、主动作为，实现"发现问题人人有责，处置案件专人负责，处置效率人人监督"，小案件即时办结，大案件及时转办的高效运转机制。

网格人员必须第一时间处置市级数字城管派遣的案件，同时还必须主动通过城区的"城管通"采集上报非自身职责可处置的案件，由网格一线工作人员领取处置，使城市管理问题第一时间得到发现、第一时间得到处置。这一做法相当于城区责任网格叠加了数字城管监督网格，极大激发了社区数字城管"天天发现问题、天天处置问题"的工作力量，基本达到大量的城市管理问题在网格内部得到发现和解决的良好工作效果。

6. 强化评价结果运用，促进责任主体主动发现和处置问题。

考核评价是城市管理的最后环节，是落实城市管理责任、完成城市管理目标、建立城市管理长效机制必不可少的重要保证，强化评价结果的运用是一条成功经验。

市级层面：市"大行动"评价结果运用。一是实行评价问责制度。连续评价得分在85分以下且2次排名末位的，该城区（开发区）主要领导在全市整洁畅通有序专题会议上做检讨，并通过新闻媒体向全市人民检讨，同时对该城区（开发区）主要领导及分管领导诫勉谈话，年度内不得评为全市绩效评价优秀单位和文明城区（单位）荣誉称号；连续3次评价得分在85分以下且3次排名末位的，对该城区（开发区）主要领导及分管领导按任免权限免职。对出现重大城市综合管理问题的城区（开发区），追究主要领导及分管领导责任。二是实行奖惩制度。建立城市整洁畅通有序工作专项奖励资金，用于城市综合管理工作：城区、开发区排名前两位的分别奖励50万元/月、30万元/月，排名最后一位的处罚30万元/月。年终对先进个人给予表彰。三是纳入年度绩效评价。将城区（开发区）及市直部门"大行动"专项评价结果纳入年度绩效评价，以评价倒逼责任落实。

城区层面：城区实行差异化考核机制，与绩效工资挂钩。以青秀区为例，实行城区、街道、网格"三级"内部考核机制，城区评价街道、街道评价网格、网格评价个人。城区评价街道，以市级数字城管案件实际扣分值占全城区比重和贡献力计算，评价结果运用包括奖励、问责、确定社区（村）工作经费、确定社区"两委"班子副职以上领导及城中村定工干部绩效工资等次、确定各街道（开发区）城管协管员绩效等次分配比例等，通过严格的奖惩措施，倒逼街道注重城市管理实效。街道评价网格，根据网格市级数字城管案件情况和网格处置案件总体情况计算，评价结果运用：一是确定社区（村）工作经费发放额度以及各社区（村）"两委"班子成员及定工干部绩效工资发放额度，二是确定社区工作者、城管（市容）协管员、保洁员绩效工资等次在网格的名额分配比例。网格评价个人，一是评价归属个人责任的市级数字城管案件数，即凡属于网格范围的问题，网格员没有及时发现，一旦被市级监督员发现的就扣责任人的"工分"；二是评价个人主动处置案件数，即通过主动发现、积极领取处置网格案件又可以挣"工分"，如网格保洁员主动上报非自身保洁职责范围的跨门槛经营案件可以挣"工分"，其中主次干道的一个案件可以挣 0.05分，背街小巷的一个案件挣 0.03 分。以"挣工分"为导向，结合网格员上报案件以及处置案件能力等进行量化评定，最后根据"工分"排名评定绩效评价等级，分配绩效工资。此外，青秀区还出台了市民参与城市管理微信红包奖励实施办法，市民或网格员上报非自身职责可处置的案件，得到受理的每条奖励1 元钱。

7. 搭建"互联网 + 城管"服务，充分调动市民参与城市管理积极性。

南宁数字城管建设和完善 12319 热线、12319 微信、微博、便民通、扬尘污染有奖举报平台、门户网站等功能，提高市民参与城市管理监督的便捷度。

（二）工作成效

第一，初步形成城市综合治理长效机制，大量城市管理问题在网格一线得到有效解决，提升城市管理水平。高位监督、评价、问责机制，推动各责任主体在网格一线主动天天发现问题、天天解决问题，有效降低市级数字城管平台的案件监督量。

第二，破解城市综合治理处置滞后等问题，一批重点难点问题得到突破解决。推进园湖南路沿线市容市貌专项改造提升工作，解决该道路扩建人行道历史遗留问题；彻底整治昆仑大道"脏、乱、差、堵"问题，初步建成环境整洁、交通顺畅、景观和谐的示范性道路；推进那考河湿地公园周边生态环境维护；全市设置共享单车停车泊位，强化违规停放车辆清理整治，加强规范管理，共享单车乱象得到初步遏制；治理施工围挡不规范、破损、歪斜等"硬伤"，传统的中国水墨画配以倡导文明公益的标语，施工围挡"变身"为靓丽的城市风景线。

第三，城市综合治理由单一执法向服务管理转变，以人为本，提高服务市民和服务企业的能力和水平。网格巡查服务生主动开展法治宣传、咨询服务、教育劝阻等服务工作，不断提升城市文明程度和市民文明素质；堵疏结合，引摊入市，在不影响车辆及行人通行的空地等区域，规范设置便民早市点，不仅满足群众生活的需要，还整治乱摆卖现象；开展服务企业，加快重点项目建设行动，对全市消纳场地统一协调、统一安排，通过跨区域运土、24 小时开放等方式，确保工程土方及时外运；开辟重点项目服务"绿色通道"，全力保障五象新区、轨道交通等全市重点项目建设。

　　第四，打造城市综合治理品牌，"礼让斑马线"和智慧治尘工作得到广泛好评。"礼让斑马线"活动是南宁城市综合治理的重要创新，成为南宁的一个形象品牌。南宁扬尘污染治理取得显著成效，"南宁蓝"实现常态化。

第七章

城市管理工作绩效评价保障机制

落实习近平总书记关于城市"精治、法治、共治"要求，提高城市管理的科学化、精细化、智能化水平，是完善新时代城市管理机构职能与管理体制的基本方向。绩效考核制度为城市治理指引了改进方向，为确保城市管理绩效评价指标体系建立后能够持续应用到城市治理中，需要针对当前城市管理工作绩效评价存在的问题进行整改完善，为城市管理工作绩效评价搭建闭环完整的机制环境，保障其顺利运行。

第一节　加强统筹协调，提升部门话语

面对日益复杂的城市管理工作，城市管理执法需要城市管理主管部门与多部门协调合作，同时作为执法部门，需要维护执法的权威性，但现有的机构设置难以满足城市管理和执法工作的需求。因此，为保障城市管理绩效评价工作，需要建立高位协调统筹机构或机制，对相关工作进行支持保障。

一、充分发挥部际联席会议作用

全国城市管理工作部际联席会议制度于 2016 年 5 月经国务院批准，由住房和城乡建设部、中央编办、国务院法制办牵头，国家发展改革委、公安部、财政部等 16 个部门建立，定期召开联席会议。住建部门在加强城市管理工作顶层设计和统筹规范工作的同时，要充分维护和运用好城市管理工作部际联席会议制度，尊重和发挥牵头部门的地位作用，通过工作机制和方式创新加强部际沟通与合作，各责任部门按照重点任务分工统筹推进改革工作，确保联席会议制度能够系统深入研究解决各地城市管理实际问题，在完善顶层设计和推进基层工作上产生实效。

专栏 3 - 1

目前城市管理考核的成功经验排名前三的分别是：城市管理考核制度建设与立法、城市管理考核指标系与标准、领导重视城市管理工作，其中领导重视城市管理工作排名第一（见图 7 - 1）。

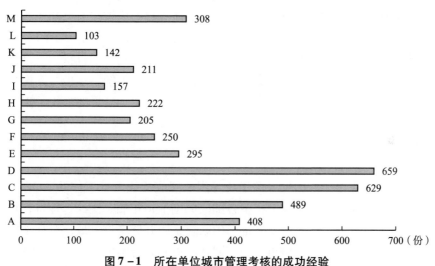

您所在单位城市管理考核的成功经验有哪些？

图 7 - 1　所在单位城市管理考核的成功经验

注：A 城市管理考核组织模式；B 城市管理考核制度建设与立法；C 城市管理考核指标系与标准；D 领导重视城市管理工作；E 考核期间相关部门能相互协调配合；F 公民参与城市管理；G 委托第三方组织城市管理考核；H 考核周期设置；I 考核方式的合理选择和组合；J 考核结果的分析、反馈与运用；K 考核程序科学公正；L 考核队伍专业化；M 考核问责与落实整改。

资料来源：2018 年住房和城乡建设部《城市管理综合考核评价工作研究》的调查问卷分析。

二、加强地方高位领导统筹效力

基于我国国情，开展好城市管理绩效评价是典型的"一把手"工程，需要地方党委与政府首位领导大力支持。因此，城市管理绩效评价工作首先要加强高位统筹，建立"一委一办"机制，一委即城市管理委员会，一办即城市管理办公室，由市长或市委书记担任委员会主任，由城市管理局局长担任办公室主任，加强城市层面的整体统筹协调；其次，城市管理部门是与全国文明城市、国家卫生城市、国家园林城市和联合国人居奖关联密切的重要部门，加强与城市管理领域各类考核评价的统筹与规范，强化上下衔接、左右协调。整合住建系统内的国家园林城市、国家生态园林城市等相关考核评价工作，协调相关部委的各类示范城市创建申报，充分对接全国文明城市、全国卫生城市等创建体系，确立自身在城市管理领域考核评价的更高站位。

三、强化各级城市管理机构建设

虽然不同城市的发展水平不一，但为便于统筹管理，需要更加科学合理地设置省、市、县城市管理机构。一是规范机构名称和业务范畴，除去一些带有所在城市地方特色的机构，其余全国范围内普遍存在的机构应该在名字和业务范畴上规范统一，有利于体现机构的正式性并使其更高频率地出现在市民的信息渠道中，不断加深市民对该机构的印象，使其成为有更大影响力的机构。二是统一岗位编制，在同类型的机构中，各类岗位应当在编制制定上统一标准，无论是行政编制还是事业编制，统一标准才能在统筹管理中进行更加公平的绩效考核。[①]

四、统筹考核，增强效力

根据中共中央办公厅印发《关于统筹规范督查检查考核工作的通知》，要严格控制总量和频次，中央和国家机关各部门原则上每年搞1次综合性督查检查考核，同类事项可合并进行，涉及多部门的联合组团开展考核。城市管理部门是创建全国文明城市、国家卫生城市、国家园林城市和联合国人居奖的重要部门，因此城市管理绩效评价工作要加强与城市管理领域各类考核评价的统筹与规范，强化上下衔接、左右协调。整合住建系统内的国家园林城市、国家生态园林城市等相关考核评价工作，协调相关部委的各类示范城市创建申报，充分对接全国文明城市、全国卫生城市等创建体系，确立城市管理部门在城市管理领域考核评价的更高站位。

第二节 完善法规建设，改进治理效能

城市管理工作特别是基层城市管理工作涉及诸多直接利益问题，亟须相应的法律法规保障。与此同时，由于缺乏权威的法律法规保障，对城市管理进行界定时也容易面临分歧，导致事权不统一、不规范、不匹配。完善法规建设，通过健全规范的法律、法规、标准体系为城市管理中的各项工作行动提供统一合理的依

---

① 张同林等. 城市综合管理标准体系研究 [M]. 上海：上海社会科学院出版社，2017.

据，从而改进治理效能。

一、推动城市管理法规体系建设

现阶段无论在国家还是在省市级层面，均无可以包含整个城市管理领域的系统性、综合性法律或行政法规对城管机构的名称、法律地位、职责权限、机构设置、人员编制等进行统一规范，管理范围、执法程序、法律责任等方面的规定也有所欠缺，城市管理行政执法的依据仍然是以地方性法规、政府规章、临时性文件为主，法规分散、条目众多、权责不清，直接导致了各地城管执法队伍执法范围各异、机构性质不一、部门间责任划分不清。目前，《中华人民共和国行政处罚法》和《中华人民共和国行政强制法》对于执法过程的规范性较强，但保障行政执法程序和效果的手段较少，执法程序复杂、执法流程较长、部分规定过于严格或宽松或难以实践，导致部分领域的行政执法缺乏实际操作性，对违法行为的查处效率低下，亟须完备的城市管理法制体系作为法律制度保障，需要加快立法进程。与此同时，城市管理已经推行网格化、数字化管理新模式，但既有的国家和地方法律未能跟上新模式的步伐，现实中部门职能、机构设置、权责关系、绩效评价等方面已然发生了变化，但法规的调整修订尚未充分配套到位，需要尽快修订完善。

二、推动城市管理标准体系建设

城市管理标准体系是社会发展和城市治理的重要技术基础，管标化建设标准体系是社会发展和城市治理的重要技术基础，是加强城市精细化管理、构建新型城市治理体系的一项基础性工作，但现实中还存在城市管理标准化认识还不够深入、城市管理标准化体系还不完善、城市管理标准化保障机制还不健全等问题。下一步可聚焦"3+1+1"领域推进标准体系建设，"3"即市政公用设施运行管理、市容环卫管理、园林绿化管理等行业领域的管理标准，以及领域范围内所涉及的交通秩序、公共安全、生态保护和环境、应急等部分的管理标准；第一个"1"即城市管理执法标准；第二个"1"即城市运行管理服务平台建设运行管理标准。开展城市管理标准化信息平台建设，定期对分散化的行业和区域标准进行汇总梳理，按照"立改废释"的分类，编制出城市管理标准的目录清单、问题清单、清理清单，纳入规范化手册，形成管理制度，再要求对应的责任部门依据手册、对照清单开展城市管理工作，通过反馈机制对管理标准再完善。在城市管理急需实施标准化的领域，选取有代表性的城市、企业或机构开展急需实施标准化的试点工作，通过发现和解决问题，积累经验，适时推广。

三、推动城市管理执法能力建设

一是梳理建立健全执法条目清单，清理冗余职权，明确权责划分，一种类型的违规违法事件仅由一个部门（牵头）执法；对于已经明确的权责划转，要加快特种作业人员及设备的划转，避免因人员缺位造成"灯下黑"。二是提高执法人员招录门槛，执法人员需要达到一定的标准才能从业，如必须完成正规的学习训练，或通过正式的考试获取上岗资格证书。三是统筹人才引进及分配，先由下级单位上报需求，再由省市级单位定期统一招录，最后根据下级单位需求进行调配，稳步推进城市城管执法队伍的新老更替和能力提升。四是从工资福利、奖惩、职务晋升等方面完善激励和保障机制，提高一线执法人员的工作积极性和执法队伍凝聚力。五是强化执法监督，加强执法纠错和队伍净化能力建设，整合内部执法监督力量，健全监督责任制度和全过程、信息化监督机制，加重对有案不立、压案不查、逃避监督等行为的查处惩治力度；探索建立律师随队监督服务等社会评议机制，提高社会监督质量。

第三节　建好运管服平台，创新数治模式

习近平总书记指出，要牢牢抓住城市治理智能化的"牛鼻子"，抓好政务服务"一网通办"、城市运行"一网统管"，坚持从群众需求和城市治理突出问题出发，把分散式信息系统整合起来，做到实战中管用、基层干部爱用、群众感到受用。[①] 住房和城乡建设部顺应数字化、网络化、智能化发展趋势，高度重视运用现代信息技术加强城市治理。2021 年 12 月，住房和城乡建设部印发《关于全面加快建设城市运行管理服务平台的通知》，城市运管服平台是以城市运行管理"一网统管"为目标，以城市运行、管理、服务为主要内容，以物联网、大数据、人工智能、5G 移动通信等前沿技术为支撑，具有统筹协调、指挥调度、监测预警、监督考核和综合评价等功能的信息化平台，分为国家、省级和市级三级平台，是运用数字技术推动城市管理手段、管理模式、管理理念创新的重要载体。

---

① 刘士安，李泓冰，姜泓冰，等．《加快建设具有世界影响力的社会主义现代化国际大都市（沿着总书记的足迹·上海篇）》［N］．人民日报，2022－06－25.

一、推进绩效评价体系架构贯通化

城市运行管理服务平台打破了过去仅仅局限于单体城市的架构模式,自上而下贯通拓展成为"互联互通、数据同步、业务协同"的国家、省、市三级城市运管服平台体系,有力强化央地之间就城市治理分层分级分类的协同架构:国家级平台抓总体、抓大事,重在"观全域",对全国重大事项统一实施指挥处置;省级平台发挥枢纽联通作用,衔接上下左右,实现对本省重大风险的源头管控、过程监测、预报预警、应急处置和综合治理;市县平台重在实战联动,推动线下作业,第一时间发现问题、第一时间控制风险、第一时间解决问题,打造快速反应、处置高效的一线作战平台。在三级平台基础上,可进一步依托移动终端将应用延伸至责任网格、社区,形成五级城市运行管理服务系统,最终实现对全国城市运行管理服务状况的实时监测、动态分析、统筹协调、指挥监督和综合评价,形成"致广大而尽精微"的平台化协同、在线化服务、数据化决策、智能化监管的新型数字政府治理模式,保障党和国家的城市治理理念、谋略、政策、制度、规则、行动、目标、绩效在中央、省级、市级、区县、乡镇、社区多个层级有序、有效、有力地贯通。

二、推进绩效评价治理工具数据化

国家平台、省级平台建立包括业务指导、监督检查、监测分析、综合评价数据,市级平台上报数据和外部汇聚数据在内的综合性城市运行管理服务数据库;市级平台则从指挥协调、行业应用、公众服务、运行监测、综合评价等系统,以及其他外部系统采集城市基础数据,运行、管理、服务和综合评价等数据。平台依托建立统一的地名地址标准和数据库,打造城市运行空间底图,汇聚政务数据、视频数据、物联数据、地图数据和社会行业等公共数据资源,实现基础地理信息、建筑物模型、基础设施等各类城市治理要素的"一图汇聚"和动态呈现。将城市信息模型(CIM)、建筑信息模型(BIM)、地理信息系统(GIS)和物联网(IoT)等多项技术统一集成,构建城市三维空间的"静态 + 动态"数据底板。进而围绕观、管、防、处、评、督等维度,聚焦"人、物、动、态",建立市政设施、市容环境、城市交通、城市安全、城市活力等方面的运管服指标体系,生动立体呈现城市运行宏观态势和微观脉动。以客观数据作为衡量标准,平台助力城市管理绩效评价"有数可依""有据可考",推动决策实现从"经验判断型"向"数据分析型"的转变,从"被动处置型"向"主动发现型"的转变,在一定程度上能够避免传统工作的主观性、随意性和选择性，从而客观、科学、公正地保障城市治理高效运行。

三、推进绩效评价治理机制集约化

平台建设追求"一网统管"目标，理顺"千条线"，练出"绣花功"，实现政府业务整体化治理。为此，国家、省、市三级城市运管服平台的建设不能仅仅关注技术层面的实现，更重要的是强化流程再造和联勤联动，推进管理模式革命性重塑。以线上信息流、数据流倒逼线下业务流程全面优化和管理创新、以技术手段倒逼业务部门开展流程再造和业务创新，推动城市管理部门按照"一网统管"的要求，全面梳理内部工作流程，推进城市运行各类问题处理模式从传统人工处理向智能管理转变，实现"指令到人"，做好"高效处置一件事"，改变以往九龙治水、推诿扯皮、效率低下的被动局面。例如，平台的监督检查系统包括重点工作任务督办、联网监督和巡查发现等功能模块，构建"统筹布置、按责转办、重点督办、限时反馈"的闭环工作流程机制。

第四节　凝聚行业共识，构建长效机制

城市是一个复杂性系统，对其实现善治并非一蹴而就，改革是一项长期的过程。我国城市管理工作要实现有为有效需要顶层设计和基层实践的良性互动。因此，取得的成功经验和创新成果需要及时总结，将其标准化、机制化，从而构建起长效闭环机制。

一、建设高水平专业化城市管理队伍

从全国角度来看，城管队伍的人员编制是有很大差异的，北京市城管队伍是由行政执法编制的公务员组成；上海、深圳等地的执法队伍由政府事业编制人员组成；其余城市多是合同制或劳务派遣人员组成。人员编制的不同背后还存在着执法队员学历、所学专业、政治面貌等诸多方面的差异，未来应推进全国城管队伍正规化发展，不仅是队伍制服着装的统一，还应结合住房和城乡建设部《关于巩固深化全国城市管理执法队伍"强基础、转作风、树形象"专项行动》的要求，在其性质定位、工作职责、参与机制、建设发展、经费保障、领导体系等方面制定正式的规范文件来指导工作、明确职责、保障权益，以及约束行为。

二、健全城市管理部门全程参与机制

城市管理要按照全周期管理理念，在过程上形成闭环，规划、建设、更新各环节均应积极参与，在规划与建设实施期间，应当加强过程评价和反馈，确保城市规划建设满足管理需求，对于不满足需求的情况也能做到及时调整更正。综合执法应参与规划决策工作，并拥有讨论和表决权，避免因前期规划失当，导致事中事后无法管理。

三、深化城市管理理论实践协同创新

一是加强城市管理学科专业建设，加强对开设城市管理专业的院校在教学科研与城市管理一线实践的协同支持，使一部分未来进入城市管理岗位的员工提前在学习期间习得城市管理专业知识，培养城市管理专业思维。二是培养专业能力，通过建立专业的学习系统和考试系统，让相关从业人员能够有渠道学习提升，并将学习和考试纳入绩效考核，不同职级的从业人员应当通过对应的专业考试才能上岗和晋升。三是建设行业专家库，聘请专家学者作为顾问，或与优秀院校展开合作，吸收各方面专家学者参与标准编制活动，为开展城市管理标准化研究、推广应用标准化成果提供专业力量。四是加强与企业的交流，企业也是参与城市管理的主体单位，通过强化与企业的交流，借鉴企业的先进管理与技术应用经验，并更好地在城市管理中发挥参与单位之间的协同作用，进一步提高效率。

第五节 社会共同缔造，建设人民城市

习近平总书记提出，人民城市人民建，人民城市为人民。① 鉴于在以往媒体报道中，城管暴力执法形象令人印象深刻，这既不利于城市管理法律法规的普及和相关执法部门形象的改善，也不利于城市管理政策和理念的推广，因此需要尽可能引导公众参与到城市管理中，通过参与让公众对城市管理有更加全面的认识。

一、制定有利于公众参与的机制

人民城市人民管，人民城管为人民。始终坚持人民群众在城市管理中的主体

---

① 《习近平：人民城市人民建，人民城市为人民》[N]. 人民日报，2020－01－13.

地位，保障人民的知情权、参与权、表达权和监督权。城市管理相关部门要加强与公众的互动，通过修改、制定相关规定，引导社会力量参与城市管理，对街道城市管理服务社、综合管理服务社，以及路管会、片管会等群众自治组织的性质定位、职责要求、领导体制、建设发展等作出政策规定，加强权益维护和工作激励，更好地发挥其在城市管理中的作用。在工作中接受来自各个方面的公共监督，对于网络上、现场中和来信来函的群众意见高度重视、认真对待，将处理情况及时反馈和公开。不断拓宽公共监督的渠道，要发展多种形式的受监督方式，如组织城管队伍开放日、人民城管进校园、城管执法公益宣传、城管队伍进社区等。将队伍自身展现给公众，让城市管理在阳光下进行，让人民群众、企业组织乃至全社会都为城管队伍建设建言献策。

二、推动城市管理协同社区治理

利用好社区的网格化管理，将城市管理部门与公众密切联系在一起，通过社区的宣传带动和志愿者的协助，能够更高效且更低成本地提高公众参与度。在城市管理的网络中，要致力于营造良好的城市管理氛围，塑造城市居民的"主人翁"意识，建立与城市居民的沟通机制，在舆情应对得当的基础上给予城市居民更多的话语权，让他们为城市的规划、建设和管理各环节出谋划策，使得政策的制定和落实有充分的事前调研、持续的事中反馈，以及及时的事后改进。

三、加强城管文化建设与形象塑造

城管队伍文化要以习近平新时代中国特色社会主义思想为指南，奉行社会主义核心价值观，坚持以人民为中心的治理理念。通过学习科学严谨的队伍发展理念、传播良好队伍形象的公共宣传和创作优秀的展现城管风采的文化作品，推进城管队伍文化精神建设，让城管文化成为推进城市管理工作进步、城管队伍建设的坚实精神内核。通过各种媒体传播城市管理相关知识，引导公众区分概念，即此"城管"非彼"城管"。针对城市管理部门，应当加强其与公众之间的沟通及法制宣传，提高城市居民知法水平和守法意识，让公众意识到城市管理中执法的必要性。同时，要加强舆情分析和应对，端正思想和统一行动，通过主动规划加强城市管理话语体系建设和舆论阵地建设，有效监测和正面引导社会舆论方向，减少负面炒作对城市管理部门形象的消极影响。

参 考 文 献

[1] 包国宪, 曹西安. 我国地方政府绩效评价的回顾与模式分析 [J]. 兰州大学学报 (社会科学版), 2007: 34 - 39.

[2] 彼得·德鲁克. 管理实践 [M]. 毛忠明, 译. 上海: 上海译文出版社, 1999.

[3] 曹海青. 我国城市管理的典型做法和经验借鉴 [J]. 城市管理与科技, 2013, 15 (5): 55 - 57.

[4] 陈敏之. 略论城市管理问题 [J]. 城市规划研究, 1980 (3): 57 - 62.

[5] 陈天祥. 基于治理过程变革的政府绩效管理框架——以福建省永定县为例 [J]. 中国人民大学学报, 2009, 23 (5): 119 - 126.

[6] 陈雪莲. 地方政府绩效评估改革的突破与局限——以杭州市 "综合评价制" 为个案 [J]. 理论与改革, 2010 (1): 146 - 150.

[7] 邓小平. 邓小平文选 (第二卷) [M]. 北京: 人民出版社, 1983.

[8] 方振邦, 罗海元. 战略性绩效管理 [M]. 北京: 中国人民大学出版社, 2010.

[9] 韩利. 首都城市环境建设管理检查考评体系的完善与发展 [J]. 城市管理与科技, 2017, 19 (4): 12 - 15.

[10] 柯善北. 城市执法改革开启源头治理《中共中央 国务院关于深入推进城市执法体制改革改进城市管理工作的指导意见》解读 [J]. 中华建设, 2016 (3): 4.

[11] 蓝志勇, 胡税根. 中国政府绩效评估: 理论与实践 [J]. 政治学研究, 2008 (3): 106 - 115.

[12] 李浩. 绩效管理 [M]. 北京: 机械工业出版社, 2017.

[13] 梁文潮, 李运灵. 电网企业执行力方略: 理论、方法与考核实务 [M]. 北京: 中国电力出版社, 2011.

[14] 刘福元. 城管考核机制中的指标体系研究——围绕导向性、设定原则和量化评价的制度文本考察 [J]. 西南政法大学学报, 2017, 19 (3): 62 - 84.

[15] 罗海元, 王伟. 完善新时代城市管理机构职能与管理体制研究——基

于我国八省市三级城市管理实践考察 [J]. 中国行政管理, 2019 (8): 7.

　　[16] 秦晓蕾, 陆登高. 基于治理能力提升的城管绩效考核: 一个层次分析法应用 [J]. 公共管理与政策评论, 2020 (2): 36 - 45.

　　[17] 尚虎平, 赵盼盼. 绩效评估模式泛滥与绩效不彰困境——基于 42 个案例的分析 [J]. 中国行政管理, 2012 (11): 18 - 24.

　　[18] 万德利, 仲伟新. 对注册税务师行业引入标杆管理的若干思考 [J]. 注册税务师, 2014 (5): 4.

　　[19] 王蒙徽. 实施城市更新行动 [J]. 中国房地产, 2020 (34): 4 - 9.

　　[20] 王倩雯. 基于价值网视角的天津市城市管理绩效评价研究 [J]. 东南大学学报 (哲学社会科学版), 2016, 18 (S1): 66 - 68.

　　[21] 王伟. 补城市管理短板, 建人本共享城市 [N]. 中国城市报, 2018 - 12 - 10 (17).

　　[22] 王伟. 治理现代化视角下城市运行管理服务平台的价值思考 [J]. 城市管理与科技, 2023, 25 (1): 79 - 81.

　　[23] 吴建南, 阎波. 地方政府绩效评估体系的路径选择——福建的分析 [J]. 中国行政管理. 2008 (2): 25 - 29.

　　[24] 徐文营, 韩叙, 纪哲, 等. 北京东城: 创建城市管理新模式 [N]. 经济日报, 2005 - 07 - 19 (13).

　　[25] 杨东奇, 李一军. 基于 DEA 的城市管理绩效评价研究 [J]. 中国软科学, 2006 (2): 151 - 154.

　　[26] 杨宏山. 美国城市运行管理及其启示——以巴尔的摩市的 CitiStat 项目为例 [J]. 城市管理与科技, 2008, 10 (6): 40 - 42.

　　[27] 杨剑, 自云, 郑蓓莉. 目标导向的绩效评价 [M]. 北京: 中国纺织出版社, 2002.

　　[28] 易开刚. KPI 考核: 内涵、流程及对策探究 [J]. 技术经济, 2005 (1): 48 - 49.

　　[29] 余池明. 以系统观念推进城市管理体系化建设 [J]. 上海城市管理, 2021, 30 (4): 48 - 53.

　　[30] 禹竹蕊. 南京市大城管改革的特点、成效与完善路径 [J]. 城市管理与科技, 2013, 15 (4): 53 - 56.

　　[31] 曾苗, 宋琪. 对我国地方政府绩效评估模式的思考——以 "陕西模式" 为例 [J]. 西安邮电学院学报, 2010, 15 (3): 131 - 134.

　　[32] 张春贵. 健全首都环境建设考核评价体系　提升政府城市治理能力 [J]. 城市管理与科技, 2016, 18 (5): 6 - 9.

［33］赵继敏，杨波．中国城市管理水平评价的初步研究——以44个重点城市为例［J］．宏观质量研究，2014，2（1）：84-93.

［34］郑伟．精细化管理：提升城市品质的重要手段——以上海市徐汇区为例［J］．上海城市管理，2019，28（6）：33-38.

［35］中共中央 国务院关于深入推进城市执法体制改革改进城市管理工作的指导意见［EB/OL］．（2015-12-30）．http：//www. gov. cn/zhengce/2015-12/30/content_5029663. htm.

［36］中国行政管理学会课题组．政府部门绩效评估研究报告［J］．中国行政管理，2006（5）：11-16.

［37］中华人民共和国国民经济和社会发展第十二个五年规划纲要［EB/OL］．（2011-03-17）．http：//www. scio. gov. cn/，2011-03-17.

［38］朱仁显，李楠．大城管模式与城市综合管理一体化——基于厦门实践的研究［J］．东南学术，2017（3）：103-110.

［39］邹晓春．人力资源管理88个工具精讲（白金实战版）［M］．北京：人民邮电出版社，2014.

［40］B J Gerald. Benchmarking：Guide for Becoming and Staying the Best of the Best. Schaumburg：QPMA Press，1998.

附录 《城市管理工作绩效评价指标体系》

附表 1　　　　　　　　国家对省级城市管理绩效评价指标体系

一级指标	二级指标	三级指标	评价标准	评价方式	指标类型
R1：战略引领（25 分）	F1：党委政府重视（10 分）	I1：责任落实（3 分）	（1）省级党委和政府将推动《指导意见》的落实列入重要工作事项；（1 分） （2）省（自治区、直辖市）政府制定落实《指导意见》的实施方案，明确各部门责任落实，细化配套政策；（1 分） （3）省（自治区）至少完成一个城市先行试点，直辖市全面启动改革工作。（1 分）	查阅台账	基础达标型指标
		I2：高位协调（4 分）	（1）建立省政府常务副省长牵头负责的城市管理工作联席会议制度；（2 分） （2）城市管理联席会议形成常态化议事机制，定期运转；（1 分） （3）联席会议制度能够有力解决制约城市管理工作的重大问题，解决相关部门职责衔接问题。（1 分）	查阅台账	
		I3：重大决策（3 分）	（1）省主管领导定期召开城市管理工作会议，研究省内城市管理工作并及时决策部署；（1 分） （2）决策成果能及时转化为政策、制度等规范性管理依据；（1 分） （3）决策成果执行实效明显，切实解决省内城市管理共性问题。（1 分）	查阅台账	
	F2：体制机制理顺（15 分）	I4：机构设置（4 分）	（1）省（自治区、直辖市）城市管理主管部门机构设置明确，在省住建厅内城市管理执法机构综合设置；（2 分） （2）全省各层级城市管理机构统一规范设置。（2 分）	查阅台账	

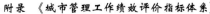

续表

一级指标	二级指标	三级指标	评价标准	评价方式	指标类型
R1：战略 引领 （25分）	F2：体制 机制理顺 （15分）	I5：事权 划分 （3分）	（1）根据《指导意见》规定，省（自治区、直辖市）城市管理执法职责即是在市政公用、市容环卫、园林绿化、水务、环保、交通、规土、住建等范围内履行城市管理执法的职能，事权划分法律化、规范化；（1分） （2）各项城市管理执法职责统一划转到城市管理综合行政执法部门，并明确与相关行政主管部门的工作职责边界；（1分） （3）省城市管理综合行政执法部门具有对省内城市管理领域内各项行政执法工作的业务指导、组织协调、监督检查和考核评价的充分授权，并将省（自治区、直辖市）城市管理综合行政执法部门履行督察、综合监管、综合协调纳入三定职能。（1分）	查阅台账	基础达标型 指标
		I6：工作 机制 （2分）	（1）省（自治区、直辖市）城市主管部门与下级地方政府之间城市管理的指导与被指导、检查与被检查、考核与被考核关系明确；（1分） （2）省（自治区、直辖市）城市主管部门形成对下级政府的指导和督促检查，重要事项可向党委报告。（1分）	查阅台账	
		I7：协调 机制 （3分）	（1）建立起城市管理综合行政执法部门与公安、司法等相关部门的长效协调联动机制；（1分） （2）联动机制运转程序规范化、标准化、精细化；（1分） （3）城市管理综合行政执法部门发挥实质作用，有效统筹推动大城管格局的形成。（1分）	查阅台账	
		I8：考核 机制 （3分）	（1）建立省级城市管理综合行政执法工作综合考核评价机构与机制；（1分） （2）考核结果纳入该省经济社会发展综合评价体系和领导干部政绩考核体系，成为组织部门考察分管党政领导班子和领导干部综合考核评价的重要参考；（1分） （3）制定社会公众满意度评价及第三方考评机制。（1分）	查阅台账	

续表

一级指标	二级指标	三级指标	评价标准	评价方式	指标类型
R2：资源投入（20分）	F3：人才建设优化（10分）	I9：队伍规模（4分）	（1）制定符合经济社会发展需求的城市管理综合行政执法机构的管理人员和执法人员配备比例标准；（1分） （2）规范和引导城市管理和执法人员专业、年龄、学历、能力结构合理化；（1分） （3）建立省、自治区、直辖市城管督察队伍。（1分）	查阅台账	基础达标型指标
		I10：队伍素质（3分）	（1）全省持证上岗率达到100%；（1分） （2）制定省级城市管理和执法人员培训、学习、交流、晋升等管理制度。（2分）	查阅台账	
		I11：队伍待遇（3分）	（1）统筹解决城市管理和执法人员身份编制问题；（2分） （2）研究制定省级城市管理和执法人员工资待遇的工资津贴政策，高于省内平均工资水平一定比例。（1分）	查阅台账	
	F4：物资配给充足（7分）	I12：装备设备（3分）	制定省级市容环卫、市政公用和园林绿化养护作业、城管执法等行业人员装备、业务车辆、办公场所等配备标准。（3分）	查阅台账	
		I13：平台建设（4分）	（1）建立省级统一的城市管理综合信息服务平台；（2分） （2）制定综合性城市管理数据库数据采集名目清单与质量标准；（1分） （3）建立统筹省级部门公共数据资源互联互通和开放共享机制。（1分）	查阅台账	
	F5：资金投入保障（3分）	I14：经费投入（3分）	（1）建立健全省级城市管理经费保障机制；（1分） （2）设立省级城市管理专项经费，列入同级财政预算，并保持与省内城市发展速度和规模相适应的增长。（2分）	查阅台账	
R3：工作推进（30分）	F6：夯实基础（16分）	I15：法规标准（12分）	（1）制定出台省（自治区、直辖市）城市管理地方性法规；（6分） （2）制定出台省（自治区、直辖市）城市管理标准体系。（6分）	查阅台账	过程规范型指标
		I16：效能建设（4分）	（1）各项法规标准执行落实到位；（2分） （2）各项法规标准实现动态修订。（2分）	查阅台账	

续表

一级指标	二级指标	三级指标	评价标准	评价方式	指标类型
R3：工作推进（30分）	F7：专项落实（14分）	I17：重点专项（8分）	（1）党中央部署城市管理专项任务；（4分） （2）住建部部署城市管理专项任务。（4分）	督考合一	过程规范型指标
		I18：执法督察（6分）	（1）党中央、住建部、两会督办事项，群众反映集中、社会舆情关注的事项整改到位；（4分） （2）综合执法职权履职率应达到60%以上，将城管督察挂账问题整改纳入政府绩效考核。（2分）	督考合一	
	F8：改革创新	I19：特色亮点	全省在城市管理领域有创新并被认可，获得国家级表彰、中央部委领导批示或作为示范全国宣传。（每1项加2分，5项以上10分）	查阅台账	改革创新型指标
R4：工作成效（25分）	F9：城市运行（17分）	I20：宜居水平（13分）	（1）城市环境优美；（3分） （2）城市空间有序；（3分） （3）城市设施完备；（3分） （4）城市服务便捷；（2分） （5）城市多元治理。（2分）	现场检查	结果品质型指标
		I21：应急管理（4分）	（1）建有省级层面完备而周密的预防、应对自然灾难和人为灾难的机制和预案；（3分） （2）省所辖城市政府对公共安全事件的成功处理率100%。（1分）	查阅台账	
	F10：社会评价（8分）	I22：群众满意（8分）	（1）群众满意度调查85%以上；（6分） （2）群众对解决举报投诉问题的满意度85%以上。（2分）	社会调查	
	F11：示范创优	I23：荣誉称号	省内城市获得国家级文明城市、园林城市、卫生城市、优秀旅游城市等称号。（每项荣誉加2分，5项以上计10分）	社会调查	
R5：刚性约束	F12：底线约束		是否有重大违法执法、重大事故、重大舆情、违纪行为等情形。（出现一次扣0.5~2分）	查阅台账	底线约束型指标

资料来源：笔者研究成果。

附表2　　　　　　　**省级对地级城市管理绩效评价指标体系**

一级指标	二级指标	三级指标	评价标准	评价方式	指标类型
R1：战略引领（20分）	F1：党委政府重视	I1：责任落实	（1）市级党委和政府将推动《指导意见》的落实列入重要工作事项；（2）制定《指导意见》的实施方案，明确各部门责任落实，细化配套政策；（3）所辖区县全面落实各项改革工作。	查阅台账	基础达标型指标
		I2：高位协调	（1）建立市委书记或市长牵头负责的城市管理协调机制；（2）城市管理协调机制形成常态化议事机制，定期运转；（3）建立市（县）城市管理相关部门之间信息互通、资源共享、协调联动的工作机制。	查阅台账	
		I3：重大决策	（1）分管市级领导定期召开城市管理会议，研究市内城市管理工作并及时决策；（2）各项决策能及时转化为政策、制度等规范依据成果；（3）决策成果执行实效明显，切实解决城市管理问题。	查阅台账	
	F2：体制机制理顺	I4：机构设置	（1）明确设立城市管理主管部门机构；（2）城市管理执法机构综合设置，并纳入政府组成部门。	查阅台账	
		I5：事权划分	（1）城市管理综合行政执法职责范围为市政公用、市容环卫、园林绿化、水务、环保、交通、规土、住建等城市管理部门集中行使行政处罚权的领域推行综合执法；（2）各项城市管理执法职责统一划转到城市管理综合行政执法部门，并明确与相关行政主管部门的工作职责边界；（3）权责清单明晰，并在官网上进行公开。	查阅台账	
		I6：工作机制	（1）明确市级政府城市管理综合行政执法部门与下辖区县城市管理综合行政执法部门是指导与被指导、检查与被检查、考核与被考核的关系；（2）执法力量下沉，区县下沉派驻街道乡镇的执法队是派驻关系；派驻街道乡镇的执法队与区县城管综合行政执法局的隶属关系不变，实行双重管理；（3）市、区（县）城市管理综合行政执法部门负责综合执法协调、对辖区城市管理工作的督察和综合监管。	查阅台账	

续表

一级指标	二级指标	三级指标	评价标准	评价方式	指标类型
R1：战略引领（20分）	F2：体制机制理顺	I7：协调机制	（1）建立市级城市管理综合行政执法部门与公安、司法等部门的协调联动机制；（2）联动机制运转程序法律化、规范化、标准化、精细化；（3）协调机制发挥作用，有效统筹城市管理相关部门工作。	查阅台账	基础达标型指标
		I8：考核机制	（1）建立市级城市管理工作综合考核评价机构与机制；（2）市级城市管理工作纳入经济社会发展综合评价体系和领导干部政绩考核体系；考核结果作为组织部门对市级党政领导班子和领导干部综合考核评价的重要参考；（3）制定社会公众满意度评价及第三方考评机制。	查阅台账	
R2：资源投入（20分）	F3：人才建设优化	I9：队伍规模	（1）地市城市管理和执法人员配备比例不低于省级标准的80%；（2）地市城市管理和执法人员向一线倾斜，加大接收安置军转干部的力度。	查阅台账	基础达标型指标
		I10：队伍素质	（1）全市持证上岗率达到100%；（2）制定城市管理和执法人员培训、学习、交流、晋升等管理制度。	查阅台账	
		I11：队伍待遇	（1）地市统筹解决城市管理和执法人员身份编制问题；（2）提高城市管理和执法人员工资待遇，不低于全市平均工资水平。	查阅台账	
	F4：物资配给充足	I12：装备设备	地市城管执法、市容环卫、市政公用和园林绿化养护作业等行业人员装备、业务车辆和办公场所等配备比例不低于省级标准的90%。	查阅台账	
		I13：平台建设	（1）建立市级城市综合管理服务平台；（2）建立综合性城市管理数据库，实现多部门公共数据资源互联互通和开放共享；（3）整合了城市管理相关电话服务平台，形成全国统一的12319城市管理服务热线，并实现与110报警电话等的对接。	查阅台账/现场检查	
		I14：网格化智慧化	（1）落实《城市管理执法办法》第36条对网格化的规定，依法全面实现综合执法网格化；（2）市政公用设施智慧化改造升级，市政设施、地下管网等设施逐步智能化；（3）开展智慧执法工作。	查阅台账/现场检查	
	F5：资金投入保障	I15：经费投入	（1）建立健全城市管理经费保障机制；（2）城市管理经费列入同级财政预算，与城市发展速度和规模相适应。	查阅台账	

一级指标	二级指标	三级指标	评价标准	评价方式	指标类型
R3：工作推进（30分）	F6：工作基础夯实	I16：法规标准	（1）制定出台市级城市管理地方性法规；（2）制定出台市级城市管理标准体系；（3）制定执法办案评议考核制度、执法公示制度、行政处罚适用规则和裁量基准制度、执法全过程记录制度、重大执法决定法制审核制度；（4）明确规范执法程序、办案流程、办案时限；畅通群众监督渠道、行政复议渠道；健全行政执法责任制、责任追究机制、纠错问责机制。	查阅台账	工作规范型指标
		I17：效能建设	（1）各项法规标准执行落实到位；（2）各项法规标准实现动态修订。	查阅台账	
	F7：重点工作落实	I18：年度专项	（1）党中央、住建部部署城市管理专项任务；（2）省政府、省住建厅部署城市管理专项任务。	督考合一	
		I19：执法督察	（1）省政府、住建厅、两会督办事项，群众放映集中的、社会舆情关注的事项整改落实到位；（2）综合执法职权履职率应达到60%以上，将城管督察挂账问题整改率纳入政府绩效考核。	督考合一	
	F8：薄弱环节改进（15分）	I20：源头治理	（1）制定城市发展各类规划；（2）建设城市管理问题溯源机制，构建规划—建设—管理无缝闭环流程；（3）城市管理和执法部门参与规划编制、建设监管等前端环节，规划建设等图件资料及时移送到城市管理部门。	查阅台账/现场检查	
		I21：执法规范	（1）文明规范依法执法，符合《城市管理执法行为规范》；（2）执法方式灵活，案件处置质量高。	现场检查	
		I22：舆论宣传	（1）城市管理信息及时公开；（2）城市管理工作成效与形象宣传；（3）建立舆情监督机制，针对舆情能及时回应。	查阅台账	
		I23：部门协调	数字城市管理平台中相关部门案件及时处置率＞90%。	查阅台账	
	F9：改革创新	I24：特色亮点	全市在城市管理领域有创新并被认可，获得省级以上表彰、中央部委或省级领导批示或作为示范全国宣传。（每项表彰肯定加2分，5项以上10分）	查阅台账	创新激励型指标

续表

一级指标	二级指标	三级指标	评价标准	评价方式	指标类型
R4：工作成效（30分）	F10：城市环境优美	I25：生态环境	（1）大气。全年优良天数比例≥80%，全年优良天数比例≥70%；（2）噪声。城区环境噪声平均值≤60dB（A）；（3）河湖水系。城市建成区内未出现黑臭水体。	查阅台账/现场检查	结果品质型指标
		I26：人居环境	（1）环卫保洁。市容环境卫生达到《城市容貌标准》要求。城市主次干道和街巷路面平整，主要街道无乱张贴、乱涂写、乱设摊点情况，无乱扔、乱吐现象，废物箱等垃圾收集容器配置齐全，城区无卫生死角。公厕改革工作进展良好；（2）垃圾处理。生活垃圾无害化处理率＞95%、＞90%、≤90%；垃圾分类工作开展良好；（3）园林绿化。建成区绿化率≥36%、＞30%、≤30%（东部）；建成区绿化率≥26%、＞20%、≤18%（中、西部）。	查阅台账/现场检查	
	F11：公共空间有序	I27：建筑立面	建筑物立面符合《城市容貌标准》。	现场检查	
		I28：户外广告	户外广告、门店牌匾设置规范、安全，符合《户外广告管理办法》《城市容貌标准》要求。	现场检查	
		I29：街头秩序	（1）无无证经营、非法经营、占道经营现象；（2）无违法用地、违法建设行为现象；（3）无城市街头流浪乞讨人员。	现场检查	
	F12：城市生活便利	I30：市政设施	（1）市政设施无损坏情况；（2）市政设施服务入户；（3）无障碍设施不断完善；（4）水电等设施运行正常。	查阅台账/现场检查	
		I31：城市交通	（1）公共交通分担率＞25%、＞20%、≤20%；（2）人均拥有道路面积（平方米/人）＞15平方米。	查阅台账	
		I32：公共服务	提供城市惠民便民服务。	查阅台账/现场检查	
	F13：城市多元治理	I33：社会缔造	（1）社区建立公共事务准入制度、社区协商机制、社区居民公约等，社区自治能力高；（2）城市管理信息公开及时，建立多种公众有序参与城市治理的渠道；（3）建立城市管理志愿组织，开展多形式、常态化的志愿服务活动。	查阅台账/现场检查	

续表

一级指标	二级指标	三级指标	评价标准	评价方式	指标类型
R4：工作成效（30分）	F13：城市多元治理	I34：市场参与	（1）城市市政基础设施、市政公用事业、公共交通、便民服务设施等的市场化运营程度高；（2）合理设置、有序管理方便生活的自由市场、摊点群、流动商贩疏导点等经营场所和服务网点。	查阅台账/现场检查	结果品质型指标
		I35：诚信体系	建立城市管理社会信用评价体系。	查阅台账	
	F14：城市应急保障	I36：应急管理	（1）城市政府有完备而周密的预防、应对自然灾难和人为灾难的机制和预案的；（2）生命线工程完好率100%；（3）全省内城市政府对公共安全事件的成功处理率100%。	查阅台账	
	F15：人民满意	I37：公众评价满意	（1）市民满意度>95%；（2）市民满意度>80%。	社会调查	
		I38：投诉处置满意	合规群访、信访等投诉回访满意度90%以上。	查阅台账/社会调查	
	F16：评优创优		获得国家、有关部委、省级的荣誉称号。（国家级荣誉称号每项加3分，部委级荣誉称号每项加2分，省级荣誉称号每项加1分，上限10分）	查阅台账	创新激励型指标
R5：刚性约束	F17：底线管控		存在重大违法执法事件、重大事故、重大舆情、违纪行为等情形扣分。（每项扣0.5~2分）	督考合一	底线约束型指标

资料来源：笔者研究成果。

后　记

　　城市是国家经济、政治、文化等多方面活动的承载体，是人民美好生活的容器、磁体和舞台，是实现中国式现代化的火车头。本书重点聚焦城市管理绩效评价的理论与实践工作，基于国内外城市管理绩效评价工作的发展脉络，探寻进入新发展阶段、在新发展理念指引下的中国城市管理工作的绩效评价总体框架、指标体系和工作流程，并总结中国 10 个典型城市的考核评价实践，为建立中国特色的现代城市管理绩效评价理论方法探索开拓，为打造宜居、韧性、智慧城市添智增慧。

　　本书在研究开展与撰写过程中得到住房和城乡建设部王胜军、戴玉珍、王显车、裴良月、张强华、李荣能、张钻湖、肖少尊以及重庆市城市管理委员会考核处王彬杰和长沙市城管执法局考核考评处任晓婧等领导的宝贵指导与大力支持。在调研过程中得到北京市、上海市、江苏省（南京市、苏州市、张家港市）、浙江省（杭州市、德清市）、福建省（福州市、厦门市）、湖南省（长沙市、株洲市）、重庆市、广西壮族自治区（南宁市）、深圳市、成都市、太原市等省（区、市）城市管理主管部门领导的大力支持与宝贵建议，在此笔者向您们表示最真诚的感谢！

　　本书在研究开展与撰写过程中得到中共中央党校（原国家行政学院）张克教授、首都经济贸易大学谭善勇教授、福州大学李苗裔教授、上海市城市规划设计研究院刘淼高级工程师、以及中央财经大学张常明、邢普耀、劳林婕、王盼兮、李欣玥、邓鹏飞、高璐、裴若楠、赵迪、周延、江燕、梁思智、巩淑敏、李晓、王乃斌、戴晓冕等同学的积极参与与支持，在此笔者向您们表示最真诚感谢！

　　最后，感谢中央财经大学学术专著出版资助，感谢经济科学出版社各位编辑老师的辛苦付出，使得本书能够顺利出版面世，与广大读者分享交流。

　　本书是笔者在城市管理绩效评价领域开展的阶段性研究成果，伴随我国城市治理体系和治理能力现代化的不断发展，还需要不断深化下去。尚存不足之处，希望广大读者提出宝贵建议，帮助我们做得更好！

王　伟　罗海元

2022 年 10 月于北京